手織り木綿　色糸は草木染め，白は絹糸

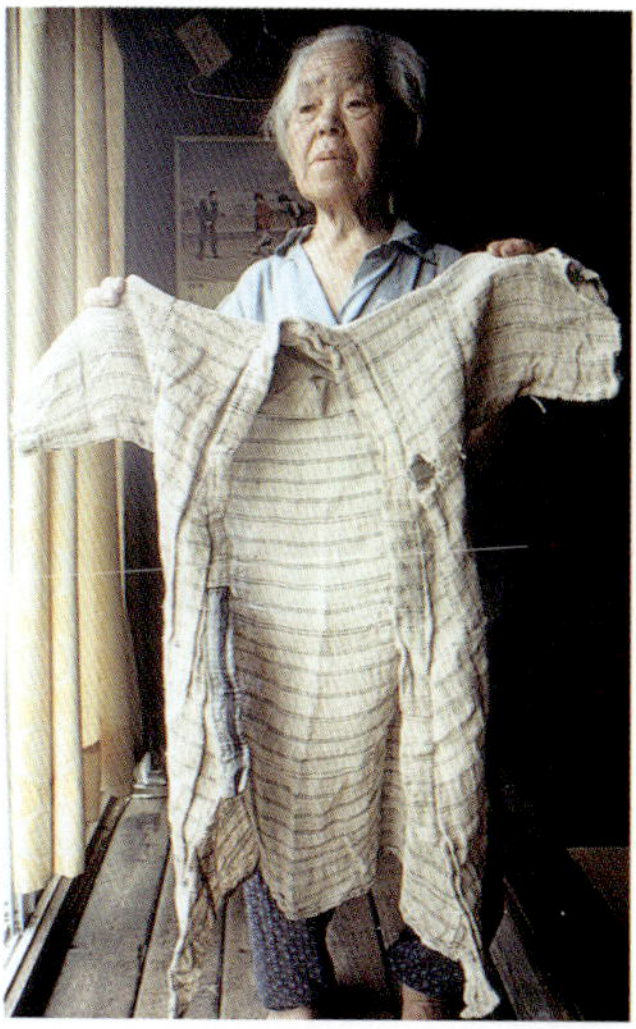

手織りの麻着（加藤テツさん）

手織り木綿　紺糸は紺屋で染め，白は絹糸

外山の加藤大東家（今は改築）この家の人は代々，麻布や木綿布を織った

小佐渡のタチバタ

大佐渡北海岸のネマリバタ

（左）**渡辺ハルさんの裂織**　昭和57年
（下）**坂口イトさんの裂織**　ネマリバタは夫の栄太郎さんが改良型を作り，後継者を指導してくれた．昭和56年，戸中

昭和50年ごろの戸中　シナ布や裂織の技能伝承者がたくさんいた

（右）**山車の幕**　羽茂本郷，草刈神社祭礼の仮屋組の幕.「安永二年巳六月仮屋組求之」と染め抜かれている．地元の紺屋で染めたものか，手織り木綿である

（下）**掛布団地**　小佐渡の山村の旧家にあった

カミザッコリ（紙裂織）ヨコ糸に木綿裂き布と和紙をコヨリにして織ってある．戸中

木綿を裂く

裂織　昭和57年に製作

裂織のヤマオビ
大佐渡の海村

ドウブク（胴服）紙混ぜ裂織．タテ糸は麻，ヨコ糸は木綿裂き布と和紙のコヨリを１対１の割合で入れてある．紙を混ぜたものをカミザッコリ，カミマゼなどという．ドウブクは平袖．袖口に乳（ち）がついている．外出のときにコート代わりに着る．戸地，昭和50年（国指定重要有形民俗文化財．以下「指定」）

ナガツヅレ　タテ糸は麻，ヨコ糸は紺の木綿裂き布．木綿裂き布と糸を２対１に入れた裂織．右肩だけ裂織の肩当てをしてある．補修に裂織や木綿を当てている．刺し糸は麻．相川中京町，昭和59年

ミジカツヅレ　金泉地区ではモジリサッコリという．袖はモジリ袖．冬の仕事着．戸地，昭和50年（指定）

ヤマソアラギ　山苧で織った荒着．褐色のタテ糸はシナ，ヨコ糸はヤマソと苧麻．戸中は山奥に自生するヤマソを利用した集落である．長年使い込んでいる．戸中の渡辺孫作家で使用．昭和50年（指定）

（右）**ニズレ**　荷物の背負い具．身頃の前後は二幅ずつの裂織を利用している．衿は簡単な掛け衿．戸地，昭和53年（指定）

（上）**袖付ニズレ**　胴部は紙混ぜ裂織．腕を動かしやすくするために袖は絣木綿の半袖になっている．昭和53年（指定）

裂織雑巾ア・ラ・カルト

（右）**ネマリバタのオサ**　筬は木綿．絹織り用より目が粗く，シナ・フジ・アサ織り用に使った．戸中の渡辺ふみさんが使ったもの．昭和50年（指定）

（下）**ネマリバタのヒ**　杼はタチバタ用にくらべて大きく重い．戸中，昭和50年（指定）

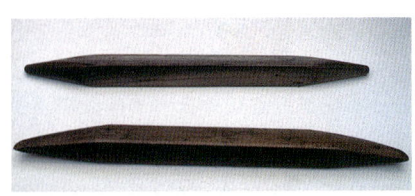

ものと人間の文化史 128

裂織《さきおり》

木綿生活誌

佐藤利夫

法政大学出版局

はじめに

生活の転換期

昭和五〇年代ごろからはじまった社会経済の変化は、時代の大きな転換期でもあったといってよく、わたしの住む佐渡のような一地方だけの生活変化の問題ではなく、広く全国的な風潮であり、場合によっては地球規模にまで及ぶ現象で、大きく時代が変わっていることを意味している。大きな転換期にいたっているとすれば、かならずや後になって変化前のことが知りたくなるのが常である。

昭和四八（一九七三）年、『新潟日報』佐渡版に、二二〇回余にわたり「新佐渡風土記」を連載した。当時は、時代の転換期にあたっていることを意識していたわけではないが、よく考えてみると、近世の中期以後、北前船の活躍によって大坂と蝦夷地が回船で結ばれ、その途中にある佐渡が、その影響をうけて大きく転換していた時代にも似て、当時、その変化のようすを『佐渡四民風俗』という生活民俗誌にして、佐渡奉行所の地役人が書き留めたのと同じように、昭和の生活誌を、わたしなりに視点を定めて書いておく必要があるのではないかと思ったのである。

本書は、そのとき書いた新聞連載が相当役立っている。同五〇年には、文化庁の無形民俗資料記録

（『紡織習俗』I）に「佐渡のヤマソ紡織習俗」を執筆する機会があり、また、日本民俗学会の機関誌『日本民俗学』九九号に「佐渡海府の木綿以前」を執筆した。さらに、翌年には、文化庁審議官の天野武氏の指導をうけて、相川郷土博物館の学芸員、柳平則子氏が中心になって海府に残る織物に関する民具を収集・整理したものを重要有形民俗文化財として国指定をうけることができた。期せずして生活様式の大きな転換期に行なわれた活動であった。

佐渡を調べる

昭和四七年ごろより、銀座の三越デパートの一階で、アメリカの巨大食品会社のハンバーガーが売られ、若者の人気を集め、食品の洋風化が日本にも浸透してくることを予感させたが、衣服の変化はそれに倍して変化が早かった。その転換期は昭和五〇（一九七五）年前後であろう。

この頃、米余りのため政府の農政転換によって農家では減反が行なわれ、一家の働き手はほとんど勤め人になっていった。その結果、家庭にいる女性たちの多くは、昭和五〇年以前に家庭に入った嫁と明治生まれの女性たちになった。この頃には、明治二〇年代生まれの女性の存命者は少なかったが、それでも、母親や姑にあたる女性たちから、前時代のようすをいろいろ聞いて知っていた。彼女たちは、いわば時代を語る貴重な証言者たちであった。また、この時代になると、女性は衣食などについて、家を守っていく責任が課せられないようになっていた。若い嫁は勤めにでて収入を得るようになっていたので、衣食などの必要なものは近くの店屋から購入して間に合わせるようになり、経験と知恵を働かせて生きてきた年寄たちのでる幕ではなくなったのである。生きるための「生活の知恵」という観念はすでになくなり、勤め人としての常識を身につけている女性が多くなった。とにかく、身の回りで手に入れたものを活用して物をつくっていく生活のスタイルが影をひそめてしまったのである。その頃に、今どき珍しいことを見聞きする、という感じで夢中になって書き留めた覚書がわたしの手元にたまっている。書かれている内容は今の機会をのがせば、次の時代には、大半は説明できなくなり、意味がわからなくなってしまうかもしれないと思ったのである。これこそ次世代において、日本の資源利用の循環型社会の手本になるかもしれない。

本書の内容を読んでもらえばわかるが、ほとんど佐渡以外に踏み出して記述をしてはいない。もちろん、能力不足にもよるが、この記述が全国的にみて当てはまるかどうかは自信がない。しかし、一地域の記述であっても、彼女たちの聞き書きを、今、まとめて残しておくことに意義があるだろうという判断に立っている。有形民具（道具）などの生活とのかかわりは、土地の自然、社会事情などと切り離すわけにはいかず、多少内容がプライバシーにかたよって微細にすぎても、佐渡に住んでいるという生活事情との関係を重視して述べることにした。

すでに、木綿に関しては「ものと人間の文化史」シリーズに数冊が刊行されている。既刊本とは、なかには重複するところがあるかもしれないが、佐渡からの衣料生活の情報発信ということで読んでいただきたい。

思い出の仕事着

衣料の調査を進めてゆく上で、もっとも採集しにくいものの一つに仕事着がある。仕事着は使われなくなると廃棄され、ひと目につく場所には置いていない。裂織《さきおり》やゾンザなどは仕事着の一つであったため意外に集めにくかった。それに反して、晴れ着として着る衣料は大事に保存されていて見せてもらいやすかった。これらの衣類には、長い間のさまざまな思い出が込められていた。一方、仕事着は穴があき、破れてくるとツギを当てて使い、使用に耐えなくなると最後には雑巾《ぞうきん》として使われた。生活用具は、使用すればするほど手足の延長のように使い勝手がよくなった。それを大事に使っていくという態度があった。昔は適当に新しく取り替えることはなく、素材の生命力がなくなるまで使い切っていた。

春の田植えはハレの日であった。婚家における最初の仕事すがたを世間に見せる日である。嫁いだ娘は親につくってもらった新しいゾンザを着て、仕事すがたもきりっとして見えて、刺子《さしこ》模様や帯の結び方にも新嫁の思いがこもっていた。戦後の昭和三〇年代になると、高度経済成長の結果、安くて便利な仕事着が登場してきた。農家で兼業をはじめたのは後継者である男ばかりでなく、嫁も職場で働くようになった。若い者に自分の体験を教える立場にあった姑たちは、それまでの家例や所帯を維持するやり方を教える機会もなくなり、もっぱら家の留守番役にまわった。彼女たちは、たまに寺堂における講寄合で昔を語るだけになった。覚書の多くは、このような場面での聞き取りである。時代の変化はかつての家庭生活の継承もなくしたのである。

仕事は楽になったが、家庭の中で会話のない環境がすこしずつできあがっていた。その頃、織物のことや昔着た晴れ着・仕事着の話などを、彼女たちから時間を忘れて聞くことができた。タンスの中にしまわれてあった衣類は、人前にでて空白の時間をとりもどすかのように、彼女らによって能弁に生活体験が語られた。

裂織研究と技術伝承の方向

江戸時代前半までは、一部の高級織物の生産地域を除いて、ほとんどが麻織り地域であった。そのところへ木綿が入ってきて、その利便性と保温性によって、またたくまに日本列島に広まっていった。ことに、寒冷地域の北陸以北においては木綿は貴重な衣料として受け入れられ、麻布の中へ一部木綿が取り入れられるという麻・木綿併用の時代がつづいた。木綿は最初、特権階級や富裕層によって買い求められ、一般人は使用済みの木綿布を購入するというかたちで普及していった。やがて、繰綿《くりわた》から綿糸を取って木綿布に織るようになっていく。佐渡におけるその過程を、第一章、第二章で述べるが、もちろん、麻が栽培されなかった所では、いっぺんに木綿が導入された地方もある。また、遅くまで麻織りが残っていた所では、木綿を何回もリサイクルしながら、地方色のある織物を生みだしている。いずれにしても、樹皮繊維や麻などを使った衣料が長くつづいていたのである。適切なたとえとは言えないが、信仰の分野においても同じような変化が起きており、土地神を信仰していた場所へ大陸から体系化された教義をもつ仏教が入ってきたときのように、在来のものとより進んだものとが融合して独特の文化をつくりだしていくという特徴が衣料生活にもあった。そこで創造されたものは、土地の事情によって対応の仕方が異なっていた。場合によっては、海上の交流などによって、その文化が海を越えて移動することもみられたが、多くは、その土地のオリジナルな特徴が、そのまま後までつづいたと考えている。その地域的特徴を長く伝えてきたものは親から子供へ、姑から嫁へ受け継がれてきた伝承のシステムによるものであった。そうであればこそ、それぞれの土地における衣料の歴史を書くことに意味があるのである。

歳をとった女性たちは家庭の中で、かつての自分の仕事を見失ってしまい、思い出がつまった衣類はタンスの中にしまわれてしまっている。やがて、次の時代にはそれらが廃棄されてしまうかもしれない。親が残した高価な衣料さえも、娘が形見分けとしてもらっても、しまっておく場所がないとして処分されてしまう時勢なのである。

かつての技能・技術は、物不足を前提にした工夫の所産であって、それを家族主義が伝え残してきたという経過があったが、それを記憶の中から消してしまっていいのだろうか、時代の変化はあまりにも激しい。

さて、衣料だけではなく、自前でつくりだす手業《てわざ》の技能がつぎつぎと消滅している。日常の用具は、規格されたシステムの中で大量生産されている。時代は、かつての「知恵をはたらかせて節約する」という、物を大事にする生活信条から、今は「上手に購入して消費する」時代に変わってきた。つづいてきた伝統的な技能が時代に合わなくなっているとすれば、継承してきた技能を新しい感性のもとに創造し直すという方向もある。しかし、これには、つねにつくりだされる文明の所産が流動し、一定しないという問題がある。

とにかく、時代の区切りの報告として本書を読んでいただければ幸いである。

目次

第三章　裂織と女性の暮らし……133

凡例

一、引用の古文書、史料については読みやすくするために、現代用語に書き換えた部分がある。大阪は明治以前の場合は大坂と表記した。

一、佐渡内の地名は冒頭の佐渡全図で位置を確認してほしい。一〇か市町村の自治体が平成一六年三月に佐渡市となったので、本文中（　）内に旧市町村名を記した。また、地名にはできるだけふりがなを付した。

一、仕事着や習俗に関する呼称はカタカナを用いるようにし、（　）内に漢字を記入し、簡単な説明を要する場合もそこに記した。

一、人名に敬称を略した場合もある。

一、衣料に関する単位の伝統的表示は、（　）内にメートル法による換算値を記したが、省略した部分もあるので、次の換算表を参考にしてほしい。

	尺貫単位		換算（約）
長さ	1丈	10尺	3m
	1尺	10寸	30cm
	織物は鯨尺		38cm
	1反	2丈8尺	8.5m
	1疋	2反	17m
容積	1石	10斗	180ℓ
	1斗	10升	18ℓ
	1升	10合	1.8ℓ
重さ	1貫	1000匁	3.7kg
	1石		150kg
金貨	1両	4分	
	1分	4朱	
銀貨	1貫匁	1000匁	
	1匁	10分（ふん）	
銭	1貫文	1000文（丁）	

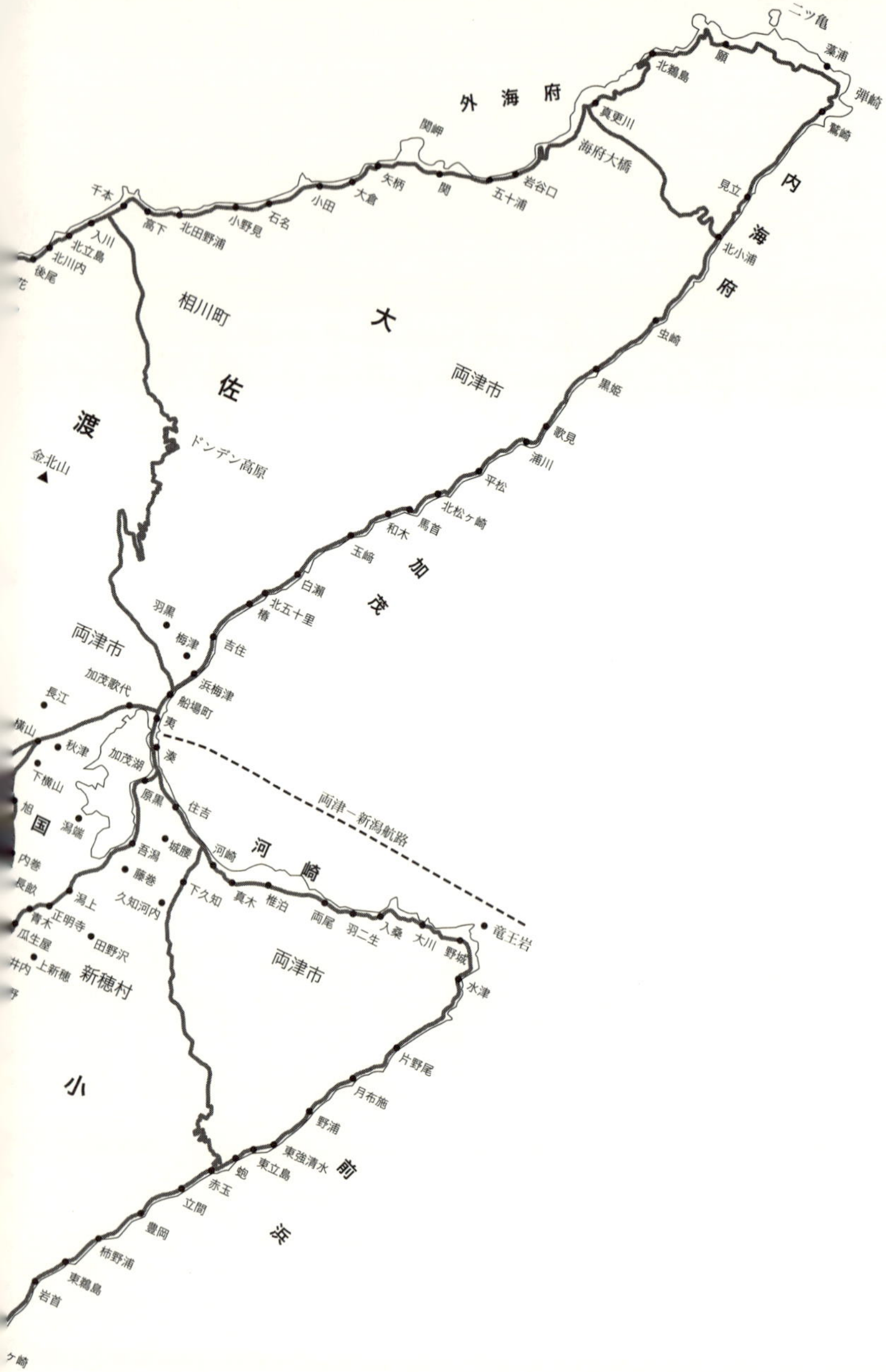

二ツ亀
藻浦
願
弾崎
北鵜島
鷲崎
外海府
真更川
関岬
海府大橋
内
海
府
見立
北小浦
岩谷口
矢柄
五十浦
関
大倉
小田
千本
石名
小野見
北田野浦
高下
入川
北立島
北川内
後尾
相川町
大
佐
両津市
虫崎
黒姫
渡
ドンデン高原
金北山
歌見
浦川
平松
北松ヶ崎
馬首
和木
玉崎
加
茂
白瀬
北五十里
椿
羽黒
梅津
吉住
両津市
加茂歌代
浜梅津
船場町
長江
夷
横山
秋津
加茂湖
湊
下横山
原黒
住吉
両津－新潟航路
旭
国
潟端
吾潟
城腰
河崎
河
崎
内巻
藤巻
長畝
潟上
久知河内
下久知
真木
椎泊
両尾
羽二生
入桑
大川
竜王岩
正明寺
青木
瓜生屋
田野沢
井内
上新穂
新穂村
両津市
野城
水津
片野尾
小
月布施
野浦
東強清水
前
蚫
東立島
赤玉
立間
豊岡
浜
柿野浦
東鵜島
岩首

佐渡全図　旧市町村と集落位置図

注：平成 16 年 3 月 1 日より佐渡市となる

━━━━━　は主な自動車道

第一章　木綿の流通と利用

一　木綿の流通

寒冷地の木綿

「布」とは本来は麻布を指していた。北陸より北は、寒冷なために綿花の栽培には適していないので、衣料繊維の中心は麻であった。そのため古くは布（佐渡では「のの」という）といえば麻のことをいったのである。麻の歴史は長く、木綿に先だつ麻の衣料上の役割は重要であったが、本書は近世に入ってからの木綿布の歴史と流通とを、資本主義的な機械大量生産時代に入る前、手織りの時代を中心に話をしようと思う。

書名を『裂織』とし副題を「木綿生活誌」としたのは、佐渡のような寒冷地で、暖地の西国から木綿を移入し、さまざまな工夫をして、使い切るまでの木綿の利用の仕方を述べるため、わかりやすく表現したわけである。

木綿が生活必需品になり、身近な衣料になったのは麻布よりもずっと後の江戸時代になってからである。しかし、いったん出回ると、吸湿性があり麻布よりもすぐれた保温性があるので、またたく間に、日常の衣料として利用されるようになった。それでも、戦後の絹に代替したナイロン、木綿などに代わったビニロンのようには爆発的な流行とはならなかったが、江戸時代という閉鎖社会にあったにもかかわらず、木綿は加工の容易さもあり、温暖な西日本を中心に広く利用されるようになった。

佐渡では木綿のよさをはじめに伝えたのは、西国から金銀山に集まってきた人たちであったが、まだ、木綿が珍しい時代に、いち早くその製品を商品として持ち込んだのは回船であった。佐渡では金銀山の相川をはじめ町方の資産家のもとに入ってゆき、徐々に農村にも使われるようになっていった。

佐渡奉行所から出された一八世紀中頃の触状には「衣服はかねて定の通り、身上宜《よろ》しき者たりとも、紬《つむぎ》・木綿に限るべし。麻裃《かみしも》はこれまで着付け候ものばかり用い、裏付き裃など一切無用たるべきこと。女の衣類も右に準ずべし。帯その外、襟袖口とも、絹より上の品用い間敷《まじ》く候」とある。これによると絹の着用は禁止されていた。しかし、紬は例外であった。紬は山繭《やままゆ》などからもつくったもので、むしろ古い歴史があるが、木綿が普及してからは、山繭の紬はときどき着る晴れ着にするくらいであった。佐渡の山村には、山繭からとったという天蚕《てんさん》の布をもっている人がいた。山繭は緑色をしているが、糸にすると光沢のある白色になる。この糸を木綿と混紡した布をよく見かけたが、天蚕は染めにのりにくく、一見してすぐわかる。また、混紡にした織物は絹のほうが早く尽きてしまうが、度重なる洗濯にも耐え、使いべりのしないのが木綿であった。佐渡はワタの栽培に適していなかったから、西国から運び込まれた繰綿から綿布を織っていた。この木綿は長い使用にたえるだけの厚地の織りであった。

佐渡では、はじめは既成の綿布を買うほどの余裕はなかったから、繰綿が手に入るようになると、各地で手織りをする者が多くなった。織り方は平織りで、それに草木染めをしたものであったが、紺《こう》屋《や》ができてからは、紺染めにしたり、型染めにした色模様も出回った。木綿織りの盛んだった羽茂《はもち》の草刈神社の祭りにつかう屋台の幕は、手織りで土地の紺屋で染めた代表的な例であろう。糸を染めてから縞織りにするようになったのは、幕末ごろからである。

島内では、北前船の稼ぎによって生活に余裕がではじめた頃になると、しだいに、嫁入り道具に高価な夜物《やぶつ》を支度する風潮が生まれた。寒いときは着物を重ね着して寒さをしのいだが、クズ綿などを利用して綿入れのドウブク（胴服）やハンチャ（短い仕事着）をつくるようになった。また、着物を丈夫にするために、二枚ないし三枚を重ねて刺子にした。刺し糸に最初のうちは麻糸を使っていたのは、麻着の習俗が一部に残っていたからである。その白糸を染めるために、小佐渡からわざわざ国中《くになか》の紺屋まで出かけたという話を聞いた。この刺子は刺し方によってダテ着（晴れ着）にもなった。ダテ刺しをしたゾンザ（仕事着）もあり、船乗りには白糸できれいに刺した上衣を着る者もいた。

大佐渡海岸の海村では鉱山町の相川に近いため、古木綿のツギは手に入りやすかった。ツギは「継ぎ」の意味で、小切れのことである。ここでの木綿は反物としてではなく、ツギを継ぎ合わせて普段着や仕事着をつくっていた。

近代に入って、大きな転換期は明治三〇年代以降である。衣服の規制もなくなり、木綿は日清戦争後、機械生産のカナ（糸）が店頭に現われてきた。明治末期になると、養蚕が奨励されてきて、絹織物も出回るようになった。着物がカラフルになったのはこの時期からである。

麻布地帯へ木綿が入る

ワタが栽培されるようになる以前は、衣料繊維は麻・からむし・葛などをはじめ、藤・桑・楮《こうぞ》・科《しな》（佐渡では級と書く）などの太布《ふとぬの》（樹皮繊維）類であった。麻にくらべて木綿は丈夫で、暖かく肌ざわりがよい綿布は貴重で、麻類にくらべれば奢侈で珍品に思われた時代が長くつづき、庶民の生活には木綿は高嶺の花であった。


一三世紀ごろ、中国の江南地方では盛んにワタを栽培していた。これが広く世界的に栽培している綿花を採取する植物で、クサワタといった。このクサワタ（棉）は、日本にはずっと以前、延暦一八（七九九）年の七月、三河国に崑崙《こんろん》人が漂着して伝えられたといわれ、そして、荷物の中にあった種を紀伊・淡路・阿波・讃岐・伊予・土佐・九州の大宰府に蒔かせたという（『日本後紀』）が、結局はそこで普及するにいたらなかった。「木綿」という字を「もめん」と読んだのは、『下学集』によると文安元（一四四四）年ごろらしい。日本で知られ利用されはじめた最初であるという。

関東に木綿が入ってきたのは、江戸時代の初期、慶長年間の『慶長見聞集』に、三浦の人が武蔵国の熊谷の市に行ったとき、西国の人がワタの種をもってきて売っていたので、これを買い込んで木綿栽培をはじめたと記している。これが関東へ木綿が入った最初になるが、中世には木綿はほとんど普及しなかったのである。一七、一八世紀初めごろ、ようやく寒冷地の北国を除いた暖地にその栽培が広がっていった。

自然採取の繊維

木綿の導入は新しい衣服、そして寝具の革命でもあった。それまでの衣料用の主要な繊維は、山野に自生する樹皮やさまざまな植物を採取してきて、それから繊維をとりだし布に織ったものであった。昭和四〇（一九六五）年代までは、多少、以前の織物が残っており、まだ織り手がいて、珍しいシナ布やフジ布を目にすることができた。大佐渡海岸の海村にみられたこのような樹皮繊維は、明治生まれの女性によって細々ながらも織られていたのである（図1）。その希少さもあって、わたしは昭和四〇年の後半から織り方の聞き取りや製品の収集をはじめた。いずれの場合も自分の住んでいる山野から、手に入れやすく加工のしやすい植物を探し求めてきて、それで布を作り出していた。そのほとんどの人は七〇歳を越えていたから、まもなくその技法が消滅してしまうことが予想された。

民俗学者の宮本常一氏がこの現場を訪れて、直接に、この伝統的紡織習俗の継承についての指導をしたのも、群馬県から柳平則子氏が、この消え去ろうとしている紡織習俗の研究と保存のために、佐渡へ渡ってきたのもこのころである。

文化年間（一八〇四〜一八）に編集された『佐渡志』（『佐渡叢書』第二巻）には、江戸時代前期ごろの織物として佐渡特産の級縦《しなだて》（級経）裂織・山苧《やまそ》十畝《とうね》を記している。シナノキの皮（フジも使った）で糸を紡いで裂織のタテ糸にしている。また、山野に自生するヤマソ（野生のアサ）でトウネという仕事着を織っていた。この頃はまだ木綿の古着利用の裂織はあっても、綿布は一般には流通していなかった。また、タテ糸には苧麻《ちょま》（カラムシ）も使っていた。裂織は「海部の賤民が製する着物」であるという認識が一般的であった。木綿はまだ庶民の手に届きにくい衣料であった。

佐渡でワタの栽培を試みたのは享保年間（一七一六〜三六）からである。

麻織りは山野に生えるカラムシの利用からはじまって、畑に栽培する大麻の時代になり、さ

1　「シナ剥ぎ」をする渡辺ふみさん　海府で昔の紡織習俗を伝承していた一人。戸中、昭和四八年。

らに、より着心地のよい木綿が入ってくるようになると、自家で必要な繊維を計画的に確保することができるようになった。自然の植物採取の時代とはまるで違った衣生活の向上となった。

ワタの栽培

木綿の導入が衣生活にどれほど大きな影響を与えたか、日本列島の南北の気候条件によって、ワタの栽培地とこれに適しない寒冷地とでは、木綿織りによって生活を豊かにした地域と、なお麻が主要な繊維として残っている地域の差になって色分けされた。佐渡はワタのできる温暖地と寒冷地の中間にあり、衣生活においても、文化と同じような南北両方の要素が入って共存している所である。忙しい仕事の合間に、女性たちが夜なべ仕事までして織った麻布は、けっして粗末にできない大事な財産であった。破れたらそこに木綿のツギをあて、いつまでも使用した。

「ツヅレ」というのは「ボロ」という意味にとられているが、麻布に木綿切れをはぎつけたツヅレまたは裂織、木綿切れで作ったゾンザまでを含め、困窮者の代表的着物のように言われたのである。

民家の寝室は「ナンド」といった。家の中央の広間（オマエまたはオイエ）の奥に、このナンドがあって戸主の寝起きする場所であるとともに、米や金銭など家の財産が納められていた。寝室の部分は一尺（約三〇センチ）くらいの板を仕切りにして、床にワラを敷いていた。木綿布団ができるまでは、その上にイゴザ（藺茣蓙）やワラゴザを敷いて、ツギをあてて重くなった仕事着を掛けて寝た。

木綿が利用され広まっていったのは、防寒用の中入れ綿として使われたからで、高価で量の少ない真綿にくらべて、綿は真綿と同じように軽くてあたたかいという特性があり、安価であったため、またたく間に大衆衣料になった。

インド原産のクサワタは寒冷地では栽培できない。しかも肥料が多く必要であったし手間もかかる。日本では一七、一八世紀初めごろ、ようやく綿織物が出回るようになった。ワタ栽培地域は気候が温暖で魚肥が豊富に手に入る河内・摂津・和泉・播磨などの瀬戸内地域や山陰の出雲方面であった。ワタの栽培限界は秋田県の男鹿半島あたりを通る北緯四〇度くらいの線であるといわれ、佐渡はどうにかその範囲に入っている。

北国の木綿

対馬を通って北上してくる暖流は日本海へ入って、列島沿いにさまざまな文物を運んだ。また、それは気候の変動によっても海岸地形は変わり、人の行き来も、政治や経済、権力者の支配や領国の動きによっても、交流の様相は異なっていた。今から約八〇〇〇年くらい前は、日本列島は温暖化し、暖流が日本海をずっと北上し、そのなごりともいえる暖帯林が津軽半島近くまでみられる。たとえば、青森県西津軽郡深浦の南に艫作《へなし》崎がある。ここに生えている椿山のヤブツバキは日本海岸の北限といわれている。ここを通って『外浜奇勝』を書いたのは菅江真澄で、寛政年間(一七八九〜一八〇一)のことである。その後、これを読んだ柳田国男は北海の椿について、北の国を回る比丘尼《びくに》がその種をもって椿を広めたのであろうといった。今は椿山南側の一部にしか椿は残っていないが、ここに「椿の明神」という神をまつっている。この椿山は女人禁制とされ神聖視されてきた。まがいもなく海神であろう。椿山は昔は島であったらしく、海上をゆく船乗りたちが北海の突き出したこのへサキに神をまつったに違いない。この近くの深浦は椿だけではなく、エノキやタブノキの北限でもある。この深浦から蝦夷地《えぞち》へ日和《ひより》をみて渡海したので、日和見の湊といわれていた。この日本海の行き来を証明する寛永一〇（一六三三）年に奉納された日本唯一の北国船の船絵馬が、この地の円覚寺に残されている。

すこし南に男鹿半島がある。ここには戸賀《とが》という入り江がある。ここも、昔から回船の立ち寄った湊である。そして、飛島は酒田の沖合にある。西風を除けて飛島の内浦に回船は入った。いずれも北国と西国を結ぶための回船の寄港する湊であった。

佐渡に立ち寄る船は、ほとんどが越後との間にある佐渡海峡を通った。北条氏が支配した中世までは両津湾側の湊に回船が入っている。そして、能登からは海流が陸沿いに流れ、それによって佐渡へ神仏が数多く流れてきた。つまり、佐渡への文物や信仰の発進地は越前・若狭であったのである。自然のいとなみの中で、海を通してごくあたりまえの交流が行なわれていた。近世の初めまでは権力者側で造った大型回船が行き来した。津軽の十三湊《とさ》は北国の雄、安藤氏の湊であった。室町時代、若狭国小浜の羽賀寺はこの安藤氏の資力で再建されている。また、秀吉の命令で秋田氏の杉材を敦賀に運び、琵琶湖から伏見城へ運び入れたのも、敦賀・三国・越後・佐渡の船である。遠距離を航海する船は、島や半島、遠くの山を見ながら、その近くにある湊に寄港して航海したのである。

北国からは米・材木・海産物・アッシなど、西国からは生活用品の交易の役割を回船が担ったし、領国経済の域を越えて行なわれた交易は文物の交流を促した。

奥州の諸藩は寒冷地であったため、長い間、米不足に悩まされた。近世中期までは北国には米の余分はなかった。しかし、農業技術が急速に発展して明暦期（一六五五〜五八）ごろになると、米を商品化することができるようになる。秋田・酒田・新潟はその大集散地になった。この米を求めて西国の船がやってきたのである。酒田湊から大坂へ天領米を運ぶ塩飽《しあく》回船は別として、瀬戸内からの諸国の回船は、敦賀・小浜を中継地にして、塩・木綿・紙・茶・鉄・陶磁器・酒・砂糖・諸雑貨などを積んで北に向かった。

また、若狭や能登の塩および西塩（瀬戸内の塩）を運んだ塩の道があった。本荘藩の領域（秋田県）に塩越《しおこし》という湊がある。いまは象潟《きさがた》の方が通りがよいが、ここはかつて塩の積み入れ湊であったのであろう。また、ワタは越後より北ではほとんど栽培できない。北国では木綿を求める気持ちは想像以上につよかったと思われる。

木綿の商品化

綿布はいったん使用したらやめられない魅力ある織物であった。そのためワタの栽培できない土地では、綿花や綿織物を買い求めるようになった。木綿はたちまち自家用衣料のためのものでなく有力な商品となって出回るようになった。江戸時代の後半期になると東日本にくらべて、西日本がはるかに豊かだったのは、一つにはワタの栽培があったからである。綿花の中に種があるので、繰綿《くりわた》はこの種を綿繰機にかけて取り去ったものである。江戸時代の中期以後には、瀬戸内や出雲方面から西回り航路の回船は、下り荷の主要な商品として繰綿をワタ栽培のできない寒国へ輸送して利益をあげるようになった。

町場では専門の綿打屋ができ、綿花を打ってもらった後の工程は、女性の手で、糸紡《つむ》ぎ、シノ巻き、糸づくりなどを経て白木綿に織られた。ここでできあがった白木綿は京・大坂の専門の染色業者に送られ染められたが、木綿の買い付け地でも、しだいに染屋があらわれ、土地の求めに応じるようになった。佐渡では、延宝～元禄期（一六七三～一七〇四）ごろになると、京・大坂の方から白木綿がたくさん送られてきた。白木綿のままで使用することもあったが、多くの場合は染色した。

染屋を紺屋といったのは、ほとんどを藍色に染めたからである。木綿は藍色に染めることが多く、これが日本人の庶民の基本的な色になった。

木綿の原料になるワタは、その種が日本へ伝来しては消え、やっと綿作が定着するようになったのは一七世紀で、畿内の大和・山城・河内・摂津・和泉の諸国からはじまって、以後しだいに西国の諸国や東海・関東に広がっていった。とりわけ河内国が日本の綿作・綿業の中心地に発展していった。そして、寒冷で綿作に不適な地域は、そのまま従来どおりの衣料状態にとどまったが、江戸時代の回船の交易によって北国にも木綿が普及するようになった。綿作に適した地域は綿布の機業地として特産化していき、一般的に綿作地域は綿織地域と重なっていたが、生産した綿布は寒冷な北国にも市場をもち、回船によって北国に流通し販売された。

特産化した機業地（銘柄木綿）の北の境界は日本海側では越後の阿賀野川あたりであろう。綿作の不適な寒冷地では、木綿を得るために暖地の綿作地から綿問屋の手をへて綿・繰綿で購入するか、機業地より製品で求めていた。このように明治時代になって資本主義的な機械・大量生産がはじまるまでは、木綿の流通は回船がその役割を担った。

その回船の荷物は、上方からは塩・紙・茶・日用諸雑貨と木綿を中心にした反物などで、北国からは米などの石物《こくもの》（穀物のこと）であった。

上方での買い物

佐渡は江戸幕府直属の領地であったが、生活諸用品の多くは上方《かみがた》から入ってきた。江戸時代の前期は京都→琵琶湖→敦賀→佐渡のコースで、荷駄や湖上輸送、敦賀からは回船によって運ばれてきたのである。そこには買い下《くだ》し商人、問屋、諸国回船などがかかわった。その買い付けのようすを示す史料は乏しいが、近世のはじめ佐渡奉行所が置かれ、相川町が形成されると、いち早く京都の呉服商人であった山田吉左衛門はじめ伏見長右衛門、柏原善右衛門らが上町台地の京町に集まって商いをはじめた。山田吉左衛門はそのため相川第一の商人になったという。記録の残っている延宝から元禄初年ごろ（一七世紀後半）の上方買い付けの事例を、佐渡市岩谷口《いわやぐち》の回船主だった「船登《ふなと》源兵衛家文書」よりすこし紹介しよう。

明暦期（一六五五～五八）ごろと思われる書状に、相川商人が上方での買い付けをした書状の断簡がある。その人は下京町にいた山田吉左衛門の二代、清左衛門で、買い付け人は依頼をうけて木綿・茶・紙などを大坂・京都などから買い下している。その書状に、

……櫃二つほどにつめ、五日中に下り申し候様ニ頼み申候、能登屋又右衛門迄飛脚雇いにて成りともいそぎ下し申すべく候

とある。佐渡船が敦賀に入っているので、大坂からの買い下しの品々を二つの櫃につめ、敦賀の能登屋まで飛脚便で運んでほしいという内容のものである。買い付け人として、清左衛門には大坂に佐渡屋嘉兵衛、京都には鍵屋多兵衛がおり、敦賀にいて買い下しの世話をしていた人は越中屋惣兵衛であった。そして、敦賀には能登屋のほかに船登船と取り引きしていた回船問屋もたくさんいて、必要なときは船便に書状を託して連絡し、買い付け、買い下しを依頼していた。このような買い下し品の入った櫃は少量ならば湊の入役が課せられなかったとみられ、この種の商人の小荷物は相当あったと考えられる。この時期はいったん金銀山は沈滞していたが、その後、元禄四（一六九一）年、荻原重秀奉行の金銀山の積極投資策によって好景気となったので、上方からの諸商品に対する購買力もまた高まっていたのである。

明暦期ごろ、山田清左衛門が買い付け人に渡した資金は丁銀二貫匁余で、春と秋の二回行なわれて

いるから、年間に銀四貫匁くらい、つまり小判六〇~七〇両くらいになる。多いときには一〇〇両にのぼったであろう。この種の上方買い付け人はまだ他にもいたはずで、金銀山の地元商人は資金力があったのである。しかし、財政事情がよくない北国の諸藩では、回船で入ってくる商品を買い付けるために、御蔵米を自国の湊で積極的に売却して資金を確保しようとした。この資金力が、その地域の文化的水準を示すことになった。佐渡が文化的な水準が高いといわれたのは、金銀山の繁栄によって購買力があり、こうした上方買い下し製品を長く持ち伝えるだけの余力があったからである。

はじめは、地元商人からの買い付けの依頼は、佐渡奉行所の役人や一部の町方の富裕層からの注文であり、購入する者が限定されていたが、生活水準が上がってくると、佐渡全体に需要が広がり、買い付け量が多くなった。その主なものに茶・紙・塩や木綿などがあった。

延宝から元禄ごろにかけての仕入れは、前記の船登源兵衛家所有の忠兵衛船の例（元禄四年）でみると、繰綿については、菰《こも》に包み、一本一二貫目五両の値段で、西国から運んできたものを、新潟の北村又左衛門が買い付けていた。また、大坂からは、船登忠兵衛船は次のような木綿類を買っている。

上ノ白木綿	一〇〇反	中ノ白木綿	一〇〇反
あか物	三〇反	青木綿	三〇反
大坂縞	三〇反	おく縞（船来の綿織物）	二〇反
京染め	三〇反	その他	

船登船でどこに運び込んだのかは、詳しくはわからないが、運び先の大半は新潟であろう。このように反物だけの仕入れのほか、年代のはっきりしている「大坂御買物覚」がある。まず、元禄八（一六九五）年一〇月三日の薩摩屋市左衛門より買い付けた場合の例では、

一一匁　小倉立付《たっつけ》（野袴）一ツ　仕立て代とも
二四匁　なゝこ羽織表　日野裏仕立て代とも
一〇〇匁　帆木綿二反
三八匁　小袖箪笥一ツ
三八匁　同　大坂治兵衛分
二七匁　莚綿二貫目
一五匁　上打ち繰綿一貫目
二一匁　綿袋三貫目　兵助分
五一匁　木綿帆一反
一五匁　莚綿一貫八〇〇匁袋代とも　船衆与兵衛分
六三匁　木綿一四反
五〇匁　木綿一四反
四六匁　右木綿二八反染め賃

一〇匁　合羽地　木綿一疋
五匁　右合羽染め代
三匁　右合羽仕立て代装束とも
一〇匁　木綿一疋
二匁　右木綿染め代
四匁　繰綿二五〇匁打ち賃とも
六匁　袖合羽一ツ
二匁　黒日野帯三尺二寸
七匁　日野染め帯一筋
八匁　かかえ帯二筋
八匁　りんす帯一筋
六匁　日野帯二筋
八匁　羽織表一ツ　（銀代、分以下省略）

この史料は大坂での買い物の総計銀一貫四二五匁のうちの衣料関係だけを書き抜いたものである。元禄八年は船登忠兵衛船が下関を回航して大坂へ直接乗り付けた最初の年である。この年、大坂で船の修理をしており、家には帰らず大坂で買い付けをしたその覚書であろう。それをみると、いろいろな品々を買い付けている。衣料品のほか、碇《いかり》や船釘などの船道具をはじめ鰹節・砂糖などの食料品、菓子盆・盃台・たばこ盆・ろうそく・あんどん・燭台・燗《かん》鍋など生活用品、渋紙・唐紙・銅板・鉋《かんな》・脇指・絹表具・そろばんなどの文化用品が買い付けられている。木綿類だけではなく、衣食住の全般にわたって、西国の生活文化が流れ込んできた。約九〇点の仕入れ品の平均価格は銀一六匁くらいの額で、木綿類は総額の約三割を占めていた。

翌九年には船登忠兵衛船は佐渡へ帰ったと思われる。この年の九月四日の大坂での買い物を記してみる。船道具の鉄碇はじめ食料品の鰹節・砂糖、日用雑貨の半紙・たばこ・扇・皮枕・印判・書籍や脇指・雛人形などとともに、衣料品として次のようなものがあった。

一〇九匁	木綿帆二反	五四匁四分ツ、
五三匁	同　一反	
二匁	たび一足	縫い賃四分
九匁	木綿一疋	石名殿分、染め代四匁
八匁	木綿一疋	おしも、おたん殿分、染め代四匁
九匁	木綿一疋	染め代六匁
九匁	木綿一疋	大屋内と三人分、染め代六匁
五匁	木綿一疋	三次郎殿分、染め代一匁

五匁　かたびら一反　おそい殿分
一四匁　奥縞一反
一匁　紬一反の染め代
二分　りんす帯、浅葱染め代
一四匁　さらし一反、染め代とも　三次郎殿分
一四匁　さらし一反、染め代とも　大坂屋次兵衛殿分
二匁　羽織ひも二掛　（銀代、分以下省略）

このときの買い物は総計銀二貫匁余で、同じく大坂の薩摩屋から買い入れたものである。一点が三〇匁くらいの買い物であり、木綿類はその三、四割を占めていた。

このほかにも、元禄後期になると、薩摩屋を代理人として、大坂から大量の反物の買い物をしている。

他の木綿取引きの例

江戸時代の延宝期（一六七三～八二）ごろから木綿は、盛んに小浜・敦賀湊などから回船に積まれ、北陸以北の地域に運び込まれた。

貞享元（一六八四）年七月四日、若狭の丹後屋彦右衛門より船登忠兵衛宛書状によると、丹後屋よ

り木綿二六反を金二両一分と銀三匁で買い付けている。反物の行方を追跡するだけの史料はないが、佐渡へ木綿が入ってきた経緯を、その関連の史料でみたい。

同じ頃の四月二〇日、夷町にいた井上弥次兵衛が船登船に秋田・酒田湊の事情を伝えてきた。それによると「新潟湊の水戸口が悪く入れないため、秋田・酒田へ大手の船が下り、木綿・綿・紙・くりわた・塩はことのほか下値であるといってきた。秋田米の相場は一石に付き銀二七匁より二八匁までである」となっている。新潟に入れない西国船が秋田・酒田湊へまわり木綿・綿などを積んでやってきたので、予想以上に安くなり、かつ米相場も安値であるという情報である。各地の湊の相場をみながら買い付けているようすがわかる。また、同人より佐渡の相場書も送ってきた。それによると、繰綿は一本六貫目入り二両余、多くは莚《むしろ》包みで流通していた。値段は変動したが、米四石で繰綿一本が買え、木綿は一両二〇反くらいの価格で取引きしていた。割高感があった木綿布と繰綿が市場で競合していた。

また、相川の磯野与五右衛門よりの同人宛書状には、相川へも西国船がやってきて、和泉木綿が入ってきたことを記している。この木綿は値段が高値であったので、「はかばかしく売れ申すことこれなく」と書き送ってきた。もう一通の書状は、湊町の井上惣兵衛が小木湊にて茶・木綿・椀・紙などを忠兵衛船から受け取ったというものである。このときの木綿は六八反もあった。多くは白木綿であり繰綿も入っているから、この分は佐渡で糸をとり綿布にしているのである。

この時期よりすこし前の寛文（一六六一〜）初年ごろ、新潟の船問屋、高木市右衛門より宿根木の

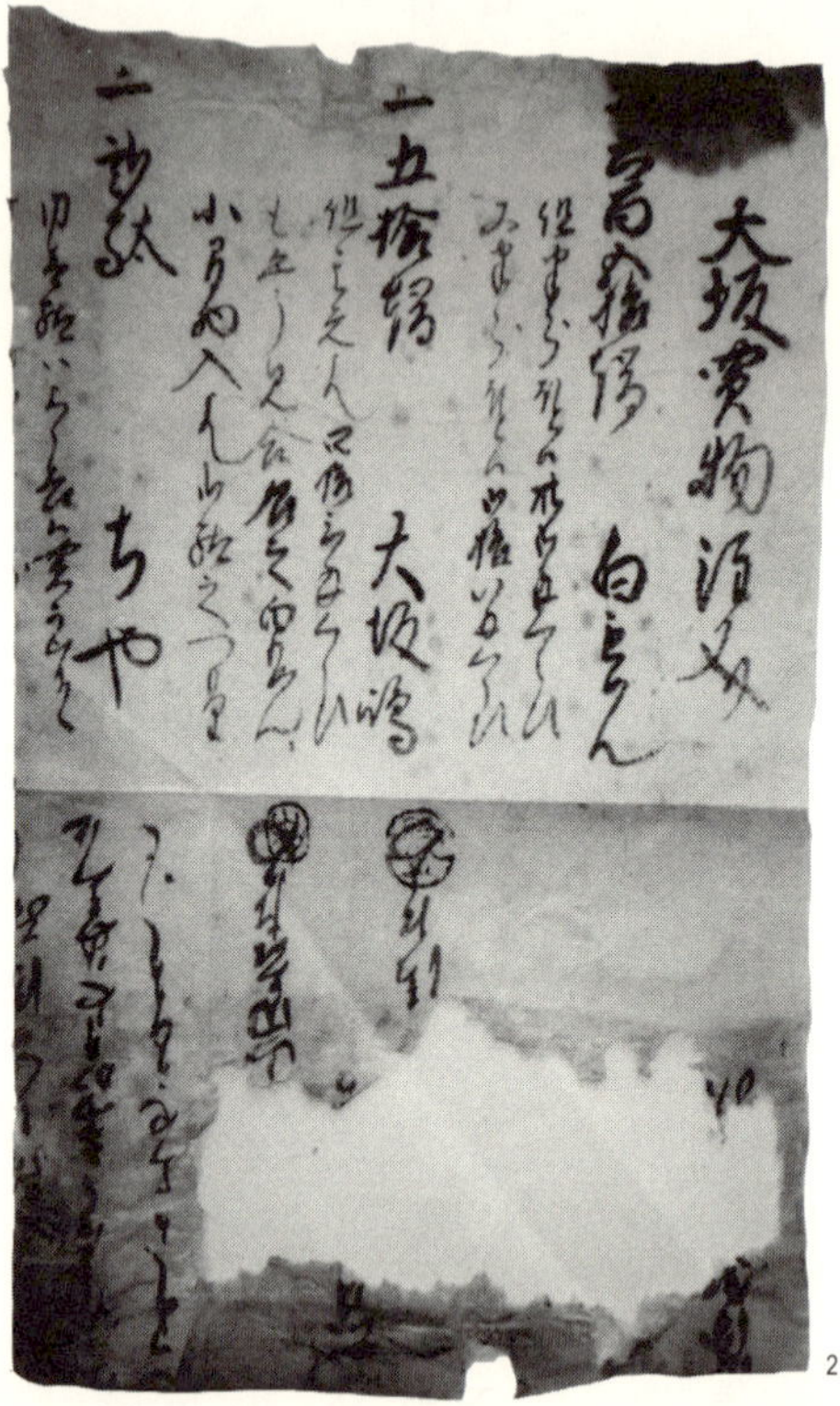

2

3

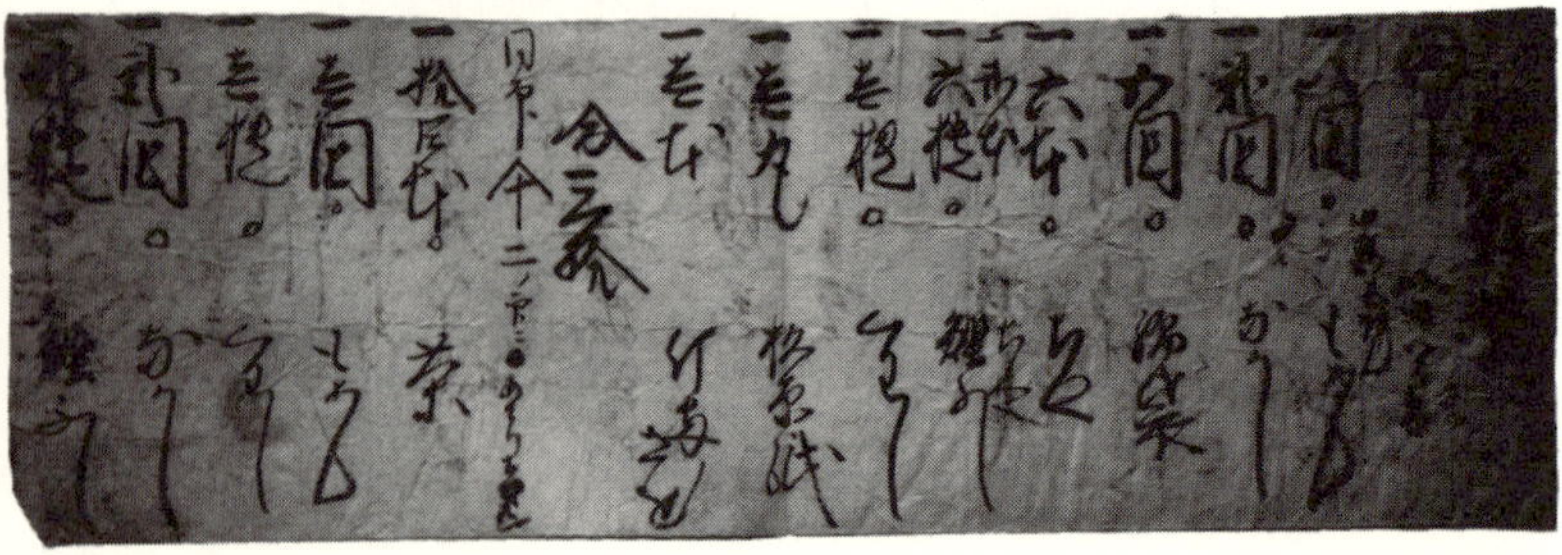

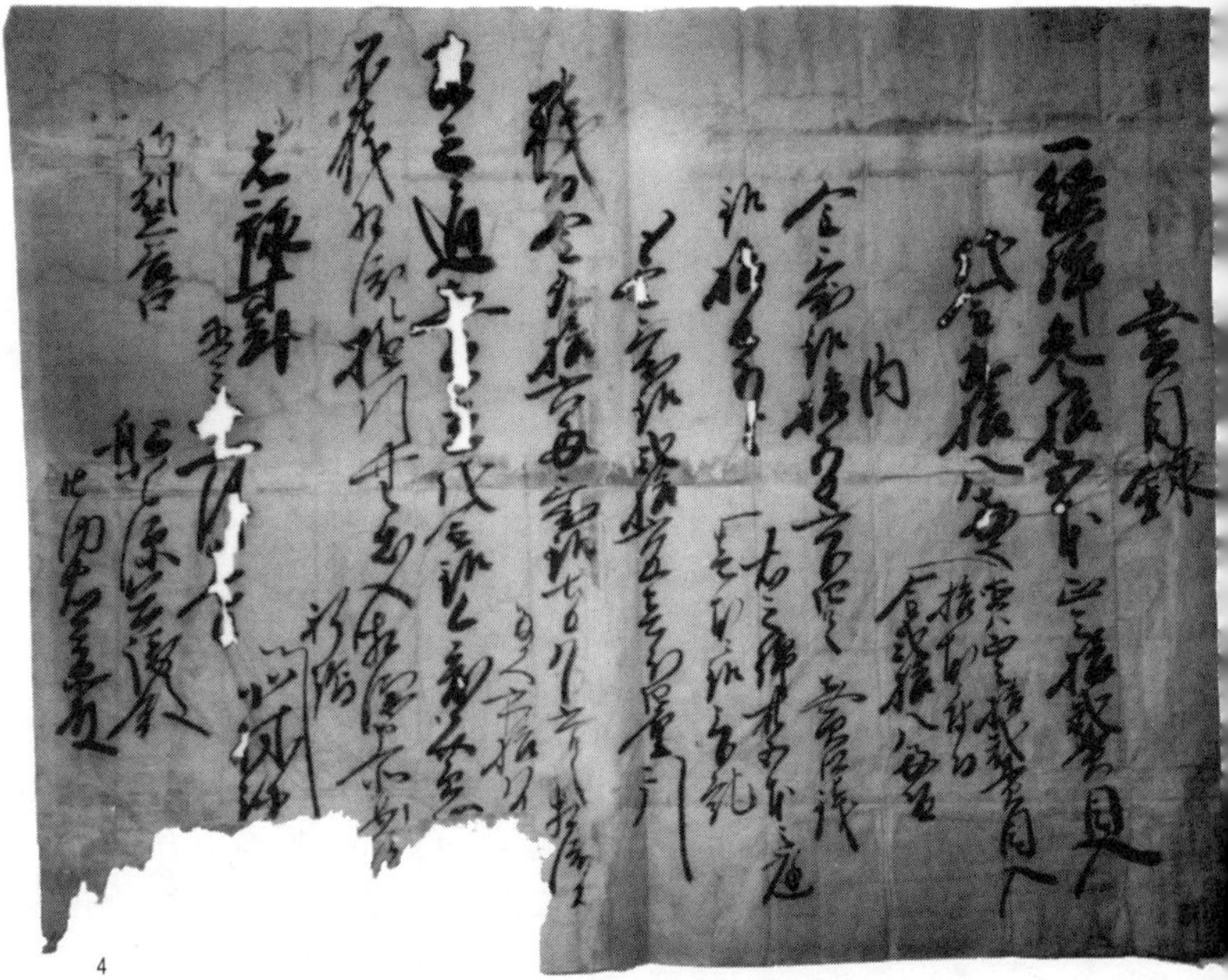

4

2 「大坂買物注文」に関する古文書〔寛文6（1666）年ごろ〕 佐渡金山があった相川の商人山田清左衛門が大坂より木綿類を買い付けて陸路敦賀へ移送したときの文書.

3　品物別の「荷数覚」 30荷（個）を1駄としている. この中に木綿8個が含まれている.

4　繰綿の「売目録」 元禄10（1697）年, 新潟の北村又左衛門が船登源兵衛船より繰綿35本を代金98両で買い入れた仕切証文. 大坂へ米を運んだ帰り荷に積んできたもの. この頃になると, 敦賀経由ではなく下関を回ってくる西回り航路が一般化して, 繰綿は帰り荷の有力な商品となっていた（岩谷口「船登源兵衛家文書」）.

佐藤九郎兵衛船（船籍は強清水）に宛てた相場書がある。ここには、能登塩・ニシン・イカ・木材・繰綿・水油《みずあぶら》・小豆などの相場が記されている。上方よりの石物買い付け船がいつもやってきて、日用雑貨や生活用品を持ち込み、石物（米・大豆・小豆など）を買い付けていた。

この頃は、まだ西回り航路をとるよりも、京・大坂から大津・琵琶湖そして敦賀あるいは小浜に陸送して、ここから回船による北陸・奥羽・松前に至る海の交通路であった。この道は、言いかえれば文化伝播の道であり、佐渡は途中における伝播地点の一つであった。大坂で綿布の流通を担当していたのは綿商仲間で、京橋一丁目に綿市場が開設されていた。万治年間（一六五八～六一）には繰綿を江戸、西国あるいは北国筋に送る綿買次問屋もできていた。

寛文年間ごろより西回り海運の船が新潟湊に入ってくるようになると、ここで西国からの物資を買い付けて佐渡へ運び利得を得る商人があらわれ、岩谷口の船登源兵衛もその一人だったのである。

同家の船は佐渡の夷湊を拠点にして、敦賀・大坂相場あるいは新潟・酒田・秋田などからの情報を得て、米・大豆などの石物を買い付け、敦賀・大坂に運び差益を得て、帰りには綿布あるいは繰綿を運んだ。

この具体的な事例をあげれば、延宝五（一六七七）年、敦賀の回船問屋古跡庄兵衛から北国の庄内米五〇俵と引きかえに、船登船は次のような取引きをしている。主たる買い物は千割鉄《ちわり》であったが、このほか切木綿・木綿（水主ども分）・茶など、生活用品も含まれていた。繰綿の渡ってきた事例の一つに、元禄四（一六九一）年、船登船で西国より新潟の問屋、北村又左衛門の北国向けの蔵に入ったものがある。そのときの繰綿は莚に包み、一本一二貫目の目方で金五両であった。すこし遅れて、元禄一四（一七〇二）年には、船登船は出雲崎の加賀屋久左衛門に繰綿二四本を預け、ここで販売してもらい、口銭・蔵敷料などを差し引き一一八両余の利益をあげている。繰綿は出雲崎からどこに回ったかは不明であるが、一部は佐渡へきたと思われる。

西国からきた大型の回船の場合は商品を大量に積んできたために、大河川の湊に入って、いったんそこの保管蔵に入れておいて、市況をみては売却した。佐渡には大市場がなかったために、地元船は航海の途中で市況をみながら新潟湊で荷物の積み下ろしをしていたのである。

二　木綿の利用

文化伝播の道

江戸時代の前半期、日本海を北に送る木綿類の中継地は敦賀・小浜であったことを述べた。津軽や蝦夷地の海産物などを求めて北へ向かった回船は、日本海の半島や島々を経由して、佐渡・粟島（粟生島）・飛島（とど島）・艫作崎・津軽半島・松前というように、地廻り船とは別に、沖乗りをしながら遠くまでいく必要があり、この遠距離の渡航は、政権の後ろ盾があり、強い領主権力を背景に大型船を建造してはじめて可能であった。

一方、その中間にあって、内陸地とつながる大河川の河口湊で商いをしてまわる中規模の回船があった。佐渡松ケ崎の菊池喜兵衛船、小木の風間長左衛門船、宿根木の高津勘四郎船・佐藤九郎兵衛船、また岩谷口の船登源兵衛船などもその中に含まれる。このほかにも、まだわかっていないたくさんの船があった。

これらの回船は西国から生活必要品を北に運び、帰りには米や大豆を積んで西国に向かうという、諸国の必要と経済事情によって生まれた「買い積み」という日本海独特の交易を成立させた。河口湊には、三国（九頭竜川）・今町（関川）・新潟（信濃川・阿賀野川）・酒田（最上川）・秋田（雄物川）・能代（米代川）などがあり、これらの湊に寄港して、西国から北国に不足する生活用品を積み入れ、河湊に集積された石物を積んで西国へ送った。なかでも木綿類と塩は取引量の多い商品であった。

木綿の流行が衣料生活の向上になるだけではなく、住まいの在り方にも影響を与えていることがわかる。佐渡では伝統的にネマリバタ（イザリバタ・地機）を使用していて、形式は傾斜型地機といわれる西日本型である。

佐渡の麻布はネマリバタによって織られていた。しかし、現在では、ネマリバタの痕跡を残している地域は大佐渡海岸であり、小佐渡のように早くタチバタ（高機）に移行した地域もある。別項で述べてあるように、遅くまで麻織りが残り、木綿織りの期間がほとんどなく裂織に移行した大佐渡海岸などは、現代にいたるまでネマリバタが残っていたのである。また、一方、回船の湊、宿根木や木綿織りが昔から盛んであった羽茂《はもち》・河崎などでは、ネマリバタの痕跡はほとんどみられない。

このようにして、木綿織りが早く導入された地域は、湊のような文化の伝来が早く、人の出入りのはげしい、新時代への対応も早い所であった。そのために、古い織り機は処分してしまっている。木綿用のタチバタも南佐渡系統のものと、河崎方面とではすこし形が違っているように思う。南佐渡は安永年間（一七七二〜八一）ごろから米の買い付け船が西国から入ってくるようになったので、木綿用の織り機は大坂方面から導入したものではないかと考えている。また、東佐渡のタチバタは新潟方面から入ったのであろう。

布木綿の産地

『佐渡四民風俗』には、布木綿の盛んな所として羽茂本郷と久知・河崎辺をあげている。羽茂本郷については「土地宜しく……、耕作の外、女は布木綿を織り、男は苫《とま》等多く織り出し」とあり、久知・河崎では両尾《もろお》・羽丹生《はにう》・椎泊を含めて、「縮《ちぢみ》・平布《ひらぬの》を多く織りだしている」と記している。これらは木綿の縮・布を指していると思われる。最初は佐渡中で織り出されている中では品質がよかったが、世上に贅沢が広まってくると、島外の製品を着るようになってきた。

羽茂方面に織物が盛んになった理由には、羽茂の大石湊に、下り荷に繰綿を積んだ米買い付け船が入ってきたことと関係があるだろう。同時に、農閑期の副業として木綿織りは女性の恰好の仕事になった。羽茂はどちらかといえば自給的な織物地域に属し、すでに麻織りの伝統があって、そこへ木綿織りが重なって、麻織り技術がそのまま木綿に利用された所である。ここには古いネマリバタがあり、タチバタも残っている地域である。小佐渡は、蝦夷地との交易で農産加工業が盛んになっていた。羽茂方面からも、干し柿・栗などが生産されて移出されたが、赤泊・松ケ崎などのように出稼ぎをする者は少なかった。本業を農業において農閑期の仕事が予定されていたので出稼ぎをする必要がなかったのである。たぶん、木綿織り機も回船で入ってきて、それを見て小木《おぎ》あたりの職人が作っていたものと思われる。

東佐渡の河崎方面は中世以来、越後との交流が密であった。年中行事にも越後と似たところが少なくない。縮が盛んになったのは越後からの影響があったと想像される。織り機に「ニノミヤデン」というタチバタが両尾にあったが、縮織りの機として入ったのであろう。

近代に入って、最初の大きな転換期は明治中期ごろである。この頃から国家的殖産の波にのって、機械生産による大量の木綿類と絹織物が出回ってきた。絹布は高価で現金収入になるので、農家では養蚕が奨励され、島内の各地で養蚕と織物の講習会が開かれた。すでに綿織りの技術をもっていたので習得は容易であり、絹織りが一時はやった。また、木綿と混紡にすることもよく行なわれた。外国染料による多様な色糸が呉服屋の店頭に並ぶようになり、それを購入して普段着や子供の通学服を織る者がたくさんいた。

木綿布から繰綿へ

元禄末期以降は、既成の木綿を移入する時代から繰綿を加工して自前で木綿を織るようになったことがうかがえる。町場の富裕層は早くから麻布時代を脱していた。麻布は一反が銀三匁であったが、白木綿は五匁くらいであった。麻布は伝統的な自給衣料であったが、木綿は繰綿から糸にして織って製品にする工程が加わった。原料の入手は容易になったが、繰綿を買い入れることだけは経済的負担になった。また、この頃までは、佐渡船は新潟に麻・ヤマソ・シナやその製品を運んで換金していた。そこで西国から運んできて新潟商人の保管蔵に預けておいた繰綿を買い付け佐渡へ運んだ。このほか、塩・茶・紙なども同じであった。

江戸時代の後半期になると、佐渡回船は西回り航路で米輸送の帰り荷物として生活用品を積み入れて帰った。その中の繰綿・木綿の仕入れ先をみると、小木半島宿根木の白山丸の場合は、天明三(一七八三)年に、丹波福知山・米子・下関・安芸御手洗《みたらい》・尾道・玉島・下津井・兵庫などから繰綿を、出雲鷺浦や宇竜からは木綿地をもってきている。綿そのものを移入した記録はあまりないから、繰綿をもってきて、綿を打って糸をとり綿布にしたのであろう。

津軽方面においては、新物《あらもの》・古手《ふるて》・綿または繰綿に分けて流通していた。新物は未使用の木綿布のことで、古手は使い古した古着で商品として盛んに流通し、綿は繰綿が多かった。北国への木綿の移入は時代により異なるが、寛文期ごろまでは、珍しい品物として水主《かこ》の帆待《ほま》ち(余禄として臨時に入る収入)としてもち帰った分もある。最初のうちは量的に少なく、木綿は貴重品であったので、水主の内緒の収入として適当な品であった。『要記秘鑑』という書物によると、明暦元(一六五五)年、津軽藩において生活必需品の米・大豆・馬・牛・漆などとともに、綿・紅花・木綿(繰綿)・新物・古手類を禁制品として取引きを規制していたことを記している（『鰺ケ沢町史』）。

特別に木綿を買い求めようとするときには、商人の手を経て買い付けてもらうか、湊の問屋に頼んで特別に注文した。貞享三（一六八六）年八月二〇日、船登源兵衛家の子供、千太郎のために木綿一反を買い入れ、新潟の白井清右衛門に染め賃ともに銀五匁九分を支払った例や、奉行所の地役人が船登船に真綿の購入を頼み、小木湊に下ろし相川まで陸路運んできて受け取ったという書状もある。このように回船は特定の人から注文を受けて持ち込むということが少なくなかったのである。しかも、木綿の運送は容易であり、人づてに短期間のうちに利用が広がっていく代表的な事例である。

このように、特別に手に入れる場合を除き、たいがいは、回船が持ち運んだ反物を店屋で求めるか、繰綿を買って自分で織った。これを手前織りといっていた。

ツギの流通

ワタを栽培して綿花をとって、そのまま流通することは少なく、綿実を取り去った繰綿が商品として売買され、多くはワタの栽培できない地域にそれを回船で輸送した。現在残っている文書史料だけでは西国から北国への繰綿輸送量は見当がつかないが、延宝年間（一六七三〜八一）以後、ほとんどの回船は、大坂からの下り船に繰綿を積んでいた。しかし、軽くてカサがあるため、瀬戸内の塩・石材、出雲方面の鉄を混載している。佐渡へ入ると、湊から在郷の中心になる町へ渡り、その町には綿打ち屋や紺屋があって、農村には糸紡ぎから綿布までの仕事をする織り手が何人もいた。

繰綿から綿布までに織られた製品は品質と価格競争によって各地に特産地が成立した。在郷においても、資力のある者は特産地から品質のよい物を買い求めたが、多くの者は、必要と好みにより手前織りがなされていた。この綿布を安く手軽に手に入れるには、町方で使い古された木綿またはその端切れを洗い直して、「古木綿」または「裂織草《くさ》」（ツギ）といって、木綿の不足する地方へ回船で運んでいる（図5）。津軽あるいは南部で特産化された刺子やコギンなどは、貴重な木綿の耐久性を保持するための意味もあった。

重宝に利用されるようになった木綿布は、冠婚葬祭のさいの特別な持参品や手土産として使われていた。たとえば、嫁入り支度に「掛布団《かけぶとん》」や「夜着《よぎ》」、土産物を包んだりする「風呂敷」には紺に白く染め抜いた家紋を入れ、鶴亀などの縁起模様を染め抜いたり、場合によっては色染めにする場合もあった。また、祭礼の芸能の一つ、大獅子や小獅子の衣装は麻布であったが、色模様で型染めにする技法は、そのまま木綿染めに転用されている。はじめは、新しい木綿は手に入りにくい貴重品であ

5　裂織草などの引札　明治20年代，岡山市の商人から「伸継（のしつぎ）・古着・古綿・織り草」などの宣伝チラシが，相川の岩佐嘉右衛門商店に届いていた（岩佐嘉右衛門家資料）．

り、一部を除いては古木綿の再生からはじまっている。

木綿を古着で利用する場合は大きく分けて次のように行なった。一つは端切れを新たに継ぎ合わせて着物にする場合、それを細く裂いて、いわゆる「裂織」にして着る場合、このいずれも普段着や仕事着に再生されたのである。しかし、たんに再生するのではなく、それぞれの組み合わせ、色合い、他の繊維との混紡などを行ない、作る者によりさまざまに工夫され、個人の好みだけでなく地域的文化性もみられたのである。

染色と紺屋・藍玉

染色は麻織りの時代から行なわれていた。染色の基本は天然の植物からの手染めにあった。木綿時代になっても、その染色技術は継承されて、木綿を染めるようになってからは、新たな色染めも加わったが、基本的に麻と木綿の染色は同じ技法であった。外山（旧赤泊村）の加藤テツさん（明治三一年生まれ）の草木染めの話では、町の店から白糸を買ってきて、茶色はフクラシバ（榊に似た丸い葉の植物）の皮を剝いで煮出した汁で染めた。黄色はトゲのあるトリトマラズノキ（メギ）の皮を削って煮出したものを使ったという。

両尾（両津市）では黄色にキハダを使ったらしい。海岸に多いカシワギは若木にゴボウの種のような実がなる。それを煮出すと黒色に染まり、また、クリノキなども使った。クロマメで煮ると薄茶あるいは浅黒い色になるという話は各地で聞いた。手染めの基本は茶・黄・黒であった。

京・大坂のような大都市の高級染色業者ではなく、地域にある染屋は、はじめから商売として成り立っていたものではなく、江戸時代前半までは染色は自給自足で、専業の染屋はいなかった。それまでは身近な材料を使って、黄色・茶色・灰色などごく限られた染め色だけであった。なかでも明るい黄色は材料が近くにあり、葬祭の色として僧侶の衣・喪主の裃《かみしも》の色によくみられた。

仕事着などに紺色を多用するようになったのは、江戸時代中期以後のことであり、原料の藍が防腐剤にもなる薬効をもっていることもあって、佐渡では、一八世紀後半、柘植《つげ》三蔵奉行の国産奨励の時代に、旅の僧侶から作り方の伝授をうけ、八幡《やはた》村で一時栽培をしたことがあった。ここでは葉藍を製造し、河原田（旧佐和田町）の紺屋弥兵衛が他国藍に劣らない製品を作ったが、自分の使い用のみであったという。また、クサワタも八幡・畑野などで栽培を試みたが、寒国のために後がつづかなかった。なお、「ばんや」という野生のワタが小倉《おぐら》にあったというが、それはクサワタではなかったらしい（『佐渡四民風俗』・『佐渡志』）。

青野村（旧佐和田町）出身の青野屋半五郎は、宝暦期（一七五一～六四）ごろに沢根湊に出て商人になった。青野屋は回船をもって大坂の藍問屋から藍玉を仕入れ、佐渡の一手販売権を握ったのはこの時期である。しかし、佐渡藍は品質のよい阿波藍の移入によってやがて消え、染屋は移入藍を用いた紺染めを行なう紺屋に代わった。同時に、大坂方面から回船で白木綿・繰綿が大量に入ってきた。佐渡の在郷で木綿織りが盛んになり、村々に紺屋ができてくるのもこの頃からであった。

文化・文政期（一八〇四～三〇）ごろから国産藍が佐渡で普及した。『佐渡年代記』の記事では、文政一二（一八二九）年に他国藍の座請商人がでてきて競合関係になり、困った国産藍の紺屋商人である畑本郷（旧畑野町）の三右衛門、利右衛門は、同年の春、奉行所に対して請願書を提出した。自国藍を育ててきたわれわれに、他国産の藍玉請座にかかわりなく、国産藍商人の鑑札を出してほしいという内容のものである。この願書の中に、国産藍の作付けは寛政元（一七八九）年よりはじめたとなっており、他国産の請座は文化一三（一八一六）年よりはじまったことを記している。

以上のように、佐渡では藍の栽培は一八世紀末よりはじまっている。しかし、その頃は他国藍も入ってきたために、国産藍は品質と価格で他国産に負けてしまった。それまで身近な植物で染めた黄色、褐色などの中に、藍染めの濃淡、藍と黄の交染《こうせん》による緑などが加わって、色合いに変化ができてきた。ことに藍は木綿に対して染まり付きがよく、たちまち藍染めに人気がでて、良質な藍を生産していた阿波藍が市場を独占するようになった。

紺屋は紺色に染める仕事が主業であるが、紺は染める回数によって濃淡がでて、多彩に変化した。それが紺屋の腕のみせどころで、刺子生地は農家の一種のおしゃれ着用であったので、百染といって真っ黒に染め黒糸で刺した。男の股引や女のキャハンも同様であった。また、普通の刺子ジュバンは六十染めにしたので紺色はすこし浅くなった（浅葱《あさぎ》色）。

紺屋はだいたい得意先がきまっていて、注文者の好みを承知していて適当に染めていた。近世から の老舗のなかに羽茂本郷（旧羽茂町）の本間三郎兵衛家、通称「こうや」があった。この家には四国の阿波の商人がよく藍玉をもってきたという。阿波藍は江戸時代の中期以降に発展するが、西回り海

6

昭和30年代までは，絣の着物はよそ行き着になっていた．

6　店売りの子供用の絣

7　自製の糸　絣に織るために染めたもの（大崎，堀田ミサオさん）．

8　端切れ　小比叡集落の人が型染めにしたもの．単色の藍色や経縞の木綿がはやった後，昭和になって織りの技術が進むと，子供や大人の普段着，仕事着にも使われるようになった．なお，絣の自製は手間がかかり，購入品は値段が高かったので手に入りにくかった．

7

8

運によって盛んに北陸・越後・東北へ運ばれてくるようになった。同家には、昔使った藍甕があったという。藍染めが普及すると、徳島県鳴門市の大谷では藍染め用の大甕が生産されるようになり、それが佐渡へも船で入っている。

河原田から沢根五十里町（旧佐和田町）へ移って紺屋を営んでいた金子弥五右衛門家がある。染物屋には糸染紺屋と型紙や筒引きで文様を染める表紺屋があった。金子紺屋は表紺屋であった。紺屋には家伝のようなものがあって、幕末ごろの染め方の記録が同家に残っている。それには、灰汁・石灰とふすま（麦かす）の分量を記した藍出し法を伝えていた。

染色には、型紙を使って織り上がった白木綿を染める場合と、織る前の糸を染める場合がある。上等品の型紙染めには生地も吟味され、注文者によって色物にするか、白抜きにするかは違っていたが、色物の場合はそれなりに経費がかかるから、特別の用途にしか使わなかった。この少ない色染めを嫁にいく娘の持参品として親からもらったという話をよく聞いた。二〇年くらい前には、手の込んだ色染めの夜着や掛布団をときどき見ることができたが、今は、ほとんど姿を見せない。このような染色は上方へ特注することもあった。佐渡には麻染めの技術があって、それが木綿染めに移行していったものと考えられ、一定の染色技術を伝えていたと思われる。すでにあった麻カタビラ類の型紙染めは容易に木綿地の染めに移行していった。つまり、麻カタビラ染めの技法が木綿地に応用されて木綿のユカタを成立させ、ユカタが大衆化した。

藍は木綿にはなじみやすい染料である。藍を何度も藍甕の中につけて乾かすと、そのつど色が深く濃くなっていく。一度つけただけの薄い色物を「甕のぞき」、次は「薄がけ」・「浅葱」、さらに濃くなると「紺」（濃い藍）になる。佐渡ではこの色合いの違いを藍の量で表現していた。佐渡の紺屋での注文は、手間のかかる型紙染めよりも糸染めの方が多かったようである。

白木綿糸をどのように染めるかは、注文者の好みによる。これに対応して一定の得意先をもつ紺屋が在郷にあらわれ、紺屋では注文通りの色に染めてくれた。この木綿糸の色を組み合わせて経《たて》縞の織りが流行するようになった。需要が多かった布団地に経縞模様が多かったのは、もっとも簡単に織ることができたからである。これにくらべて緯《よこ》縞は面倒でそれなりの経験と技術を要した。

布団地が売れるようになったのは、江戸時代中期以後、農家の生産力が上がって、全体に生活のゆとりがでてきて、ナンド（寝室）の生活改善が進んだからである。そのため、住まいの建て替えがはじまった。ナンドの入り口の「上げ敷居」は、この頃から取り払われる傾向にあった。ここは戸主のいる場所であることは変わらないが、寝床のワラを木綿布に包むか、仕切板がなくなって寝具を布団に替えた家もあった。国中《くになか》地方では、この頃になると布団に切り替わったものと思う。しかし、海村や山村は、古い生活習慣が依然として残っていたが、木綿利用地帯はナンドが改良されてきたのである。

江戸時代後半期、佐渡の木綿織りの状況は、繰綿を木綿布にして藍染めにする時代から、糸を好みに染め、経縞の模様が出回る時代に移り、その後にはじまったユカタの流行は白木綿の大量生産につながった。生産地から京都・大坂・江戸に集荷され、ここで都市の染色業者が染めたものを買い付けるか、船で白木綿をもってきて消費地で染色をした。佐渡では紅色の染色はあまりやらず、多くは上方でのあつらえ染めであった。かつて安永年間（一七七二～八一）ごろ、奉行所では紅花仕様書を村々に配布して紅花の栽培を奨励したことがある。その文言に次のような記事がある。

紅花の儀は益ある品にて、村々の助成にも相成るべき事故、多く作付け候儀、先だって委細申し渡し候。紅花仕立ての儀並びに紅花実油に絞り候事、この度、羽州最上にての仕法相糺《ただ》し候ところ、羽州にて仕立て候紅花差し遣わし来たり候間、村毎に写し取り、小百姓共へ相見せ、得と呑み込み候様申し教え、多分に作付け候様に致すべきものなり（本間四郎左衛門家文書）

紅花の原産地はエジプトといわれ、中国を経由して日本へ入ってきた。当時栽培した紅花が佐渡にも野生化してあるのではないかといわれている。紅花は全国的には元禄時代ごろから普及したとされているが、佐渡では奉行所の奨励で半世紀以上遅れて入ってきた。

一九世紀後半、相川の五郎左衛門町の紅屋清右衛門は、江戸へ誂えないでもよいほどに紅染めに手際がよくて国内用に供していた。これより先、天明元（一七八一）年に出羽の人が来て紅染めを行なったのは、この人の親であった（『佐渡四民風俗』）。

在郷の嫁入りが盛大になるのは、明治後期以後のことである。それまでは、嫁入り道具にもっていく衣料品は紺色であって派手さはなかったが、藍染めの濃淡によって色合いに変化をつけた。赤系統の染料は少なかった。婚礼用の夜具に用いられる型染めの赤は、古いものほど発色が悪くレンガ色のものが多い。明治後期になると化学藍が出回り、これに化学染料による色鮮やかな色糸が加わり、木綿は色彩豊かになった。これを反映して嫁入り衣装は華やかになった。

木綿の国産

明和～安永（一七六四～八一）ごろになると、奉行所ではワタの栽培を奨励した。この時期の約三〇年前、延享二（一七四五）年の宿根木の木綿作書き上げによると、繰綿七貫目、木綿織高五〇反（白木綿）、布（麻布）一〇反が宿根木村高であった（高津庄兵衛家文書）。また、別の文書でみても繰綿は移入品でなく、自村の製品であることがわかる。有産階級の家以外は自給自足という生活は残っていて、手前織りで大部分は確保していた。

宿根木では絹布は生産していない。佐渡回船の根拠地であり、上方などからの文化的品物がいち早く流入した宿根木でも、まだ、麻時代を脱したとはいえず、麻と木綿の混紡もあり、競合関係にあった。宿根木では木綿一反を織るのに一四〇匁の綿をつかっていたという。繰綿の質はよくなかったのである。

奉行所より明和・安永期に植物などの栽培の触書が出された。その一部を抄記してみると、地酒・地塩・茶・たばこ・布木綿、其外一切の道具・箸物、当国ニて作出し事たり候類、其品々宜しからず候とて、他国の産物を取寄せ候事、栄耀《ぜいたく》の沙汰に候間、追ては入役銀相増し候節もこれあるべく候間……、なるたけハ下品にても当国地品をもちうべき事、衣服、かねて定めの通り身上宜しき者たりとも、紬・木綿に限るべし（潟端区有文書）

など、となっている。栽培の仕様書は植物の品目別に書かれ各村に配布された。しかし、享和二（一八〇二）年の竹田村（旧真野町）から地方役所宛の報告によると、「綿作はこれまで手作りしてきたが、土地にあい申さず不作に御座候」とある。ほとんどの村で綿作は失敗したようすである。また、村山村（旧羽茂町）から文化四（一八〇七）年に「綿作願」が出されている。このとき、畑作として綿作を試作したようであるが、茶のようには商品化できなかった。気候的に栽培が無理であったのであろう。物資不足の戦時中に羽茂川の流域において綿花を栽培して、しばらくそれがつづいていたことがあったが、戦後の経済成長で綿花栽培はすがたを消した。

安永期ごろになると茶・塩・紙も国産化がはかられたが、いずれも失敗している。もっとも綿花栽培に気候条件のよい羽茂本郷について、『佐渡四民風俗』にあるように、耕作のほか、女は布木綿を織っているというのは、西国から繰綿を購入して、その後の工程を自家で行なっていたことをいうのであろう。

江戸時代後期になって、佐渡の島民にどの程度まで木綿衣料がゆきわたっていたかを具体的には把握できないが、来客用の着物や寝具は、一般には持ち合わせがなく、資産家などからの借用で間にあわせているのが実情であった。

天保一二（一八四一）年、佐渡巡村《じゅんそん》に川路聖謨《かわじとしあきら》奉行が水津村（旧両津市）に泊まったとき、名主助左衛門が借り入れた「夜物かり入帳」（海老助治氏所蔵）をみると、各家（伊左衛門・作蔵・小左衛門・松左衛門・三郎兵衛など）から、ふとん・夜着《よぎ》・カヤなどを借り受けている。それらは来客用に持っていた什物であった。これは一例にすぎないが、役人の巡村はじめ旅人などが泊まるときなどは、不足の寝具などは借用するというのが普通であった。このような村々の有力者の家では特別に来客用として揃えるようになった。もちろん、寝具だけではなく座敷・坪庭（庭園）を造り、食器として高価な陶磁器を買い求める者もでてきた。農業生産が向上した分だけ生活水準が底上げされ、木綿もこうしてすこしずつ庶民に普及していったのである。

木綿は、手織りではなく店で購入する者が増えてきて、なかには紬を求める資力のある者もいた。そして、これらの木綿を紺屋で染めるようになった。また、平織りにしてから染めたもの、それを型染めにしたもの、また、糸を染めて経《たて》縞に織ったものなど、さまざまな木綿が織られていた。

明治二（一八六九）年、名主に命じて民政役所で新政府の官人用に用達した「夜着布団控帳」（畑福新三郎家文書）によると、掛布団は「表紺地芙蓉紋付・裏よもぎ」、「茶縞千筋」、「表格子・裏よもぎ」、「表唐草・裏浅黄（葱）」、「表裏とも立（経）縞」、「表立縞・裏紺」、「表紺菊かた染・裏浅黄」、「表紺たばね熨斗《のし》・裏あさぎ」、「表紺白筋縞・裏花色」、「表裏ぬいまぜ」などがあり、敷布団には「浅黄小紋」、「表唐草・裏赤鶴」、「表小紋・裏かすり」（一部抜粋）などが記載されている。値段は銭五貫目以上が多かった。布団には綿も必要とするから繰綿の一部はここに回ったはずである。夜着・布団の模様はいろいろあり、紺地・型染め・縞あるいは「ぬいまぜ」にした布団もあった。ぬいまぜはツギを継ぎ合わせたものであろう。これはすぐ返却されていて値段も高くなかった。

また、夜着（厚く綿を入れた大形の着物）には「表紺地舞鶴」、「表うす赤・裏浅黄」、「表紺宝くずし・裏花色」、「表紺地舞鶴・裏浅黄」などがあって、布団の二倍くらいの値段であった。これらは、繰綿から白綿布にして近くの紺屋で染めたものが多いと思われる。

吉井（旧金井町）の児玉家には、明治二〇（一八八七）年生まれの祖母が嫁にきたとき持参した手織りの掛布団の布地があった。上部には紺地に白く、下部は鯉がはねあがっているようすを筒書きで色染めにしてあった。よくできた模様であったから上方から特注で取り寄せたものかもしれない。明治ごろの国中地帯の裕福な経済状態がわかる（図28）。

一方、佐渡のなかでも田地の面積が少ない海村ではかならずしも木綿が自由に手に入る状態ではなかった。

戸中《とちゅう》（旧相川町）の野原ハサさん（明治二三年生まれ）の話では、若い頃はネマ（寝間）の下に藁クズを敷いて上に莚をのせ、その上にゴザを敷いて寝ていたという。明治三八年の日露戦争後になると、ツギを縫い合わせて袋をこしらえ、その中に藁クズを入れ、クズ布団にして寝た。大正時代になると、布団格子という木綿を相川から買ってきて、中にクズ綿を入れた布団を使うようになった。嫁に出るときには、まだ木綿布団はなく、夜着を一枚親からもらうだけだったという（図9）。

同じ佐渡のなかでも、木綿が早く手に入った地域がある一方、寒冷でワタの栽培に適さなかったので、長い間、麻布が衣料の中心であった地域があった。佐渡の山村や海村がそうであった。しかも購買力が乏しかったので、その地方では木綿は手に入りにくい貴重品であった。回船の出入りする湊や生産力のある農村地域では、入ってきた繰綿から「手前織り」といって白木綿を織り出し、近くの紺屋へいって紺染めにしてもらう者もいた。この木綿を嫁入り支度にしたり、よそ行き着にしたり、ゾンザ（ドンザ）という仕事着に仕立てたりしたのである。この手前織りの盛んだった土地は、相川近郊・河崎・羽茂本郷・宿根木などであり、その他の所では機を織る人に賃機《ちんばた》をして織ってもらっていた。また、上等な木綿がほしい人は在郷の

9　入れ替えるクズ布団　夏の盆が近くなると，布団のワラクズを入れ替えて，古いワラは田んぼに捨てにいった．北狄，昭和52年．

商店に頼み、好きな色合いのものを注文して手に入れていた。それを島内の市日にもって出る商人もいた。郷倉に年貢を納めた頃には、羽茂本郷において米売り銭が入った人たちを相手に蔵場市という反物市が開かれるようになった。

江戸時代の裂織草と裂織

天保一一（一八四〇）年、佐渡一国一揆の後始末に奉行となって赴任した川路聖謨の在島日記『島根のすさみ』に、相川町方の着物について、「帯の破れ、てがらのちぎれたる迄を集めて俵にせしなり。それをこの国の田舎へ遣わし、洗い裂きて織りて、半天のごときものとなして、賤しきが衣とはなるなり」と記している。在郷は使い古した木綿を利用して織った裂織を着ており、さらに「例のさきおり、また木綿の裾模様着たる男女子の類なり」と記し、相川では裾模様の着物を着ている者もいた。奉行自身は寒いときは綿入れを着ていたという。

このように木綿類を洗い直したものをツギといって、俵詰めにした状態で束にして流通した。町場の商店ではこのツギを販売していた。また、それを買ってきて、着物の破損部分に当てたり、切り裂いて織物のヨコ糸にして「裂織」を織った。「半天のごときもの」というのは、短ゾンザ（仕事着）か裂織（ツヅレ）のことである。ゾンザを丈夫にし長持ちさせるために重ね合わせて刺すこともあった。また、新しい裂織は農村の日常着のような着物であった。また、新しい木綿織りは祭りや祝いごとに着るハレの着物であった。

裂織草は細かく紐状に裂いて、ネマリバタ（地機）の織り草にし、裂織にして日常着や仕事着にした。この裂織草は回船の取り扱う商品として早くから流通し、寒冷地で売買されていた。その実情は、一部に残る当時の回船の仕切書や湊改帳などにみられるので、二、三述べておきたい。

ここに延宝年間（一六七三～八一）ごろのものと思われる「さきおり草」を取引きした船登忠兵衛船の売買史料がある。すなわち、能代にて、七月七日に裂織草七四俵を一俵銀五分五厘、細目昆布九五一貫を銀一〇貫一匁で買い付け、新潟湊の片桐一郎兵衛に、一二月二二日に裂織草一〇俵を一俵銀一匁一分、昆布五五貫を銀一〇貫三匁五分で売却している。相当の利益が上がったので、こうして夏に仕入れた買物を各湊を回り船仕舞いまで売り捌いて回っていた。

裂織草を木綿の乏しい北国の能代で船登船が買い付けているのはおかしいが、おそらく、なかに麻布も含まれた雑布であったのであろう。新潟湊は各地の裂織草の集散地であった。江戸時代には裂織草は一俵一〇貫目が多く、明治になると六貫目入り一本といって流通していた。

明治三年、多田港改所（旧畑野町）「諸御役品浜改帳」に記載された品物の中には木綿類が多かった。明治に入ると、いち早く衣料移入の変化があり、それは木綿類からはじまった。

繰綿	三本（三四八貫）	木綿縞	三四反
古綿	四箇（三〇枚入）	古繰綿	八本（六貫入）
裂織草	七本（六貫入）	中入綿	三貫

古給　二九〇枚　　　打綿　　六貫
古ふとん　七枚　　　紺足袋　一二〇足
その他

以上のように、大半は綿製品であった。多田港ばかりでなく、佐渡の湊へはたくさんの木綿類が入ったものであろう。荷主は農村地帯の新穂や国中の商業の中心にいた河原田商人であった。

佐渡からも他国出しの織物があった。寛政一二（一八〇〇）年の書上留に、織級《しな》一七〇〇余、裂織五三〇枚余、級一六〇〇貫余となっており、級と同様に裂織が他国出で外資を稼ぐようになっている（船登家文書）。

佐渡の裂織は、織り方と仕立て方が丁寧なことと配色が美しいことで、識者の間で早くから有名になっていた。江戸との往来が盛んだったため、江戸の人に珍しい織物として紹介されていた。たとえば、佐渡奉行所の絵図師、石井夏海と親交のあった滝沢馬琴は『烹雑《にまぜ》の記』（巻上）に「さき織といふ物は、江戸にていやしきものの脱捨てたる木綿のつづりきぬを、この国へ船積みにして送り来るを買い着用す。これをさき草という。彼のさき草を山苧《やまそ》をもってひたと編つづり、道服《どうぶく》の如くにして常に着るなり」と述べている。佐渡へ足を踏み入れたことのない馬琴であったが、親交のあった夏海から話を聞いて、珍しい織物として書き綴ったのである。

また、川路聖謨の日記『島根のすさみ』には、金山の坑夫の着物について、「てへんという甲《かぶと》のごとく、笠に似たる、こよりにて作りたるをかぶり、さき織という、木の皮にて織りたる半てんを着て……」と書いた記事もある。「てへん」は紙のコヨリで作ったもので、裂織のハンテンは木の皮のように見えたのであろう。

裂織はもちろん佐渡だけの着物ではなく、日本海の海村地帯にみられた普通の着物であった。とりわけ佐渡の製品は丁寧につくられていた。次に近世の生活の様子を、諸書から引用して紹介しておきたい。

吉田東伍『大日本地名辞書』の中に、裂織について「近世は此の島（佐渡）に織布の名産ある事を聞かねど、士人被るところの織物あり。サキオリと称し、木綿布の古きを細かに裂き、苧糸を以って経糸となし、これを織り、道服の如き衣にして着用す」という記事がある。裂織はよその人には珍しい織物に見えたのである。

『佐渡四民風俗』の追加（天保一一＝一八四〇年）にある織物地域の記事を載せておく。

相川町北郊の小川、達者は金山で働く人たちが多く、「耕作の隙に相川銀山方の働きを致し、女は木綿を多く織り出し、裂織《さっこり》を織り、山苧《やまそ》とうねを織り、級《しな》・藤を織り……」とある。農業のかたわら銀山で働き、木綿を織り出したとあるのは、相川の賃機をしていたことを指し、裂織やヤマソトウネ（ヤマソで織った夏の仕事着）、シナ・フジ（樹皮繊維）はいずれも自給用に織ったものである。また、小川から出た者による請取機屋があったことが、古い相川音頭に唄われている。それは番匠松蔵と機織お竹の心中物の一節であるが、「おらも相川一丁目へんにゆかりもとめて請取機屋、つづれ・さしもの・賃糸取りて、ともに二人が相川住まい」というくだりがある。小川や相川にはこのような請取機屋があった。

久知・河崎辺は縮布・平織を多く織り出していて、「一国へ売り広め、越後縮を買い入れざる程にこれなく候ては、国用の助けとは申し難く候」とあり、織りの技術は越後縮より劣っていたようである。しかし、ここは地理的に新潟との交流が密であり、佐渡の中でも、もっとも織りの技術は進んでいた。さらに、南佐渡は回船によって上等の絹・木綿が入ってきており、なかでも宿根木は特別に織物が盛んであった。移入された繰綿は農閑期のある羽茂本郷でも織られており、織物の盛んな土地柄は羽茂川の上流まで影響を与えていた。

国中の農業専業地域は、早くから衣料は購入するか、賃機《ちんばた》をしてもらって手に入れていた地域であり、値段の高い銘柄木綿をよそから購入していた。また、裂織はネマリバタ地域から市日などで買い求め、機械織りの紺地の木綿が早く出回っていた。

南佐渡の多くは自給的な生活地域であり、海村は麻と木綿織りの共存地域であった。

麻と木綿のおよその生活上の使い分けをまとめてみると、次のようになる。

①麻布は夏の仕事着であるトウネにした。涼しさの感触は麻のほうがよく、漁に出るとき、山へ入ってリンバ（木挽の仕事小屋）にいるときなどは裂織であった。このように麻と木綿は仕事の内容によって使い分けた。

②麻を取ったあとのオガラは葬儀の必要品であり、盆の精霊を迎え・送るときにも使う。オクソ（麻を扱いたときのクズ）は、とっておいて敷板を磨く雑巾にしたり、縁側の足ふきにした。
③木綿布は再利用するために洗い張りをしてとっておき、着物の破れた箇所を補修するときの当て布にした。仕事着の刺し付けやツギの当て方は、経験と工夫により調和のある美しい色合いにした。

小さい島国であっても、生業の違いによって一年間の暮らしの体系が異なる。佐渡の国中・羽茂・河崎・加茂などは水田単作であるから、冬の農閑期は比較的ひまであった。この農村地域に対して、農閑期になっても海・山の仕事があり出稼ぎをしていて生活にゆとりがなく、木綿ハタを織ることはほとんどない地域は、いちように裂織地域であった。木綿は町の商店や市日に出かけ、ひとたばにしたツギを買ってきて、それを継ぎ合わせて着物を作るか裂織にして、欲しい着物を仕立てた。木綿の再生はこのあたりの地域から生まれた知恵であった。

現代の木綿

木綿は現代生活に依然として、なくてはならない重要な衣料である。日本の近代化の過程で、木綿は新しく登場した化学繊維・合成繊維との競合によって立場を替え、そのよさを再評価されながら利用されている。

①明治時代、だいたい日清・日露の戦争以前までは、衣料の充足は「繰綿の移入↓木綿布を織る↓普段の着物↓仕事着にする↓雑巾」というように、定まった消費のサイクルがあった。

②明治の殖産興業のかけ声のもとに、日本では繊維工業が先頭に立って近代工業化を急いだ。いち早く機械紡織の技術を取り入れ、イギリスを追いぬき、経済発展の原動力となった。ヨーロッパでは、大量生産化によって手工業の紡織技術は切り捨てられ消滅していった。日本においても日露戦争ごろから、化学染料の普及、機械紡織による大量生産、ガス糸の登場、人絹の使用などで木綿業は急速に生産量を落とした。

③戦後は、ナイロンやビニロンの開発により木綿との混紡が普及し、化繊時代をむかえた。昭和五〇年ごろからは衣料のグローバル化がはじまり、仕事の仕方と生活の変化によって木綿の役割は低下した。また、手織り木綿布は仕事着・雑巾などにわずかに残っていたが、それも消え、現在では木綿布は作業着や下着などに使われているが、一部には装飾品などの工芸品として再生している。裂織は木綿再生衣料の最後のすがたである。

すこし前まではナイロンやポリエステルなどは、天然繊維にない便利さや強度をもっているため、新しい近代生活に即した繊維であるとされていた。一方、綿製品は汗くさい作業着・手拭といった古くさい印象があった。昭和三〇年代までは、入浴には商店の広告の入ったような手拭一本で間に合わせていた。経済成長以後は手拭から浴用タオルの時代に変わった。

しかし、平成三（一九九一）年には、まだ世界の繊維総生産のうち綿生産は約半分をしめていた。日本でも四割くらいであった。

われわれに見放されたと思っていた木綿は、合成繊維との混紡にその活路を見つけて復活してきた。依然として捨てきれないで、文明社会に生きながらえていく木綿のいのちは、生活のなかに深くかかわってきた庶民の衣料であったからである。

生活の変化と雑巾の消滅

衣料生活の一つの転換期は第二次大戦中にもあった。この時期は店頭に出ている衣類は極端に少なくなり、生活必需品はほとんどが配給制になった。衣料などは仕方なく自給しなければならない時代であった。

温暖な羽茂川沿いの山里では畑にワタを作り、それを糸にして木綿を織ったという話を各地で聞いた。当時織ったという木綿を持っている人に何人かに出会った。このあたりは、

10　雑巾　使わなくなった木綿を，このように端切れを上手に刺し付けて雑巾を作っていた．羽茂本郷，昭和 56 年．

昔から麻織りや木綿織りの伝統があり、かつて織りを覚えた女の人は店屋で購入してきた色糸などで、普段着や子供の通学着、自分の仕事着などを織っていた。昔からの自給的な生き方が根強く残っていたのである。とにかく、それを捨ててしまうことはしないで、手織りの白地木綿や縞織りにアテツギをしてタンスのなかにしまってある家がたくさんあった。アテツギにはさまざまなキレを使って刺し付けてあった。町場とは違い、生活様式もあまり変化しておらず、家庭では雑巾が必需品であり、学校の掃除にも雑巾でガラスを拭き、床の雑巾掛けをしていた（図10）。しかしその後、家が改造され、学校がコンクリート建築になると、雑巾の必要がなくなってきた。木造の床を拭いて綺麗にする生活からモップと掃除機の時代に突入していった。そして衣料の使い捨ての世になってきた。昔の手織木綿などの衣類はタンスの底に仕舞い込まれ、新築を機会に焼き捨てられるという運命にあった。

木綿の歴史のなかには庶民の労働の歴史が込められている。つまり、古い木綿には織り手の創意があり、刺し糸によって寿命を長らえたいのちのようなものが宿っていると思っている。木綿は、美しく咲いたクサワタの花から数えきれないほどの人の手を経て、最後に雑巾になって台所から消えていった。この中に気づかれなかった暮らしの美しさがあった。

第二章　木綿誌

一　暮らしの向上と木綿

衣料研究の約束

「佐渡は島であることによって、文化の完成体をもっており、衣類一つみてもあらゆる種類がみられ、その変遷を追うことができるので、すばらしいフィールドである」という手紙を民俗学者宮本常一氏より受け取り、佐渡での衣料研究をわたしが約束したのは昭和五〇（一九七五）年ごろであった。たしかに佐渡は一つの文化の完成体としてとらえられる側面がある。これまで日本海を利用した文化の交流は想像以上に大きく、かつ広範囲に及んでいた。しかし、その文化は水が高い所から低い所へ流れるように伝わっていくが、そこから文化が流れ出ることは、佐渡にはほとんどなく、つねに文化の流れを受け入れる場所になっていた。その流入してきた文化をどのように消化していくかは、いつもつきまとう島の課題であった。佐渡へ入ってきたさまざまな文化をすこしずつ積み上げてきた、受容と重層の文化をもつといってもいいような島国の佐渡であった。掘り返してみると、そこに文化の山があったというほど、いつも発見の楽しさがあり、一方には、よそではみられない歴史がいつまでも残されていたのである。これが島国の魅力かもしれない。

衣料生活についていえば、人間が本来、おしゃれにしていたいという心根が本能的にあって、着ては脱ぎ、被っては取っていくという、もっとも変化しやすい分野である。それと反対に、いったん身につけたものは、なかなか放さない執着を一方にはもっている。しかし衣料は、住居のように新築してしまえば、以前のことはわからなくなってしまうということはない。

ある年、旧羽茂町の旧家を訪ねたとき、手織り麻の仕事着（夏着）であるトウネがあった。このトウネは母親が真心を込めて織って娘の婚家へとどけた。娘は時代遅れの仕事着だと思って、それを着るのがいやで、婚家のタンスの底に長い間しまっておいて、縞木綿を着て仕事をしていたという。また、ここでは娘が嫁にでるとき紺のダテ刺しをしたゾンザをもっていくという慣行もあった。このように、ひと昔前の女性たちは、親から貰った着物を簡単には処分するようなことはけっしてなかった。

しかし、ひと昔といっても、時代の変化のスピードは早く、最近は、タンスの中に大事にしまい込んでおくことは少なくなっており、生活の近代化とは、生活必需品の自給性を失っていく過程のようにみえる。現今は、たくさんの中から自分の好みによって必要品を選択し、それが用済みになれば廃棄していく消費生活が普通になっている。

昭和五〇年ごろより、日本全体が大きく変わりはじめた一〇年くらいの間に話相手になってくれた明治生まれの女性たちがいなくなった今、改めて、昔のことをまとめておく必要を感じるのである。

麻から木綿へ

欲しいものは金を出せば手に入る、これが現在の経済社会である。戦後、日本の復興はこの物の豊富な社会をめざして進んできた。しかし、このことによって、ひいては人間社会をとりまく環境破壊につながっていることが、しだいにわかってきた。この大量に物が生産される文明社会において、人間的にして文化的な意味合いを暮らしに添えているのが生活文化である。

かつて女性の中には、ワタを作り、糸をとり、ハタを織り、着物を自分で仕立てて、ほとんど自給自足に近いかたちで自分や家族の着物をまかなっていた人が少なくなかった。現代の消費文化になれた時代からはとうてい考えられないことであるが、想像もできないほどの工夫と努力・知恵をはたらかせていたのである。女性は一人前に野良仕事をした後、夜なべ仕事をし、農閑期には嫁はセンダク休み（骨休み）をとって実家へ帰り、自分の仕事着や子供の着物をつくったりした。

木綿布の入手にはさまざまな機会があった。ときどき島内で開かれる市日にでかけて何束かのツギを買うか、町の呉服屋で求めるか、ときには実家から木綿の反物を貰うかして入手した。戦時中までは、新しい木綿布はほとんど手に入らなかったので、温暖な南佐渡ではワタを作って着物を仕立てたという話を聞いた。もともと、佐渡は着る物には、江戸時代の中期ごろまでは、樹皮繊維や麻などの草木布を利用してきた所であったから、木綿が入ってくると、昔からの織物技術が生かされて木綿織りを受け入れ、シナノキやフジ、麻などをタテ糸にして着物にすることはどこでも行なわれていた。

衣料史の中で、樹皮や麻類を利用した長い歴史があり、より快適で便利な衣料への移行は、急激に行なわれるものではなく、古い素材と新しい素材を混紡したりして徐々に変わり、地域によって利用の仕方も名称も異なっていた。木綿のない昔は、麻をはじめフジなどの自生植物で紡いだ太い糸質の布地はザックリしていたので、多くの地域でサックリと呼んでいた。佐渡には負い荷をするときに付ける袖なしのニズレ（裂織）があり、サッコリともいっているが、これはこのサックリに起源をもっているのかもしれない。佐渡では、木綿が入ってくる前は、麻やシナのサックリや苧くそサッコリが利用されていたのであろう。脇田雅彦氏は「サックリ考」（『民具マンスリー』一六巻一〇・一一号、日本常民文化研究所、一九八四年）に「利用する緯糸の素材を冠するノノサックリ、オクソサックリ、モメンサックリ、カナサックリ」などがあったことを記している。衣料として利用してきた材料の歴史的過程をみると、麻、木綿布（裂織）、木綿糸の順序になる。そのことが仕事着の名称にあらわれているのである。江戸時代、佐渡の特産として挙げられていた級経《しなたて》裂織はタテ糸にシナを使い、ヨコ糸は古木綿を細く裂いて織り込む裂織が一般化していたことを示している。

木綿文化

木綿が庶民の間に普及するのは、佐渡の場合は江戸時代の後期になってからで、佐渡より北国ではもっと遅かった。その木綿は回船の商い品として入ってきた。その頃は、木綿は一部の上層階級の衣料として絹布といっしょに流通した。しかし、大坂から蝦夷地まで回航する北前船が日本海を行き来するようになると、上方への北国米輸送の帰り荷として、塩や日用の雑貨とともに繰綿・綿布・古手木綿・裂織草などを積んで、ワタの栽培の難しい地帯にもち帰った。大坂方面ばかりではなく、瀬戸内・出雲などからも綿布・繰綿を積み込んで北上し、各地の湊に運んだのである。受け入れる地域によっては木綿の扱いが異なっていた。木綿を晴れ着にしたり、二枚以上を刺し付けて仕事着にし、古くなると、細く裂いてヨコ糸にして、いわゆる裂織を織ったりした。しかし、より北国へいくと、いっそう木綿は貴重品になったので、木綿が大衆化するのはすこし遅れて、衣料の耐久性を高めるためと保温・防寒などのために、木綿を重ねて刺す手のこんだ刺子《さしこ》を生み出している。その結果、東北地方の各地に独特の刺子がみられるようになった。

したがって、木綿が貴重品として扱われた所では、布地の雑布を刺し縫いしたツヅレまたは刺子が庶民の着物であったことがわかり、日常は裂織に当てツギされたボロ衣のような着物を着ていた。木綿が容易に手に入るようになると、刺子ゾンザを着るようになった(図11)。木綿が一般的に普及してからは、新しいうちに布を糸で刺しつづり、それが女性のおしゃれにもなり、さらに工夫をこらした刺し方に独特の地域性をもつようになった。

青森県は江戸時代には西の津軽藩、東の南部藩にわかれ、それぞれ独自の文化をはぐくんだが、刺子にもその特徴があらわれていて、津軽は「コギン」、南部は「菱刺し」を生み出している。もとは

11　ヨコ刺しのゾンザを着た人　ゾンザをヨコ刺しにするか，タテ刺しにするかは，はっきりした区別はないが，一般に荒仕事をする所はヨコ刺しが多い．二見半島はタテ刺しが，小木半島はヨコ刺しが多い．稲鯨，昭和 50 年ごろ．相川郷土博物館提供．

麻布を刺し付けたものであったが、その技術が木綿に生かされたのである。江戸時代には、木綿はまだ貴重品で装飾性の高い製品であったが、明治の初めになると、ようやく北国にも木綿が一般化した。はじめは、貴重な衣料の補強と防寒のために、何枚も古着を重ねて刺した「綴《つづ》れ刺し」が行なわれた。

「綴れ」は破れた部分にツギをあてて刺し付けてある着物を指していたので、襤褸（ボロの意味）とも書いた。このようなつぎはぎの着物を装飾的な工芸品にまで育てたのは北国の文化であり風土であった。また一方、綴れ刺しをしたものの他に、古手木綿を細かく裂いて糸状にしてヨコ糸に織り込んだ「裂織」を綴れともいった。この裂織が顕著にみられるのは、北部の日本海側では津軽半島から男鹿半島（秋田県）・庄内（山形県）・佐渡、太平洋側では、青森・岩手・宮城の気仙沼などである。北国の木綿が貴重品であった地域である。刺子・綴れ・裂織、また、同じ刺子でも、佐渡ではゾンザもしくはドンザといっており、刺し方が少ない仕事着をハンテンあるいはジュバンといっている。同じものであっても、土地によって言い方はまちまちである。とにかく、その土地の気候、住む人たちの経済状態や生業にかかわっていて、利用の状態が土地によって異なっている。

山形県鶴岡の致道博物館には山藤で織ったフジコがあり、袖は木綿である。また、オロコギというタテ糸が木綿、ヨコ糸が和紙の着物が展示されている。佐渡の羽茂川上流と同じゼンマイ綿をヨコ糸に織ったもの、また、和紙をヨコ糸にしたものもある。このように、木綿を土地の材料と混紡している例はここだけではない。

木綿の混紡と地域性

木綿は吸湿性があり、麻よりもすぐれた保温性があったので、またたく間に日常の衣料として生活必需品になった。戦後のナイロン・ビニロンのような爆発的な流行とはならなかったが、木綿は庶民の衣料として生活に深くかかわってきた。しかし、はじめから綿布として流通したわけではなく、前代の麻や絹との混紡を行なったり、木綿の耐用年数を長くするために重ね合わせて刺しつけたり、綿を中に入れて暖かくしたりして多目的に利用されてきた。

佐渡奉行所から一八世紀に出された触れ状には「身上宜しき者たりとも、紬・木綿に限るべし。麻裃《かみしも》はこれまで着付け候ものばかり用い」とあり、絹布は禁制品であったが、山繭やクズ繭を使って、木綿と混紡してさまざまな織物を工夫して織っていた。もともと、湿気の多い日本のような気候風土では、野の草花のような中間色で周辺と調和した色調が似合っている。色合いが抑えられ、地味な色が封建的で貧困の象徴のように考えるのは誤りで、繰り返し使用されてあらわれた自然色である。

ワタが栽培されるまでは麻布中心の着物であったが、いろいろな繊維を混用して寒さをしのいできた。綿布が買えない者はクズ繭やクズ綿などを入れ、木綿を重ね着するほうが暖かいとなれば、何枚もの木綿を重ねて麻糸を刺し糸にして着物をつくった。たんなる実用性だけではなく、見栄えも考え、刺し糸を染めてもらうために、はるばる国中《くになか》の新穂（佐渡の中央部）まで小佐渡の山を越えて泊まりがけで行ったという話もある。ここではタテやヨコに細かく紺のダテ刺しをしたゾンザを着ていた。染色には、はじめは近くの植物を利用して草木染めで間に合わせていたが、紺屋に染めてもらうために遠くまでも足をのばすようになった。古い木綿には紺色はあまり混ざってはいなかった。

このようにして時代が進むと、生活圏や交易範囲が広くなっていき、国中のような便利な平野部と周辺の海村とでは生活面に違いがでて、衣料においてもそれがあらわれた。近辺が自然環境に恵まれ、あまり他に依存しなくてもよい、自給性の高い羽茂川流域などは綿花を作り、見よう見まねで木綿織りに習熟した所もある。一方、気候条件と地形に恵まれない海府では、綿花を作れなかったため、木綿の端切れを継ぎ足してその代わりにした。また、湊の船乗りたちには白糸できれいに刺した上衣を着る者もいて、それぞれに地域や個人の創意がはたらいていた。

佐渡には山繭から糸をとって織った天蚕織りが残っている。山繭は緑色を帯びているが、糸にすると光沢のある白色になる。よく木綿と混紡にして織ったものを見かけた。麻のみならず絹とも織りまぜながら衣料にしていた。混紡布では、絹は木綿より早く損耗するのに対し、木綿は度重なる洗濯にも耐え、最後まで使いべりがしなかった。

佐渡では、自然に存在する植物の繊維を、それぞれのもっている特徴を利用して紡織を工夫してきた。織物を織っている土地で、「土地宜しく、五穀豊熟の年多く候故、……其の上耕作の外、女は布木綿を織り……」と『佐渡四民風俗』に記されているように、織物が女のなりわいとして成立するには、農業を主業にして農閑期の利用のできる地域でなければならなかった。たとえば、羽茂本郷の鎮守の草刈神社祭礼に出されたタナ（祭礼のときの山車）飾りの幕は、きれいな色染めの木綿で、安永二（一七七三）年に作られたことが記されている。木綿は氏子のだれかが織り、染色は地元の紺屋に頼み、染めてもらったのであろう。その頃になると近郷村から祭礼の芸能が奉納され、にぎやかな夏祭りが行なわれるようになったのである。

この農村に花開いてきた木綿文化は、各地の神社の大きな幟旗《のぼりばた》にもなり、在郷の資産家の嫁入りの道具、各家の贈答品などにみられる色鮮やかな木綿衣類にもなって、その現物がまだ残っている。その実態を確認することができたのは家の新改築のはじまる昭和五〇年代までであった。

一方、国中は羽茂あたりより早く経済社会になったため、木綿から絹の衣料に移行してしまい、木綿を処分した家が多い。以前には、物を粗末にしない暮らし方はどこにでもみられたが、今では旧家などに、大事に保存している家が何軒かある程度である。何事も良質の品を長い間使って暮らす落着きのようなものがある。何回も繰り返し洗濯をしているうちに、色調にさびた趣が加わった手織り木綿の魅力もその一つである。

南佐渡では、木綿にあこがれ、金銭で求められない人たちは、綿花（地元ではワタという）を栽培したという話をよく聞いた。気候が寒冷のため佐渡はワタの栽培が難しい所で、それまでワタを栽培したという記録はなかった。無理を承知で栽培したのは衣料不足が主な原因である。自家でワタを作った地域は小佐渡海岸、羽茂川の流域の天沢《あまざわ》・飯岡・大崎など日当たりのよい所や外三崎の田野浦などであった。ここではワタを栽培して手繰りで糸をとり、木綿を織っている。同じ川の上・中流域ではワタは作れず、古綿を打ち直したり、ゼンマイの綿を入れたりしている。最上流の山村の外山ではワイトもしくはカナ（糸）を購入して木綿を織っている。どこの家でも嫁を迎えて生活にゆとりがでてくると、家族や子供・孫の着物を自前で織ったという者があちこちにいた。また、昔の木綿を仕立て直して再利用をしている。

佐渡の裂織

ツヅレは『綜合日本民俗語彙』によると、「刺子と裂織との両方に用いられる言葉」となっているが、佐渡では裂織のことをいう。ツヅレといっているのは大佐渡海岸の高千・外海府（旧相川町）辺での一部の言い方で、裂織といっている所が多い。外海府の話では、昔はツヅレといって、裂織とはいわなかったという。外海府で民俗の研究をしていた稲場美作久翁の話によると、「ツヅレはクササキ包丁で木綿を裂いて、ヤマソやシナなどの中に入れて織っていた。木綿布が手に入りやすくなると、木綿クサだけになった」という。したがって、木綿は、最初は雑繊維の織り交ぜに加えるクサであったものが、後になってツギ（木綿の端切れ）を裂いて、木綿の再生利用として織られたものを裂織というようになったのである。また、裂織のことも戸中（旧相川町）ではサッキリ、西三川（旧真野町）方面はサケオリ、国中の農村ではサッコリといい、この言い方は農村地帯に共通している。旧両津市に属していた外海府の願《ねがい》ではツウレといい、前浜の月布施《つきぶせ》（旧両津市）でもそのようにいう。近くの片野尾でもツイゼというから、ツヅレと同じ系統の言い方である。ツヅレは裂織の古い言い方であることは間違いない。また、能登方面でもツウリといっていたから、ツヅレは木綿の再利用地帯の古い表現であり、西国から寒冷地へ伝えられた木綿文化の一つである。稲単作の佐渡の国中方面は、木綿布でジュバンという仕事着にして、目の細かい刺子ゾンザにすることはほとんどなく、裂織を織るという文化もなかった。木綿は比較的に手に入りやすく、荒仕事もなかったのである。裂織は金山労働や海村のほうから伝えられたことがわかる。

裂織の材料は、商品として西国から北国に流通していた。それを裂織草といった。これを裂いて、また別の織物に再生するのは、木綿利用の最終の段階に行なわれる生活の知恵である。綿花栽培の不適な地域において、安く木綿を手に入れるためのものが裂織草であり、都市地域から使い古しの木綿切れが集荷されて、裂織草として回船の商品となって北国のほうに運ばれていった。また、狭い地域においても、町（商業地）と在郷（農村）との間に同じ関係があった。

裂織を買い付けた所では、糸裂きや織り方にさまざまな工夫をした。木綿布の裂き方は、先がやや内側に曲がった裂織包丁を右手にもって、左手にもった布の端から反対の端まで帯状に裂いていく。布を切り落とさないように両端をすこし残して裂く。切り幅は普通一センチくらいであるが、薄い布地にしたい場合には五ミリくらいにすることもある。この帯を膝頭の上で撚《よ》りをかけながら紐状にする。これをサヨリといっている。織りやすいように、小さい玉にして使う地域（戸中）や糸車ですこし撚りをかけて使う地域（旧両津市長江）などがある。それぞれ織る人の工夫がはたらいていたのである。タテ糸は綿糸が自由に手に入るまでは、麻・シナ・フジなどを使っていた。近世の裂織のタテ糸は、ほとんどが麻か樹皮繊維であった。

近世後期の村明細帳にも、男は田畑仕付け（耕作）し、柴薪を伐り町へ出し、女は裂織機《ばた》を織っていたことを記している。加茂湖西岸、潟端《かたばた》（旧両津市）の宝暦六（一七五六）年の村明細帳には「農業の外稼ぎの品、男は薪伐り、莚織り、蓑作り、女はつづれ織り、布機織り、売り木綿織り……」とあり、現金収入のある売り木綿を織っていた所もある。潟端は加茂湖西岸の零細農村であった。ここでは、ツヅレ織り、つまり裂織も木綿織りも行なっており、木綿布を売って生活の足しにもしていた。裂織は農家の女性の生業の一つであった。

裂織はまさしく生活の実用品として考案された織物である。佐渡だけの特産ではなかったが、江戸中期には級《しな》をタテ糸にした裂織が佐渡産物であった。しかし、外海府のようすを書いた小泉其明の『佐渡国雑志』には「海府通りは、だいたい夜具所持仕らず、着候ままにて莚など引き被り臥し候」とあり、また「風俗は男女とも膝限りの裂織を着ている」と記しているだけで、ほとんど木綿織りにはふれてはいない。国中と海村とは、生活の内容にだいぶ相違があった。佐渡の中でも、仕事の内容や生活程度によって違いがでており、裂織は主に海村の人たちが考えだした木綿再生利用の知恵であった。

昭和一二年、高千小学校でまとめた『高千村誌』によると、裂織は「袖丈が一尺七、八寸（約五〇センチ余）の半幅の平袖」とある。また女性たちは「手には紺の小手を腕の奥まではかせ、裾は膝より短く、その下は紺の股引のようなモンペをはく」となっている。荒仕事が多いため、身こなしが軽くなるように工夫されている。白木綿を紺色に染めていた大正から昭和初年ごろの仕事のスタイルであった。外海府の婦人たちの仕事姿を撮った写真にそのなごりがある。その後、既成の紺木綿が入ってくると、刺子ゾンザが主流になった。当時の男の仕事姿は、頭に鉢巻をして、裂織の帯をし、腰にドウラン、足にハバキ（ワラのヌイゴで作ったキャハン）をつけ草鞋をはき、背中にはテゴ（ワラ縄で編んだ手かご）にワッパ（楕円形の曲げ物）の弁当を入れて、朝早く仕事に出た。海府は海岸段丘上に耕地があるから、田仕事に出るときも「山へいく」といっている。このスタイルは山仕事にいくすがたである。女の仕事姿も同様で、鉢巻の代わりに手拭三本を使って頬被りをし、ハバキは付けないが、ヤマオビを締めてキリッとしていた。

山・海の荒仕事があり、忙しく働く海村では、ゾンザが嫁入り道具の一つになっていた。それも時代の変化によって婚家では使われないで、そのままタンスの中にしまわれたままになっている例も結構多かったのである。

第一章で述べたように、滝沢馬琴の『烹雑の記』にも、佐渡奉行所付きの絵図師であった石井夏海から江戸で聞いた佐渡の裂織のことを述べている。佐渡の裂織は織り方と仕立てが丁寧なことや配色がきれいなことなどから、江戸でめずらしい織物として紹介されたのである。

あまり使用しなかった国中方面では、裂織をサッコリといっており、荷物を背負うときの肩掛けと思っている者が多く、その他コタツ掛けくらいにしかなじみがなかった。それに対して、海府から国中へ秋に稲刈りにきていた「秋入りさん」のすがたは、裂織で体をキリッと締めて、キビキビとした身ごなしのよい仕事ぶりであり、農村地帯の国中には見られない光景であった。

丹後半島ではフジ織りの技術を伝承しているが、裂織もあった。近くに織物の特産地があるため木綿糸も豊富であったので、綿布を裂いて織る裂織でなく、綿布の代わりに糸を使うイトサッコリという織物がよくあった。綿作が行なわれた西国には、佐渡のような裂織は少なく、裂織は木綿栽培のできない北国地方に多かった。

佐渡でも、山・海仕事のある海府方面で、もっとも適当な仕事着として裂織が織り出されたのである。裂織は、リンバ（林場）の木挽き、木材を負い出すニドラオイ（荷俵負い）の女の人や、海で働く漁師の着物として必要であった。小田や北立島（旧相川町）ではツヅレのタテ糸は丈夫なフジを使い、山仕事でトンゲヤブ（イバラ藪）をくぐるのによかったという。

明治に入っても、この裂織草の材料は相当な需要があったとみえ、佐渡に寄港した船の積荷の中にたくさん入っていた。また、八月の一八日には、海府からやってきた者でにぎわう下相川の観音堂前にツギなどを販売する市がたった。ツギが商品として儲かったのは、夏の土用に入り、午前中は柴木負いなどの仕事をして、午後は家にいてハタを織るという習慣があったからで、この日はよく売れたという。市日から買ってきたツギは模様のある木綿や絣は子供の着物に仕立て、ゾンザにしたりした。この頃から、ナンドの寝床はボロツギの木綿袋にワラクズを入れたクズ布団にすることがはやった。そのほかの悪いツギは裂織にしたのである。

裂織の発想は特別な知恵からでたものではなかった。木綿ギレを細かく裂いて糸のように撚《よ》りをかけてヨコ糸にして織り込むと、まったく予想外の色合いになる。ちょうど窯の中で変化する陶芸の楽しさに似たものがある。手織り木綿を使った明治までの裂織は、草木染めと紺染めの木綿が多かったため、華やかさはほとんどみられないが、この木綿を使うと、しっくりと落ち着いた色調になる。紺屋は集落にあるタバコ屋や酒屋のような存在で、あれこれ得意先の染色の求めに応じていた。また、裂織は丈夫さも必要であったから、タテ糸には麻やシナ、場合によってはフジを使っていた。荒仕事の多い海府筋で、樹皮繊維を使う原始の紡織習俗が木綿織り時代になっても、そのまま残っていた理由であろう。明治の末ごろ入ってきた麻の中にアカツマという麻があった。これを裂織のタテ糸にするようになった。それを績《う》んでオガセにし、裂織の黒地に合わすために町の紺屋へいって染めてもらった。

日清戦争後になると、手紡ぎのワイトに代わって、地方に紡績糸のトウイトがぽつぽつ出回ってきた。糸は細く丈夫ではなかったが、輸入染料で染めた糸のために、色彩が華やかになり関心はこのほうに向いた。後述の明治小学校の織物標本のように派手な織物が多くなる。時代が変わってくると、裂織の色調は柄物をヨコ糸に好んで織り込むようになった。暖房が囲炉裏《いろり》からコタツの炭火になり、コタツの下掛けに古い刺子ゾンザを使い、上には色模様の裂織を掛けた。コタツ掛け用ならばタテ糸が木綿糸でよかったので、農閑期になると近隣からの求めに応じて裂織を織った。また、ヨコ糸は木綿だけでなく、和紙を混ぜて織ると、着ていて軽く見栄えがよく、暖かく型崩れがしない裂織になる。材料の和紙も結構需用があり、古紙を商人が売り歩いたり、役所の書類が民間に払い下げられたりした。

江戸時代の石井文海筆『天保年間相川年中行事』の絵をみると、庶民の仕事着は木綿の袖を付けた裂織を着ている。袖まで裂織にすると、仕事がやりにくい面もあった。ハンテンのようにして裂織を着ていたのであろう。

裂織の製品

木挽きが山のリンバにいるときに着るオオソデという着物が戸地《とじ》（旧相川町）にあった。タテ糸は丈夫なシナ糸か麻糸を使っている。これにはヨコ糸に木綿のサヨリ（木綿を裂いた紐）と和紙のコヨリを二対一の割合で織り込んだものがあって、これを紙混ぜ裂織といっている（図130）。また、ヨコ糸にサヨリ一に対して白糸二の割合で織り込むとタテ糸と交差して、カメノコ形に模様ができるので、カメノコ裂織を織っている地域（旧相川町達者）もある（図131）。紙を混ぜるのは、木綿だけのものより暖かく、雨が通りにくく乾きも早いという長所があり、山着にはもってこいの着物であった。紙の代わりに、コウゾを使うこともあっただろう。織り方にもいろいろ工夫があって、繰綿からとったシノマキの綿を織り込んで軟らかい裂織をつくっている人もいた。

裂織は大佐渡海岸のように、台地に田んぼがあり、急斜面を歩く労働の激しい地域で着られており、山仕事だけでなく、海仕事にも欠くことのできない仕事着であった。山仕事では厚地の裂織はイバラはじきになり、海仕事では防寒と雨具がわりにも使われていた。また、納屋仕事には裂織の三幅前掛けを使った（図139）。これは稲や麦の脱穀作業・藁仕事など、ゴミやほこり除けにした。ときには、紺色の裂織に手紡ぎの綿を混ぜて、普段着やよそ行き着にも使われていた。

裂織を着て仕事をするには、それを締める帯が必要である。農村地帯では、細い木綿の帯で間に合わせているが、海村では裂織の帯を締めていた。これをツヅレ帯といっていた。外海府の古民謡に「いくら隠しても海府の者は知れる、白のツヅレ帯たて結び」というのがある。帯は白木綿で、両端に紺色の二本の筋が入っている。ツヅレ帯（図125・155）は男の山仕事に利用するが、女はヤマオビ（図138）という半幅の裂織帯を締めた。

男のツヅレ帯は手紡ぎの太い綿糸を使うが、女のほうは、着る本人がさまざまな工夫をして半幅に織ったものを使う。古い裂織ほど、色模様は少なく、紺色か黄・茶色系統の色である。明治後半に外国から入った化学染料による綿布を使うようになってからは、タテ糸にも綿糸が使われ、裂織はいろいろな色の織り草を入れ、織り手の好みを反映して、模様のよさを競うようになった。この伝統が今もつづいて、規格にはまらない織り模様のよさは一種の芸術作品にまで高められようとしている。

明治から大正にかけて、木綿布が大量生産されるようになると、既成の紺染め木綿が手に入りやすくなり、木綿を重ねて刺しつけ、強度をたかめた刺子ゾンザが仕事着になった。

刺子ゾンザ

大正期に入ると、ツギをはぎ付けて麻糸刺しにしたゾンザから、メクラジ（紺木綿）などを使った綿糸による刺子ゾンザ（図156～161）がはやってきた。明治までは綿布や糸が不足していたために、ツギと麻糸を使っていた。しかし、しだいにメクラジという機械織りの製品が出回るようになって、仕事着にも材料の変化があった。タテ糸に麻糸を使うのは、激しい仕事着には麻糸のほうがよいということもある。木綿を何枚も重ねて、白の太い麻糸でヨコ刺しにしたゾンザ（図173）を着ている老人が小木半島にいた。相当に着古していたから、大正期以前に作ったものかもしれない。仕事が激しいときには丈夫な麻糸を使ったほうがよいので、アカツマという麻を買い入れて糸を績み、黒色に染めて刺しつけたゾンザもあった。

ゾンザにはヨコ刺しとタテ刺しがある。ヨコ刺しは仕事着に多く、刺しつける場合も比較的簡単であった。しかし、琴浦《ことうら》（旧小木町）や二見半島の一部のようにヨコ刺しをしない所や、ヨコ刺しは外出用のよそ行きゾンザにしている逆の所（旧相川町石名）もある。岩谷口（旧相川町）ではタテ刺しゾンザを黒ゾンザといって区別している集落もある。ゾンザは仕事の着物であるから、実用性からヨコ刺しが多いのは理解できるが、刺し方の面倒なタテ刺しをおしゃれなゾンザとしている所も多い。タテ刺しに三十三通り刺しという刺し方があり（旧真野町西三川）、刺し方の美しさを競っていた。

浅葱に黒糸で、糸目をきれいにそろえ、細かく刺した刺子ゾンザは、若い人のおしゃれな表現の一つで、最初の田植えの日に着て田んぼにでた。海府のように、女が山仕事をしなければならない所は、糸目の細かいゾンザになる。田畑だけの国中方面では糸目は荒くなって、それをゾンザとは言わないでジュバンとかハンテンといっている。ゾンザとジュバンは厳密には区別されてはいないが、一般的に、仕事着についての格好よさを問題にするのは海村地域で、とりわけ海府あたりである。刺しつけた糸目をみて、その地域の労働のようすがわかるのである。

ツギが盛んに使われた時代は、木綿がまだ不足していた時代である。西国における綿作は明治二〇年ごろから衰退期に入る。やがて産業革命が起きて、製糸方法が機械化し、各地の綿作は急速に衰えた。手作業による紡織段階であれば、糸が太く、生地も厚地になって裂織の材料としても適していたが、機械生産の綿布は生地が薄くて破れやすいという欠点があった。そのために紡織会社で織った糸や綿布が出回るようになると、刺子ゾンザの材料としてそれを利用するようになった。

大正末期から昭和初期になると、海府ではすこし時期が遅れるが、特産化した越後の亀田縞や加茂縞が入ってきて、それを購入して仕事着に仕立てるようになった。メクラジの生地にきれいに刺したゾンザを着る時代から、経《たて》縞模様の仕事着に変わり、刺しつけ方も簡単になり、国中では、その頃から絣《かすり》がはやりだし、刺子ゾンザを着ることは少なくなり、絣のジュバンになった。

裂織の仕事着に代わって紺木綿を使った刺子ゾンザに、さらにジュバンへと仕事着は変化していった。しかし、明治末ごろの衣料生活は、近世の生活が継続していたといえるし、その生き証人がいなくなった今は、取材メモを確認する術はなくなってしまった。

前記の野原ハサさんは昭和五六年に亡くなっているが、生存中は木綿を織っているのを見たことがないということだった。普段の着物は相川へツギを買いにいき、それでつくったという。田んぼが少なく、農閑期もゆっくりすることはなかった。農仕事が終わった旧一〇月一〇日（大根の年取り）を過ぎると、国中へハシン（針仕事）の出稼ぎに女どもは出ていった。そのときも、ツギのよいのを選んで着物をこしらえ着ていったという。ツギが新しいうちは刺さないで、すこし古くなると丈夫にするために刺した。反物を購入して、はじめから刺しつけた刺子ゾンザとは、同じ刺子でも実用と見栄えの相違があった。この刺しつけを身につけるため嫁入り前の修業として海府から「ハシン」に出たのであった。

冬が近づいて山止め（山へ入って仕事をすることを禁止する）になると、海府の女たちは風呂敷包みを背負い、道中ザッコリを着て国中へ急ぐ姿が大正ごろまで見られた。風呂敷の中には着替えの仕事着とハシン（針仕事）の道具、帰りに履いてかえる草鞋などが入っていた。風呂敷はツギをはぎつけた木綿、サッコリは裂織草と紙を混ぜて織ったもの、仕事着は木綿を重ね刺しにしたゾンザであった。仕事先の国中は、農閑期の藁仕事があり、人手がほしかったので住み込みの女手を求めた。「海府さんいらんかえ」といって回ってくる顔見知りの海府の女手を待っていた。ハシンだけではなく、家事仕事も行なったのである。

裂織は破れると、木綿布を部分的に刺しつけるが、それでも使用に耐えなくなると、雑巾にした。昔の木綿布は捨てるところがなかった。昔の生活者は、政治や流行はどうであれ、毎日が生き生きと張り詰つめた生活であった。食料不足の消費地では人間同士がいがみ合うこともあったが、ここでは最低限の糧はもっており、みんなが助け合って精一杯働いて生きていた。年寄りたちは、若い世代とは生活のスタイルが違っても、奇妙にうまく調節をして暮らしていたのである。物持ちのよい時代であり、使わなくなった衣料も処分しないで、世情に影響される部分も少なく、ゆったりした雰囲気があった。年寄り衆も、心なしか元気にみえた。

昔から高齢者がいることで有名な旧羽茂町地域は、昭和五五年ごろは、まだ雑貨屋の店先に雑巾を売っていた。値段は一枚が三〇円くらいであった。年寄り仕事につくって売っていた雑巾の中に手織りの綿布がいくつか混じっていた。学校の大掃除には、まだ雑巾を使っていたのである。このようにして用済みになった木綿は、最後には雑巾になるためにその出番を待っていた。これにヒントをえて、羽茂町近辺の高齢者を訪ねて、家にもっている雑巾をみせてもらったこともある。

羽茂川の中流、大崎（旧羽茂町）の山里に住んでいた明治生まれの藤井セキさんに、古い切れを使って二枚の雑巾をつくってもらった。その雑巾は絣の端切れを利用して白糸で斜に刺してあった。手縫いのためところどころ曲がっているのをみると、夜仕事で縫ったのであろうか、眠くなって手だけ動かして刺したようすが伝わってくるような雑巾であった。微笑ましくもあり、女性のごまかしのない心情が感じとられた。この集落の小竹家の三浦トクさん（明治三五年生まれ）は地元の小学校に同じような雑巾を寄付したという。生地は戦前の比較的新しい木綿であった。また、西方《にしかた》（旧羽茂町大橋）の多寿《たす》家（山田ハツさん）では戦前につくった雑巾がたくさんあった。雑巾の白地の部分は自作のワタから手前織りで織ったもので、当てツギはワイトやトウイトで織ったキレを当てて刺してあった。

近辺の年寄りにこの雑巾の話をすると、しばらくの間にたくさんの雑巾が集まった。木綿の端切れはごく自然のうちに色合いと模様が調和して、それだけをみても楽しくなる。額縁の中に飾っておきたいほどの見事さである（図182）。綿花から綿布になって、何回も使い道を替え、再生されながら最後にツギをはぎ合わせた雑巾になって一生を終える、木綿のいのちは人の生活史そのものである。

明治生まれの女性

平成八年七月、母が亡くなる数年前、タンスの中にたたんで重ねてあった数枚の木綿切れがあった。夜着や掛布団の端切れであった。いつのものか詳しくは聞きそびれたが、おそらく、嫁入り道具の一つにもってきたものだろう。洗い張りをしてきちんとたたんであった。

母ふじは、旧新穂村大野で明治三四年に生まれ、ふじの母は旧畑野町の大久保からきた人であった。大久保からタチバタを持参して木綿バタを織っていたという。ハタ道具や一切の織物道具は処分してしまったが、わずかに残ったこの端切れから想像すると、ほとんどが手織りで、織り上げた木綿を紺屋で染めてもらったものと思われる。母の時代は麻織りの時代は過ぎて、木綿織りが盛んになった頃で、すこし暮らしにゆとりがあると、競うようにして自製の木綿を織っていた。

明治生まれの女性は、つつましく、自分をおしころして目立たない人が多い。しかし、働き者で忍耐強いところがあり、一面明るくおおらかな気質をもっている。そのおおらかさは、日本の国力の発展期にあったからでもあるが、自分が努力すると、その結果が現われる先の見えた時代であった。江戸時代の閉塞した社会と違って、嫁にきてからは姑に仕え、子供のために尽くして生きていたが、それなりの苦労甲斐があった。また、子供は親の期待に応えて努力するという家族主義的な絆《きずな》がつよかったのである。生活物資は多少不足しても、それを乗り越えて生き抜いてゆく気概があり、忍耐強さはそうした時代を反映したものであった。明治生まれの女性には、このような共通した強さがあったのである。「もったいない」、「無駄にするな」といって、物を大事に「たぼうとく」時代であった。

12

13

12　麻縄を解いている　別の道具を作っているところ。刺し付けたゾンザを着ていた。物を生かして使った（小木半島、昭和四五年ごろ）。

13　ワカメ干しの手伝い　高齢者は天気がよければ外で仕事をしている。いずれも九〇歳を越えた高齢者。関、昭和五二年。

14

15

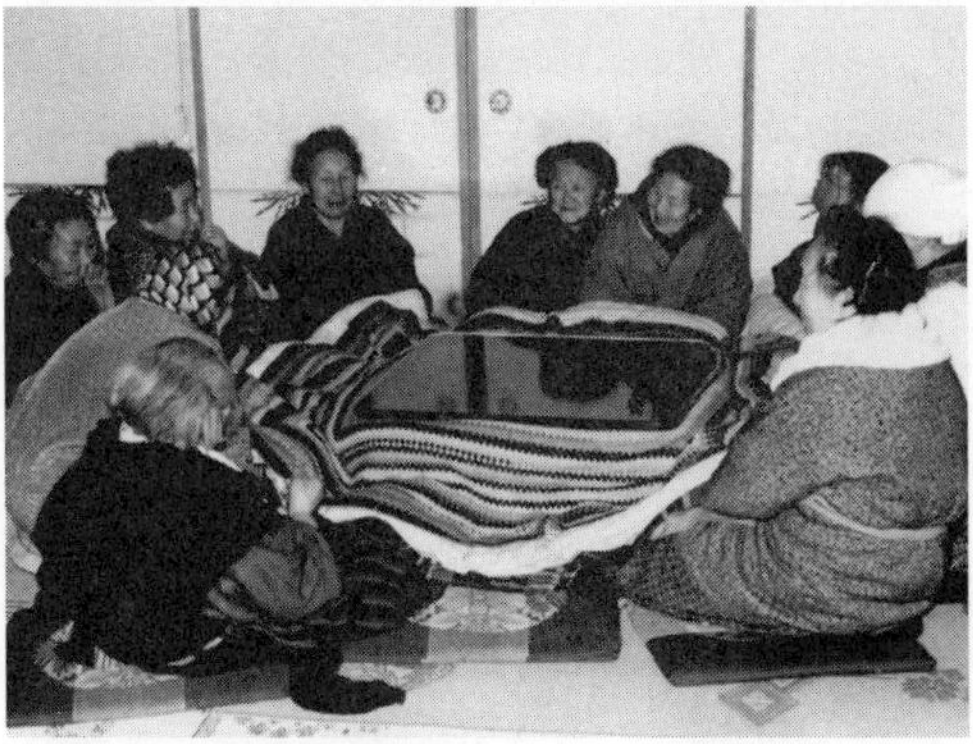

16

14～16　地蔵講後のひととき　明治生まれの女性たちの談笑のようす．月に1回くらいの寄合の日がきまっている．真言だけではなく念仏も唱えることが多い．世間話の中で昔の織物のことや昔の仕事の話などを聞くことができた．上より昭和55年・大崎法乗坊，昭和54年・下川茂勝泉寺，昭和53年・北立島地蔵堂．

つまり、浪費は敵であり、節約は美徳であった。

今から二、三〇年くらい前には、訪問した家で自分の手でつくった木綿布をみせてもらうのは、それほど難しいことではなかった。佐渡のあちこちに明治生まれの年寄りがたくさんいて、ワタ栽培の話、糸取り、機織りなど、いろいろな話を聞かせてくれた。幸いにも、そのころ取材した聞き取り覚え書があるので、一部は再録することができるが、こうした木綿誌を編集するにあたって、不足する部分を聞き直そうとしても、すでに時が遅いくらいに事態は変化し、手織り木綿の大半は不要な衣料として焼却されたり、何かに転用されて、今では目にふれることさえ少なくなっている。

明治生まれの女性たちが中心になって活躍していた時代は、可能なかぎり生活用品は自分で調達するという努力と工夫があった。手織りは彼女たちの表現でいえば「手前織り」であり、その製品の中に「これは自分が作った」という意気込みがみられた。自分で作った製品によって、自分が生活している家庭の中に自己表現をする場所をもっていた。しかし、物が豊富になって、金銭で容易に購入することができるようになると、いっせいに規格化された製品に関心が向かい、このような過去の手織り製品は存在意味を失って、知らないうちに消えていってしまう。

明治生まれの女性は、今はほとんど生存してはいない。しかし、彼女たちの親の代は明治以前の気風を伝えた生きた伝承者であった。近代社会になって、どのように変わったかを体験してきた生き証人であった。したがって、明治の女性が語る話は、変わりゆく衣食住を体験を通してみてきた生活史そのものである。

近世から近代へと変わっていくなかで、苦しい体験の記憶も残されている。ある海村での話に、「昔は嫁はヒトラ（独り）で台所にいて夜仕事をしており、カカア（姑）が〝いも、おいて寝んかえ（もう、やめて寝ましょう）〟といわれないと寝られなかったし、オマエ（神棚がある家の中央部の部屋）には出ることができなかった」という。また、明治のはじめまで麻布を着ており、若いころは半袖のゾンザがあり、コテ（籠手）を付けて仕事をしたという。木綿が日常化したのは、それほど昔のことではなく、家族主義からの嫁の解放は衣料生活が豊かになることと並行していた。

古木綿といえば、佐渡には祭りの芸能衣装の中にもたまに目にふれることがあるが、使用度が激しい衣装は更新されて捨てられていく。神社の宝蔵庫の中に、ときどき昔の手織り木綿で作った衣装などを見ることがあるが、神社の幟や大獅子の布地などは、他の地域に負けない立派な物を、という競い合いの気持ちがはたらいて、上等な手織り木綿を使っていることがしばしばであり、そこには村落の勢いさえ感じたものである。また、娘の嫁入り道具に、せっかく持たせてやった布団や夜着、カヤなどは、婚家では新しい寝具の出現によって処分されるか、土蔵にしまわれて所在さえもわからなくなっているものが多い。しかし、それらの製品は思い出深い品であるので、時代が変わっても当人はけっして処分をしようとはしなかった。その時代は過ぎて、手織り経験のある女性たちは、今はほとんど亡くなっており、わずかな手織り木綿が彼女たちの「名残しの品」として残っているのみである。

彼女たちが、長い年月にわたって苦労しながら製作した手織り木綿を、ここにできるだけ整理しておきたいと思っている。

機織り機の伝播

木綿の流行が衣料生活の向上になるばかりでなく、機織り機にも変化を与えていることがわかる。機織りは佐渡では伝統的にネマリバタであった。型式は傾斜型地機《じばた》といわれる西日本型である（図17）。この織り機の原形は福岡県宗像《むなかた》神社の社宝として保存されている。古代以来の織り機と考えられ、昔から麻織りに使われてきたものであろう。また、佐渡を境にして北は垂直型ネマリバタである。

佐渡の麻布はネマリバタによって織られていた。しかし、ネマリバタの痕跡がなかった地域があり、早くタチバタに移行した国中のような地域もあり、また、ネマリバタだけの地域もある。別項で述べているように、遅くまでシナ・麻織りが残り、木綿織りの時期がほとんどなく、裂織に移行した大佐渡北海岸などは、現代に至るまでネマリバタが残っていたのである。また、一方、回船の湊、宿根木や木綿織りが昔から盛んであった羽茂・河崎（町場）などでは、ネマリバタの痕跡はほとんどみられない。さらに、これらの周辺の集落には両方のハタゴ（織り機）が残っていたのである。

このようにして、木綿織りが早く導入された地域は、人の出入りがはげしい金山町や湊町であり、文化の伝来が早く新時代に対応することも早かった。そのために古い織り機は処分してみられなくなっている。木綿用のハタゴ（タチバタ）も南佐渡系統のものと、河崎方面とではすこし形が違っているように思う。海から入ってきた文化が多い佐渡では、このように場所によって異なった影響をうけている。

ネマリバタは古代以来、ほとんど改良が加えられていない。北九州の宗像神社社宝の機織り機は大陸から伝来したといわれるが、佐渡のネマリバタ（傾斜型）もこれとほとんど同じである。このネマリバタは大陸から渡来し、しだいに北へと伝えられたものであろう。能登ではネマリバタのことをイザリバタまたはシモバタといっていたが、かたちは同じである。岩手県の内陸の安代《あしろ》（岩手県北部）にも同じかたちの織り機があるから、海村だけに分布しているということではないが、この織り機を広めた人たちは主として海辺に分布しているので宗像《むなかた》系の海人ではなかったかと推測されるが、いまそれを確かめるすべはない。

ネマリバタには機台が傾斜している機《はた》（傾斜型）と水平になっている機（垂直型）がある（図17～21）ことは次に述べてある。佐渡の場合、傾斜型は小木三崎から佐渡の北海岸に分布し、垂直型は越後側に面した小佐渡の海岸・河崎方面および羽茂川流域に分布しているようである。この二つのネマリバタは、はじめからそれぞれに分布していたのではなく、小佐渡海岸でも、傾斜型が混在している所もある。おそらく最初は傾斜型のみの島であったのであろう。越後上布の織り機は垂直型のイザリバタで、機台の長さは一四〇センチくらい、高さが八〇センチくらいであるから傾斜型よりは大きめである。佐渡について言えば、はじめ麻布を傾斜型で織っていたところへ、対岸の越後から垂直型の織り機が入ってきたと考えられる。

ネマリバタといったのは、ねまって（座って）織るところからつけられた。ネマリバタの特徴は布巻き棒を直接に身体にしばってあること、また、タテ糸に緩急を与えてある綜絖《そうこう》をつり上げる綱が利《きき》足（左足でもよい）に結びつけてあり、それでタテ糸の口を開けるため、一回ごとに足を手前に引くところにある（図178）。日本海の船の行き来による文化の伝播は、北上する海民の動きと関係していることが多い。傾斜型が海辺に圧倒的に多い理由に、この海民の活動を考えてみたが、まだ結論はでていない。越後より東北日本には圧倒的に垂直型が多いというその理由はまだよくわからない。

角山幸洋「地機の形式分類」によれば、「簡単な棒だけの部品構成の弥生機から地機への発展は、わが国の織物生産地で行なわれたのではなく、五世紀ごろの段階で中国江南地方から渡来したといわれる」とある。また、ジバタ（ネマリバタ）の形成分類では、「地機の形式が東日本と西日本とでは異なっている。……西日本型の東限は佐渡－能登－飛騨－山梨－八丈島になる。佐渡は本来、西日本型の機台が使われていたのであるが、島の新潟側に面した沿岸では東日本型の影響により変化していったらしい。その折衷型とでもいえる形式が佐渡博物館にある」と述べられている。

新潟側の小佐渡側が越後のネマリバタの影響をうけたと考えられるのは、織り機だけではなく、人の往来、回船の寄港、文化の伝播など全般にわたってみられるが、この例のように、西と北または東から渡ってきた文化の相違が、佐渡を東西融合の島として考える一つの材料を提供しているわけである。今後の課題として問題提起をしておきたい。

越後から機織り機が佐渡へ入ってきても、小千谷《おぢや》のように、寛文年間（一六六一～七四）に関西の縮織りの技術を導入して、紡織の技術革新をするまでにはならず、一部特産化を進めながら、そのまま伝統的紡織時代がつづいた。佐渡においては、昔ながらの紡織技術を維持していた地域へ、江戸時代後期からはじまった北前船の往来によって西国から高機（タチバタ）がもたらされている。佐渡奉行所のあった相川、佐渡回船の基地であった宿根木や赤泊・多田《おおだ》・河崎などへは早くからタチバタが入っている。この例のように回船は各地の湊へとびとびに、新しい技術や道具、習俗、芸能文化などを伝えていた。機織り機の導入も湊文化の一つであろう。

能登上布は大正三年ごろにイザリバタから高機（タチバタ）になったという。佐渡の内陸部ではタチバタといっているが、小佐渡海岸地域ではタカハタもしくはオオハタゴといっている所もある。明治末年ごろから大正期にかけて、小佐渡の海村から山村へタチバタが導入されたという話をよく聞いた。たとえば、旧赤泊村の新保《しんぼ》から山を越えて、羽茂川の上流、下川茂へタチバタをもってきたという家がある。ここでは、タチバタの普及はちょうど木綿織りが普及する時代と重なっている。加藤テツさんが嫁にきたころは、まだ越後の垂直型ネマリバタの時代であった。タチバタは木綿より遅れて入ってきたのである。テツさんも、はじめはネマリバタでノノ（麻布）や木綿を織っていた。しかし、昭和二年、加藤松竹《まつたけ》家からマスさんが小池家へ嫁に行ったころには織り機はタチバタになっていた。小佐渡の山村は、越後の影響をうけた河崎方面のような機織りの盛んな土地にくらべて、数十年遅れてタチバタによる木綿織りが普及した。ここへタチバタが入ってきたが、場所によっては大工が改良を加えて、すこしずつ形が異なっている。そして、しばらくの間、ネマリバタからタチバタへ移行していく両織り機併用の時代があった。佐々木甚太郎家では明治三〇年からタチバタを使用しており（図70）、ネマリバタが使用されなくなったのは昭和に入ってからであるという。それからタチバタは木綿専用の織り機になったのである。

木綿が普及してくると、市場にはワイトという糸（白糸）が出回ってきた。ワイトは一〇本コ（本数）と一二本コの二種類があった。テツさんが見せてくれた敷布団は一二本コで織ったもので、自給ができない部分は糸を購入して、いろいろ工夫して必要な織物をつくっている。この敷布団の中には絹が一部混ざっていた。染色は黒豆を用いていた。

オサ目は本数の少ない順に、麻のカヤは五ツ目、普通の麻布は五ツ半〜六ツ、木綿は八ツ目以上のオサである。オサ目の数え方は、一ツ四〇目として、八ツならば計三二〇目になる。絹はこれよりもずっとオサ目が細い。麻織りをしている所へ木綿織りが入っても、そのままでは織ることはできない。はじめは、木綿用の織り機やオサなどは、回船に載せて現物で入ってきたものであろう。それを真似て同じものを作る技術がともなってはじめて織り機が普及し、新しい織物が行なわれる。したがって、回船の船着き場には、たくさんの職人が集まっていたので、不意の求めにも応じられる技術があり、それを機会に新しい文化や技術を取り入れることができた。湊の文化はたんに消費文化だけではなく、文化の受容と交流、そこから何かを作り出す創造性をもっていた。

糸と縞帳

回船で繰綿が入ってくるようになり、木綿織りが盛んになると、自分で紡いだ糸を紺屋で色染めにして縞織りをする者がでてきた。糸の撚りは手製の場合は左撚りになっている。これをワイトといった。時代が進むと、糸作り専業者がでてきて、商人がそれを集めワイトといって売った。太くてやや不揃いな糸で織った木綿布をよく目にすることがあったが、それはワイトで織ったもので、その布は相当使い込んであり、雑巾などになっているのを見た。その後、糸はしだいに細くなり、トウイト・フタコイト・ミコイトなどが市場に出るようになった。羽茂本郷天沢（旧羽茂町）の金子エイさん（明治四三年生まれ）の話では、羽茂近辺では、大石に佐々木、村山に金剛院、羽茂本郷に高橋という糸屋があってフタコイトやミコイト、ヨコイトを売っていたという。フタコイトは二本を合わせた糸で、明治末ごろからはやった木綿織り用の糸であった。羽茂方面は織物が盛んであったのでよく売れたのであろう。

明治になっても、織り糸はしばらくの間、昔からの手作りのワイト（白糸）であった。ワイトは左撚りの糸で、一カセをまとめて一タマといい、丸くしてあったので輪糸といった。大正時代になるとトウイトという各種の色糸が出回った。このあと、カナという右撚りの機械製の糸が出回るようになる。

大正九年、佐渡の中で手広く衣料品の商売をしていた河原田林本店において販売していた糸の種類は、ミコイトという三本撚り（一六番手）の太い糸で、農業をする者がよく買った。その他、ヨコイトというのがあった。この糸は四本撚りで縫い糸に使った。いずれも晒してない黒ずんだ糸であった。また、トウキョウカナという三本撚りの二〇番手の糸で、シルケット加工のツヤのある糸や、ガスイトというガスにかけてケバをなくした細いイトなどがあった。ガスイトをはじめ、ミコイト、ヨコイト、トウキョウガナなどは紡織の産業革命が行なわれてからの糸である。

17

18

17　傾斜型ネマリバタ　昔は佐渡全体がこのハタであったと思われる．このハタでシナ・フジ・麻などを織っていた．大佐渡海岸の集落では，裂織を織るハタとして残っていた．旧相川町北立島，渡辺ハルさん．
18　垂直型ネマリバタ　旧赤泊村外山の加藤幸子さんが使っていたもの．越後の影響をうけて小佐渡にはこの型式のハタがみられる．

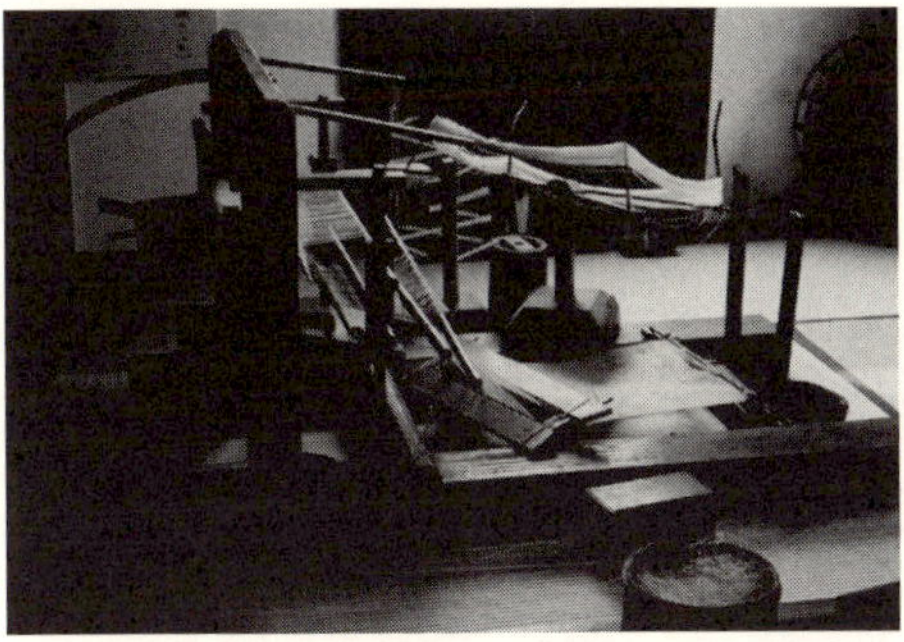

19

20

機織り機②　各地のジバタ

19～21は越後や鶴岡にあったジバタでアシが垂直になっている．アシなどに多少の違いがあるが，東北日本にみられる織り機の型である．
19　越後のジバタ　山間部で使われていたもの（松之山民俗資料館所蔵）．
20　山形県鶴岡のジバタ　致道博物館に展示されている．
21　越後上布を織っていた原沢ヤスさん　新潟県塩沢，昭和52年．

22

23

22　赤泊のタチバタ　旧赤泊村公民館主催の余技展で使われていたタチバタで，加藤幸子さん（松竹家）が使っているハタ．同地内の外山，佐々木甚太郎家にあった明治 30 年製のタチバタとは異なっている．松竹家にはもう 1 台タチバタがあり，このハタは杉野浦（旧赤泊村）からもってきたという．小佐渡では明治 30 年代にネマリバタからタチバタに移行しているが，職人（ハタゴ大工）たちが織り手の話を聞いて改良し，しだいに今のタチバタになったと思われる．

23　大佐渡海村の絹機　後尾で大正年間から絹機をしていたときのタチバタで，裂織を織っているところ（昭和 57 年，相川民具の店「甚ねむ」）．機台が長く織りやすいが広い場所をとる．

24

25

24・25　昭和50年代まで作っていたタチバタ　旧小木町旭町の木嶋松太郎さん．この型のタチバタは島外の木綿織り地帯から渡ってきたものだろう．手前織りの盛んであった羽茂川流域でよく使われていた．

縫い針は、一袋二五本入り、一〇袋で一単位になっていた。これを店屋針といった。刺子用には長い針のオオグケ、中くらいのチュウグケ、短いコグケなどがあった。普通の短い針はサントメといった。また、木綿わたしという長い針があった。縫い針の問屋は東京日本橋にあったという。この縫い針を針仕事には使い分けをして、針刺し（クケ台）に刺しておいて縫い物をしていた（図141・151）。

明治末から大正期に、右撚りの糸が出回るようになると、手織り時代はそろそろ終わりとなる。次に述べるように、明治三〇年代の明治小学校で織物標本をつくった時代にあたるであろう。その標本の端切れの三分の二は機械生産の織り物であった。

呉服商は明治末期ごろから、各地の町々に誕生した。農村に衣服革命が起きたからである。農村の生活にゆとりができたことにもよるが、社会的規制がなくなり、衣料がより自由に求められるようになったからである。「手前織り」といわれた自給自足の衣料生活から、各地の特産地から入ってきた反物を買い求めるようになった。呉服商は在郷の顧客向けに販売していたのである。林本店では、越後から入ってきた亀田縞、加茂縞、小須戸木綿などがよく売れたという。農村の普段着や仕事着はこれらの木綿で仕立てるようになってきた。

大正期の佐渡の木綿類の主なものは、前記の越後木綿のほか、紺織り（上っ張りや職人の股引などに使う）、オナンド（紺色より浅い色、股引に仕立てた）、無地木綿（裏地用）、真岡《もおか》（栃木県の地名・真岡木綿のこと。三〇番手の細手糸で織った木綿、ユカタ用）、糸織り（子供用の衣料）、メリンス、チリメン（金紗より上手の織物。三尺のヨコ糸に撚りをかけ一尺にした織物、女性のジュバンなどにした）、シボリ（安価な手シボリと高価な機械シボリがあった。女性の腰巻用)、シブ(紙織りのこと。タテ糸は木綿、ヨコ糸は和紙。用途は帯、上掛けなど)、スレキ(洋服のポケット裏地)、山繭の布(撚りがもどると白地がでて色合いが霜ふりになる)などがあったが、絹織りはカイキ(ホンカイキとガスカイキがあり、ガスカイキは安物で木綿)、いわゆるトッツァン(農村の有力者)の着るフシツムギがあった。高級品には布団用の羽二重、紗《しゃ》、絽《ろ》などもあったが、これは資産家の夜物《やぶつ》や着物である。

反物を売る店には「縞帳」という織り見本があった。縞織りの小切れをたくさん張り込んであった綴帳であったからこういわれた。店屋では、この見本をみて注文を受け、さらに仕立てを請け負うこともあった。佐渡では、木綿はほとんど専門問屋に注文して仕入れる時代になった。もう汽車・汽船時代になっているため全国の産地から取り寄せることができたので、久留米絣が大流行するようになった。

絣は素人の技術では無理なために、縞帳にある絣はよそから仕入れたもので、特産化していた久留米絣がほとんどであった。おしゃれな人は絣の仕事着をつくる者もいて、仕立て方には地方色があらわれていた。一方、ユカタは町場的・都市的な好みを反映していた。

織物標本の発見

明治二二年、旧河崎村地内の久知川内《くじかわち》・下久知・城腰《じょうのこし》・住吉・原黒の五か村の合併によって明治村ができたので明治尋常小学校が設立された。同三三年、教員・父母らは郷土学習と地域の殖産興業に資するために「織物標本」をつくっている。学校の統合などで教材などが失われた中にあって、これだけは残されていた。同三四年、町村合併により明治村がなくなり河崎小学校となったので、そのまま河崎小学校に引き継がれてきたものである。

明治三三年、学区の子供らの家庭から衣料織物の見本を提出させ、図26のような標本帳をつくった。同三五年の教員名簿によると、教育には教員公民と教員があたっていた。教員は他村からきていた正規の教員であるが、教員公民は地元有識者から臨時に採用されて子供の教育にあたっていたことがわかる。当時、地場産業の振興に地域全体が熱心に取りくんでいた。

河崎方面は、早くから織物の盛んな所であったことは諸書に述べられているが、近代になって羽二生《はにう》(旧河崎村)の親松仏巖《ぶつがん》が住吉に織物工場を建て、地元の子女に織物を教えた。南佐渡の羽茂川沿いの地域と同じように、河崎は夷・湊の近郊村として、木綿織り・絹織りなどが農閑期の副業として取り入れられ、盛んに行なわれていたのである。

この標本帳は一〇冊にわかれていて、四・七・八は欠本になっている。最初の冊子は手織り・糸織りが多く、後半は購入の木綿を主として集めてあるが、系統的な分類はしていない。

標本帳にある「手織り」と記入されたものはタチバタで織ったものであろう。最初はネマリバタであったらしいが、木綿を織りはじめてからネマリバタが消えたものと思われる。このネマリバタからタチバタへの移行の経過はよその場合と同じであるが、ネマリバタが消えたのは木綿織りへ早く移行したからである。河崎方面はタチバタをタカハタといい、話によると、この織り機はニノミヤデンと

26・27　明治小学校「織物標本」の一部　明治村は明治33年まで旧河崎村地内にあった．学区の子供たちの家庭から織物の端切れを集め織物標本10冊を作成した．江戸時代から河崎方面は織物の盛んであった土地柄であり，産業振興のため教材として学校教育に生かされた．およそ手織りから購入木綿類の順に整理されているが，ここではタチバタで織ったものが多い．木綿類が機械生産になり，多様な木綿類が家庭に入っていたことがわかる．

26

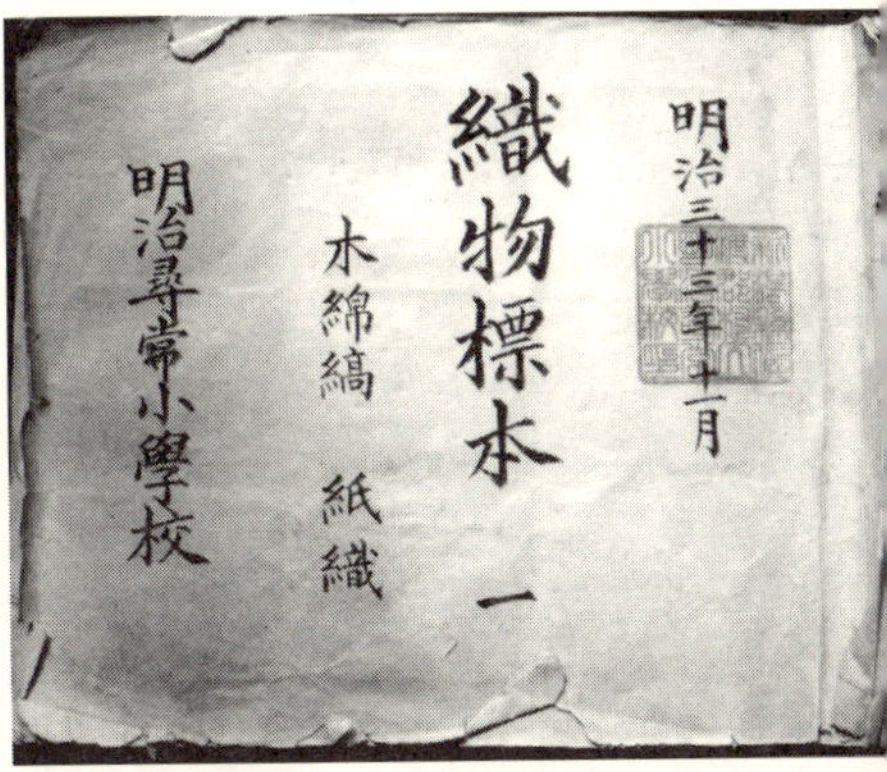

27

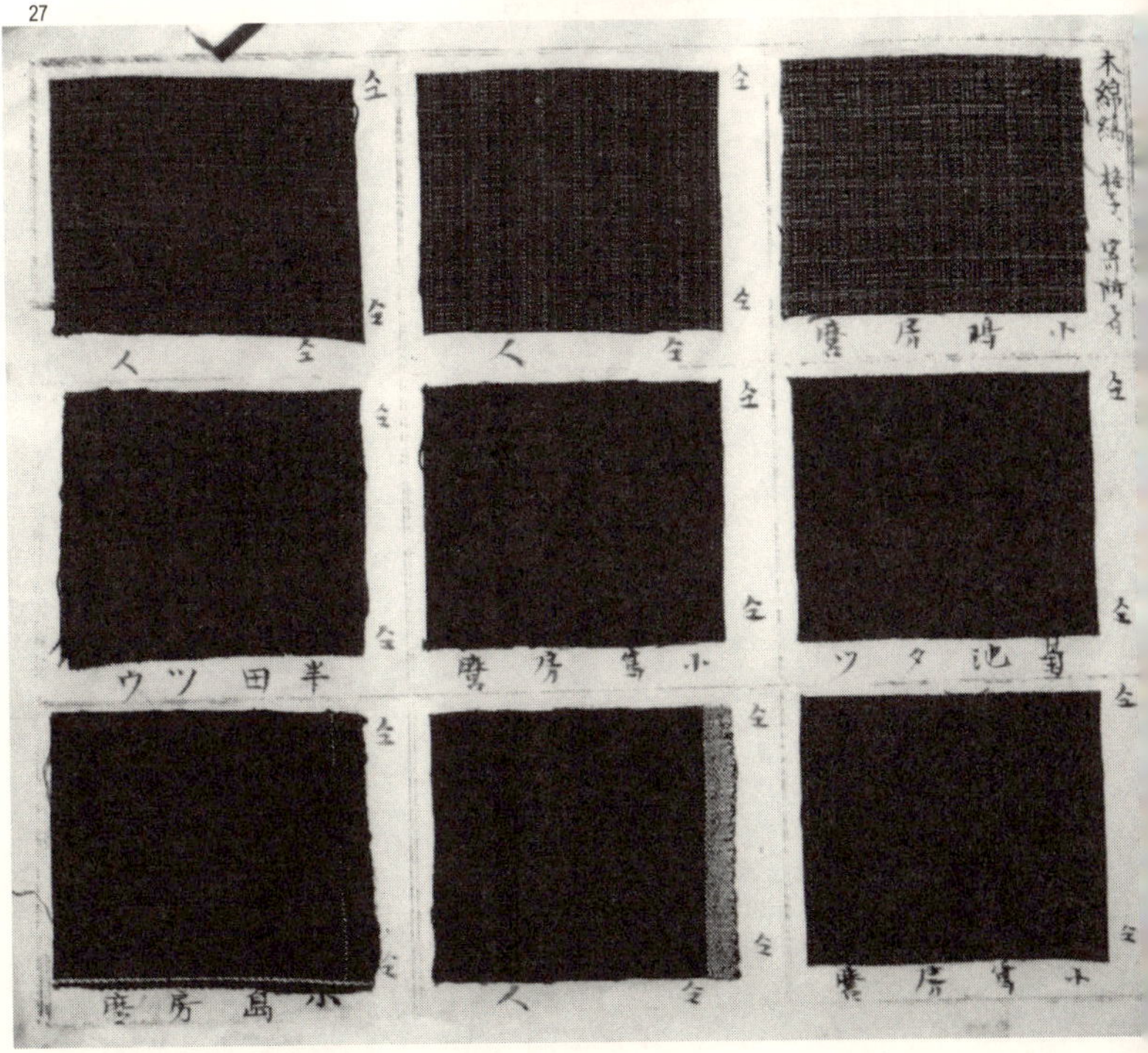

いわれたという。子供たちが家から学校へ持ち寄ってきた木綿類の端切れには、いろいろな手織りの技術や色模様があり、その中に珍しい購入木綿も混じっており、一種の織物コンクールのような競い合いの気持ちで収集したのであろう。

明治三三年ごろの子供は一九〇〇年以前の生まれであるから生存者はもういない。調査時の昭和五六年には、現存者は越戸《こいど》（旧両津市）の北見ゲンさん（旧姓石川）だけになっていた。明治村はどちらかといえば、農業が中心の地域であるが、河崎の町と夷・湊に近く商家もあり、経済的に裕福な家庭もあった。標本を出品者別に整理してみると、手織り木綿だけの家庭もあるし、絹織りを多く出した家庭もある。ほとんどは飯米を確保して、いくぶん米を販売にまわすことができた中農の家庭であった。多少はゆとりがあり、新しい木綿や絹地も購入することができた。日清戦争と日露戦争の間の時期であり、日本の近代織物工業が発展していた。晴れ着はもちろんであるが、普段着や仕事着も時代を反映して変わりつつあった時代と思われ、近世の延長である繰綿から糸をとる時代（手前織り）が過ぎて、手織りは機械織りと共存していた。さらに進んで、綿糸を購入して綿布を織る時代（糸織り）から、既製品に依存する購入の綿布（絹布を含む）の時代へ、というように、衣料事情が変わる過渡期にあった。ことに河崎方面は織物が盛んなだけに、この変化はどこよりも先行していた。この時代の織物標本にはそのことがよく現われている。また、外国から化学染料が入ってきて、いっそうカラフルになってきた。

明治村の家庭と郷土学習

この頃は軽工業の織物を中心とした大量生産がはじまった時代であり、従来の家内手仕事はしだいに影をひそめていた。この七冊の見本のうち、昔の手織りのみを提出した人は少なく、もう、ほとんどが綿糸を商店から購入して手前織りをするようになっている。提出者（子供の親）の権代トメさん（旧両津市住吉）は購入綿糸による糸織りだけを出している。

すべてを記載できないが、数例をあげてみると、桝屋スエさん（住吉）は養蚕を行なっていたというが、手織りの木綿縞五点、糸織り（糸縞）を三点以上、購入の木綿数点をもってきている。坂井ヤイさんは手織りが五点（ほとんど経縞）、糸縞・紬縞などを一八点くらい、他に縮緬《ちりめん》・更紗《さらさ》・無地木綿など、購入の各種木綿を三〇点、手織りの要素が残っている糸縞を含めて、手前織りのしめる割合は購入木綿よりは少なく、衣料の自給部分が少なくなってきていることがわかる。同じように、城腰の後藤サクさんは木綿縞八点、糸縞四点、その他、縮緬・唐縮緬・羽織の裏地にした木綿更紗・双子木綿と高級品の羽二重（絹）・絽など三〇点がみられるから、衣料も多様になって、特産木綿や絹織りなどが加わっている。標本をみると縞木綿が多いが、それはタテ糸に色糸を入れて模様をつけて織るのは比較的織りやすいからだろう。そのあと、住居環境が変わって寝室がナンドから畳敷きの部屋になってきたため、布団地の需要が急増して各地に木綿の特産地ができ、格子模様の布団地が大量に入ってきた。特産木綿にはシャツにした真岡木綿、袖口や襟につかった五日市木綿、加工木綿のガスカイキ・スレキなどもみられるようになった。

木綿はしだいに細くなり、加工技術が加わって高級化してきた。明治末には、河崎には長岡へ絹機を習いにいった人もいて、大正期になると、住吉で桑を作って養蚕をし、絹機を行なっていた。ちょうどこのころ、染色がよく、丁寧な織りをしている越後の加茂縞がはやった時期である。その後に、布団や仕事着向きの亀田縞がはやった（図87）。標本帳にある半数の家庭は、手織り木綿をほとんど提出していない。糸縞も少なく、木綿はほとんど購入品となっている。

河崎には、死亡した者の家庭では生前に織った木綿を菩提寺に上げるという習俗が残っていた。わたしの聞いた例では糸織りの帯であったという。しかし、機械生産の木綿が普及すると、このことも昔語りになってしまった。

住吉に石川源七郎家がある。酒屋を営業していたこともある旧家である。織物標本にリクとなっている人は、この家の出身で旧新穂村竹の花に嫁にいった。母は早く死んだので、旧両津市月布施出身の祖母に育てられたという。この祖母は源七郎家でタチバタを使って織っていた。リクさんは当時一一歳、五年生であった。提出された木綿は祖母の織ったものだという。ハタゴ（機織り機）は納屋《なや》（海村ではマヤ）の二階にあったという。ほとんど経縞か格子模様の木綿を織っていたらしい。後になると、町から染めた糸を買ってきて織るようになった。

手前織り（手織り）のできる人はどの家庭にもいるというわけではなかった。手筋のよい人は、一種の血筋のような先天的な器用さがあって、他村へ嫁いでいっても孫子の代まで機織りが続いている。そのような家は周辺からの注文をうけて織っていたので、ますます技術が上達した。おそらく、標本帳にある手織り木綿は提出した家で織ったとは限らず、当時ならば、近辺にその織り手がいて、だれのものかほとんどは判別されたに違いない。

　織物標本を提出した人は三八人、なかに集落の不明な者が九人いる。標本の中に教員公民でない教員自身も提出している。明治三五年、河崎小学校最初の職員名簿に載っている小嶋房麿もその一人である。出身地は旧吉井村立野で、正式の教員資格をもって赴任していたことがわかる。小嶋先生の出した標本はどこからのものかわからないが、手織り木綿が二七点、真岡木綿一一点、糸縞・双子木綿（よそ行きの着物）など四九点、紬、縮緬《ちりめん》（山繭縮緬）・絞《しぼり》・絣《かすり》・改機《かいき》（甲斐絹）・紗《しゃ》・絽《ろ》など一二点の絹類が含まれている。おそらく知人などから手に入れたものであろう。

　次の衣料の転換期は戦争前から戦中の物不足時代である。衣料品ばかりではなく生活上の物資は極端に不足していた時代である。節約にも限度があり、可能な限り不足分を自分でつくりだそうとした。南佐渡の各地ではワタ栽培が行なわれた。日当たりがよく風のあたらない畑にはワタをよく栽培したという。その綿花を打って綿入れにしたり、座布団につくったりしている。また、シノマキをつくり糸にして木綿を自分で織った。かつての繰綿から手前織りをした織りの技術が、物不足時代に見事に生かされていた。

　つづいて戦後の衣料革命の主役はナイロンとビニロンである。いち早く紡績会社はこの製造をはじめ、靴下は丈夫になり、学生服や背広も安価になった。やがて、天然繊維のよさも生かした混紡の衣料が出回るようになった。衣料も、大量に安く織り出され、種類が豊富になり、従来のように苦労して自製する者は完全に消え、メーカーが生産する衣料を店頭で選択して購入する時代になった。容易に手に入ることから、流行にのって使い捨ての消費時代になっていった。

古い木綿には織り手の創意が込められている。長い期間の使用に耐え、それを補修して刺し糸の手をかりて寿命を永らえてきた。そして、最後に雑巾になって台所から消えていく。昔の人がつくったものがどうしてかくも美しくみえ、いとおしく思うのであろうか、暮らしの美しさは外見の見栄えだけではないことを、合わせて考えてみたい。

嫁入り道具

母親が娘のために嫁入り仕度をして婚家へ送りだす。大正年代までは、これが親の大きな務めとなっていた。場所によっては嫁いでからすこしずつもっていく慣行の所もあって、まちまちであったが、下戸町（旧相川町）から北田野浦（同）へ嫁いだ明治生まれの女性は、親の織った手織り木綿の布団をもってきたという。婚家でもハタを織っていたものだから、農仕事の前掛けを織る材料に和紙のコヨリを丸くして取ってあった。機織りの盛んな集落では手前織りで仕立てて持たせた者もいた。明治中期ごろよりは店から織り糸（紡績糸）を買ってきて、布団・夜着・風呂敷・身の回りの着物をつくった。手紡糸《てつむぎ》はワイト、店売りの紡績糸をトウイトといい、後に大量生産された糸はトウキョウカナといった。織り地には、タテ糸とヨコ糸ともに手紡糸の場合や紡績糸をタテ糸、手紡糸をヨコ糸にした半唐、タテ糸・ヨコ糸ともに紡績糸を使った丸唐とがあった。紺屋はこうして在郷で手織りした木綿を、注文に応じて染めていた。

自分で使用する物は粗末でも、人に見せる物は立派にするという見栄がはたらいてか、富裕な家などではこの傾向がつよく、嫁入りのときは見物に集まってきた人たちに開陳をした。その品々をそのまま今でも保存している。地元の紺屋で難しい染めは京都あたりへ特注に出したが、佐渡には染めを受け持つ渡りの型染め職人がいたという。それぞれ仕立てた製品をよくみれば見分けはつくし、嫁いできた女性の持ち物は、大方は捨てられないで代々残されていた。しかし、今は世代がわりして、処分されたという話もよく聞くようになった。

日常よく使われてきた布団地は、綿を取り去って木綿だけになった端切れがよくある。嫁入り布団はほとんど使用しないものが多いので、昔のままになっている。染色は、難しい模様は筒書きで仕上げたが、型紙に文様を彫り、それを布地の上におき、糊で防染した上で染色をする型染めにもした。佐渡では地色が紺色で白抜きにした単純なものが多い。この型紙文様は菊花が多く、牡丹・桐・亀甲文・松竹梅・橘・藤・竹などもあった。余白には唐草文・熨斗《のし》や亀・鶴亀などを組み合わせたものもある。しかし、文様に色差しをしたものはめったに見当たらないが、希少品として古道具屋などに出回り高価で売られているものもある。布団・夜着などの夜具地は綿が入るので片面だけを糊置きして染め、裏は紺地のままにしてある。

風呂敷は物のもち運びにかならず使用した。そのため他人への贈答には風呂敷を贈るのが習いであった。物の大小に応じ使い分けをし、用が終わればたたんでしまっておける便利さがある。風呂敷の

28〜36は掛け布団・夜着などの染め模様．布団はほとんど綿を取って布地にしてあり，器物に掛ける掛布も含まれている．嫁入り道具の一つとして染められたものや来客用に準備されたもの．また，それを屏風や暖簾に転用している．

28 「三つ星一つ引紋」 掛け布団地．嫁入り道具の荷物の掛布にも使ったものだろう．鯉と波の色模様は簡素で美しい．嫁の実家の家紋が多い．吉井，昭和55年．

29 「右三つ巴紋」の掛け布団地　巴紋が大きく描かれているのは珍しい．周辺に束ね熨斗・海老などの縁起物の色模様がある．この種の色模様は型染めではなく，筒描法による特注品である．紅色はベンガラ着彩であろう．国中の資産家で明治から昭和初期にかけて，嫁入りの持参品が華美になった時期のものである．沢根五十里，昭和56年．

30

31

30・31 「丸に違い鷹の羽紋」・「丸に片喰紋」の掛け布団地　前者は色模様，家紋の下に縁起模様，後者は波間の鶴亀が描かれ，藍地に白で染め抜いてある．カタバミは繁殖力のある草で，子孫繁栄を願う．赤玉，昭和 56 年／新穂，昭和 55 年．

33

32

34

35

36

32・33　夜着の裾模様（小倉，昭和 54 年）と夜着（稲鯨，昭和 54 年）　夜着は「丸に木瓜紋」，夜寝るときに体の上に掛ける夜具で綿入れである．来客用に用意していた．色模様．
34　夜着をノレン（暖簾）に転用したもの　沢根五十里の紺屋で染めた．沢根五十里，昭和 56 年．
35　掛け布団を転用したもの　旧羽茂町文化祭の木綿展に出品した．大橋，昭和 56 年．
36　布団を屏風に転用したもの　沢根五十里の紺屋で染色した自慢の製品．沢根五十里，昭和 56 年．

多目的利用はまさしく一つの文化である（図37）。婚家へ贈る風呂敷には、夜具類と同じように、嫁の実家の家紋が染め抜いてある。紋付きも実家の紋を染めてある例がよくあるが、娘のために親が持たせたものだからである。風呂敷の場合は両面から糊置きをして、防染された部分は白く抜けている。日常使う風呂敷は紺色や茶色の無地に染め、四隅に補強の刺し縫いをしてある。すこしおしゃれにしたものには、麻の葉とか檜垣《ひがき》などの連続模様の風呂敷もあった。

風呂敷は物を包むだけではなく、物の上に掛けるときにも使った。山陰方面では花嫁の荷物を覆った布を「祝《いわい》風呂敷」という。江戸時代から佐渡へ木綿を輸入していた弓ケ浜一帯は、肥沃な沖積地になっておりワタの栽培が盛んで、伯州綿の絣産出地であった。久留米絣が流行する前はこのあたりの絣が入ってきたものと思われる。

昭和三五年ごろまでは、嫁の持ち物として姑や小姑たちへ反物を土産にもっていくことが慣習になっていた。それも、コマーシャルとして放映されたテレビ結婚のやり方が見習われて、

37　一反風呂敷　昔の家は押入が少なく，物を包んで置いたり，運んだりするときに風呂敷が必要であった．各家には幾種類かの風呂敷があった．風呂敷は裏も染めてあって，四隅を糸で刺し付けてあるものもある．これは手織りの縞木綿．外山，昭和51年．

しだいに佐渡も都会風の結婚風景になってきた。ちょうど時代の変わり目にあたっていた。和装から洋装で行なう者があらわれ、木綿主役の時代が終わろうとしていた。

長い間、婚家のために尽くして働き、一家で使ってきた木綿類を捨てないで取っておいて、暇をみてはすこしずつ物入れ袋を作っていた明治生まれの女性がたくさんいた。この袋を米袋とか仏供米《ぶくまい》袋などといっている。米の賽銭がなくなった今は袋は小さくなり、賽銭袋になっている。地元の病院へ戸中の加藤ミツさん（明治四〇年生まれ）という人が病人の付き添いにきていて、この袋をつくっていた。針袋とか真言袋ともいっているという。真言を唱えるときの鉦の座布団もつくっていた。身の回りのハギレを取っておいて物をつくる発想の巧みさがあり、時間を無駄にすることがなく、いつも手を休めてはいないのである。

二　地域区分と聞き取り

風土と衣料

われわれが日常着用している衣料は、その地域の気候風土と無関係に存在していることはないはずであるが、文明社会が進展すると、風土を規制する諸条件を克服して、より便利で快適な衣料生活を送ることを望むようになる。しかし、この近代化ともいえる生活は、けっして手放しで喜べる現象ではない。

生活に必要な物資の多くは、その土地の気候風土と関係があり、かつ、身近な人間の諸条件ともかかわりながら生活を成り立たせていくことが本当の意味の文化生活である。自然の環境を克服する人間の叡知にも一定の限度があり、その環境条件をないがしろにした結果生じたマイナス面の重大さに遅ればせながら気づきはじめている。

たんに「自然との共生」といっても、手をこまねいていて、環境に対する働きかけを怠るならば共生ではなく怠慢であり、文明の発展にまかせていれば、結果は環境の破壊につながる。衣料に関していえば、合成繊維製品をたよって快適な衣料が確保されたとしても、自然素材でない繊維は再生はされず、使用後の廃棄の問題がいつまでも残される。

自然に対する共生を前提にした生き方は、今後もけっしてなくならないのである。その意味では草木から繊維を採取して衣料を確保し、それをまた自然にもどしていく環境の相互連鎖のあり方、つまり循環型社会の営みは、いつまでもつづく文化的な行為である。文明の恩恵に浴する生活の中に、自然に働きかける部分をすこしでも多く残しておくように不断の努力をすることが生活文化の継承には必要になってくる。

文明社会は生活上の自給性を少なくしているように思われる。現代は世界的規模の生産と流通の展開によって、遠くから商品を購入して生活を快適化しようとするが、身近な環境の中で生きた知恵と技術をはたらかせ、間違いなくそれを後世に伝える生活文化の継承の努力が一方には必要である。あまりにも多岐にわたる大量の情報が氾濫する現代社会では、提供されるものを選択する生き方が優先され、以前の自給性を最大限に要求された時代の知恵と技術は、必要でないとして忘れ去ってよいかどうか、明治から平成へと一世紀余の間に起きた変化を考えると、衣料面にかぎらず、生活のすべての分野において、そのような知恵と技術が求められているのではないだろうか。

伝統的紡織習俗

昭和五〇年以前までは、古い紡織習俗は佐渡のあちこちに残っていた。各地に行なわれている定市においても、昔、織りかけた物や不要になったシナ・フジ・麻織りが店頭に並んでいた。そこで話を聞けば、製作者に会うことも可能な状態であった。今思えば、その時期が衣料生活の新旧の交代期であったことに気づく。時代は大きく転換していたのである。

明治生まれの女性たちはほとんどいなくなり、かつての紡織技術は機械生産に置きかわり、若い女性は職場勤めをするようになって、その収入で欲しい物を手に入れる時代になった。年をとった者は自分の居場所がすこしずつなくなっている。廃棄物置き場や不要品の中に吐き出されるように捨てられている衣料品などをみると、まさに、その時代変化のあらわれである。

過去には伝統的な紡織習俗をささえ、それを生みだした生活環境とそれを伝承する者との間に人間的な関係があった。なかでも、物不足時代を黙々と生きてきた女性たちがいたこと、いわゆる「明治の女性」のささえが、そこにはあった。この時代の女性たちには、忍耐強く時代に耐え、よく働き、物を粗末にしない、という共通した性格があった。また、佐渡が古い紡織技術を残すのに適していた環境にあったことも見逃すことができない。自然の樹皮繊維を利用したシナ・フジ、野生のヤマソやカラムシを使った麻織りの技術が彼女たちの手に伝承され、気候的に寒冷であるにもかかわらず、佐渡の一部にワタを栽培していた所もあった。また、近世期には佐渡は金山で栄えたために、西国から回船によって繰綿や綿布が大量に移入されていた。そのために町場は、早くから木綿衣料に接していたが、一方、農村や海村では、それ以前の紡織習俗を依然として伝承していたのである。

佐渡の地形的区分は、ほぼ「大佐渡」、「国中」、「小佐渡」の山地・台地・低地にわけることができるが、それに、植生の特徴、海流の影響などの自然環境の相違、生活実態の特性や歴史の違いなどを合わせ考えて、次のような地域区分ができると思う（図38）。

木綿織物の地域区分

①外海府地域

海岸段丘が発達した地域。近世に相川金山の繁栄によって、段丘上の水田開発が進み、相川町の近郊地域になっていた所である。本来、衣料に樹皮繊維、ヤマソ・麻を利用してきた地域であるが、相川から木綿がツギとしてここに流れ、裂織・ゾンザとして再生された地域で、佐渡では代表的な裂織・ゾンザを着て働いてきた地域である。織り機はネマリバタが中心であった。遅くまでシナ織りをしていた長江（旧両津市）は国中であるが、ここに入れた。

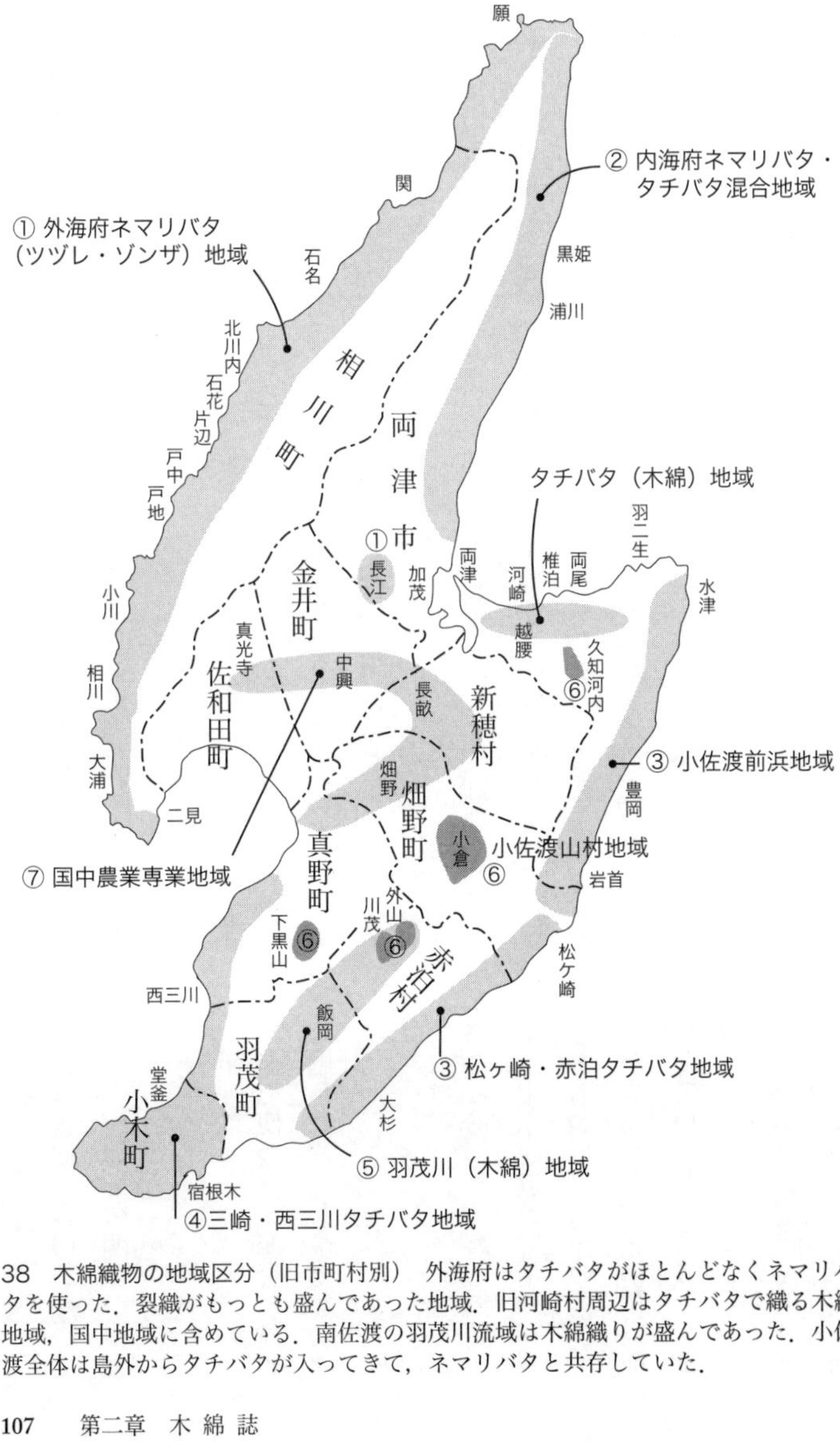

38　木綿織物の地域区分（旧市町村別）　外海府はタチバタがほとんどなくネマリバタを使った．裂織がもっとも盛んであった地域．旧河崎村周辺はタチバタで織る木綿地域，国中地域に含めている．南佐渡の羽茂川流域は木綿織りが盛んであった．小佐渡全体は島外からタチバタが入ってきて，ネマリバタと共存していた．

②内海府地域

海岸段丘がほとんどみられない地域。相川金山の影響が少なかったため、近世以前の習俗が残っている。地形環境はよくないが、水利がよく水田の開発は早い。大きな集落はなく、海との関係がつよい。ツヅレ・ゾンザ地域。ネマリバタ・タチバタ両方を使った。

③小佐渡前浜・松ヶ崎赤泊地域

地形的に内海府に似る。ここもツヅレ・ゾンザ地域でネマリバタ・タチバタを使った。海府と違って回船文化の影響を受けた。越後との交流があり、木綿は早くから入ったと思われる。なかでも松ヶ崎・赤泊方面はタチバタによる木綿織り地域と考えられる。

④三崎（小木半島）・西三川地域

海岸段丘のよく発達している地域。水資源に乏しく、畑地で麻の栽培が盛んであった。海との関係が深く、回船の基地、宿根木・深浦があり、かつての西回り航路の寄港地で、小木が近い。ネマリバタは早く消え、タチバタで織る麻織りの伝統がある。漁業が盛んだったこともあって、木汁の上がっている夏ごろ、カシワの皮を煮出して褐色の漁網を染めていた。カヤの値段が高かった昭和初年以前は、店からハタソ（織り糸）を買ってきてタチバタで木綿を織ることが流行していたし、麻ガヤもよく織ったという。

この小木三崎から西三川にかけては佐渡でもっとも麻織りの盛んな地域であった。大正時代までは、小立《こだつ》（旧真野町）の嶋川伊八郎家の屋敷に、機織姫大神という機神さまがまつってあって、三崎方面からたくさんの信者がハタジネ（織布の最後の部分）をもってお参りにきていた（図79）。ここには、どこからか流れ着いたお姫さまが、この家の先祖に助けられて、その恩返しに麻織りの方法を教えた、という話がある。麻織りも、もとは渡来の技術であったのかもしれない。木綿以前の麻織りの技術が早い段階に伝わっていて、木綿織りを進めやすかったと思われる。

⑤羽茂川地域

佐渡の縮図のような所。羽茂川流域の谷底平地に集落がある。下流は回船文化の影響があり、羽茂本郷は木綿文化、それより上流は麻文化の地域で、下流から上流に機織りの文化が伝えられた。ネマリバタは早く消え、タチバタに移行した。よそではほとんど聞かなかったが、戦時中の物不足の時代に、ここではワタを栽培し、草木染めをしている。クルミの皮は青みのある茶色に、カシワは秋の彼岸までに皮をむいて、生のままでは青みのある茶色、乾してからは赤茶色に染まったという。ネズミ色に染める傾向が強かったので、手に入りやすかったオガラを焼いて灰にし、その上澄みをとって染めた。しかし、鍋炭を使うと黒みを帯びた色になったという。キビの実の皮は赤みを出すときに使った。このように、なんでも試行錯誤をしながら手染めの工夫をしている。

⑥小佐渡山村地域

ここは小倉川（旧畑野町小倉・猿八）、久知川（旧両津市久知河内）、羽茂川（旧赤泊村川茂・外山）、笹川・下黒山（旧真野町）など山地の集落で、自給的生活を営んできた地域である。ここでは麻織りから木綿織りに、ネマリバタ（イザリバタ）からタチバタへと移行していった過程がわかる。

⑦国中《くになか》地域

水田単作地域。古代には条里制が施行され、旧真野町に国府があった。農閑期になると機織りをした。早くからタチバタが入り、旧家にはめずらしい色模様や紺色木綿を所蔵している。河崎など織物が盛んだった所もあり、山麓の地域は麻織りも行なっていた。

以上、七地域にわけてみたが、佐渡のような狭い地域を細分化するのは無理があるかもしれない。大きく分けてみると、タチバタで木綿を織っていた地域とネマリバタで裂織を織っていた地域があり、言い換えると、農閑期に木綿機を行なっていた農山村と、裂織を織っていた大佐渡の海村と越後に面した小佐渡になる。

それぞれの地域で、手織り経験者である明治生まれの女性から聞いた話を次に記す。

三　裂織聞き書き

ドンザとイトサッコリ（旧相川町大浦、山田イチ、明治三〇生まれ／同、山田シゲ、明治三三年生まれ）

明治時代、ワシラ（わたし）の若い頃、親の時代にはネマリバタでサッコリバタを織っていた。タテ糸は麻であった。ワシラの時代はサッコリバタはあまりやらなかった。サッコリにイトサッコリというのがあって、ワイトをヨコ糸にして織った。ゾンザのことをここではドンザといった。ドンザは木綿を二、三枚重ねてタテ刺しにした。海府はほとんどがヨコ刺しで細かい刺し方であるが、大浦は荒く刺した。海府からは冬になると、ハシンといって仕事着を刺しにくる出稼ぎ者がいた。

海府の裂織とゾンザ（旧相川町石花、清水モヨ、明治二九年生まれ）

昭和の初めごろまで、相川のカエムさん（岩佐嘉右衛門家）の裏の店でツギを一貫目単位で売っていた。市日になると、いろいろなツギがあったので、そこはにぎわった。自分が使用する目的によってツギをえらんだ。破れていないよいツギは、つなぎ合わせて、二枚刺しつけて山着（ゾンザ）にしたり、布団はワラ布団といって、中にワラが入れてあるので、その布団皮になった。ボロクズは細かく裂いて

39　石花の景観　明治に入る前は相川から北東部の尖端までを外海府といった．岩石海岸で，陸上交通は不便な海村が点在した．石花はその中央にある海村．

裂織草にしたりしている姑をよく見ていた。大正時代になると、メクラジ・オナンド・亀田縞などが出まわってきた。オラチ（わたし）のときは、ツギから裂織にしたり、ゾンザにしたりする時代が過ぎて、亀田縞など、製品を買うようになっていた。亀田縞は一反、一円から一円一〇銭くらいであった。八幡（旧佐和田町）の商人が行李の中に反物を入れて売りにきており、なかに布団格子もあった。金がなかったのであまり買えなかったが、亀田縞を買うと、新しいうちはそのまま着ており、古くなると裏を付けて刺した。メクラジを買うと、裏に手拭や薄地のオナンドを当て、コモメンという小さい針で、細かく横刺しにしゾンザに仕立てて着た。

外海府筋（図39）は、近世から女は裂織を織り、ヤマソを材料にしたトウネ（夏の仕事着）、また、シナ・フジ布を織る木綿以前の紡織地帯であった。金山で栄えた消費都市、相川に近かったため、市日などには、木綿類を購入する機会があった。また、田仕事以外の荒仕事もあったので、裂織が仕事に使われた。ここはいわゆる裂織地域である。

旧加茂村の旧家（旧両津市浦川、酒井マリ、昭和一〇年生まれ）

酒井源左衛門家は明治一〇年代から特定郵便局の業務を行なってきた家柄で、その前は船宿であった。マリさんは和木（旧両津市）で同じ郵便局長であった小池岩見家の出身である。海村にある、ほとんどの特定郵便局は、地元の旧家が世襲していた。それは、郵便という逓送業務だけではなく、集落間の物流も、場合によっては人的関係も、このような家が中心になって動いていたからである。したがって、集落の関係を密接にしようとすれば、集落の中心になる家同士が結びつくという傾向があった。

新しい文化が入ってくる場合も、このような家から集落へ伝えられ、取り入れられて広がるという具合であった。この関係は、経済成長がはじまる前までみられ、海村にあるこれらの家には、近世には他国船が入ってきて、その船宿になっている家もあって、人の出入りも多く、新しい情報も最初に入ってきた。酒井家もそのような家であった。

酒井マリさんが嫁にきたのは昭和三四年であった。嫁入り仕度に、実家の家紋を付けた掛布団や夜着、品物を包む風呂敷などを用意して婚家へ入った。しかし、いろいろな人に聞くと、身の回りの品物だけもって家に入り、子供ができてからすこしずつもっていったという話もある。嫁入り仕度をする家は実際には少なかったのである。また、人がよく来る家は、お客布団を用意していた。酒井家では、昭和のはじめごろの手織り木綿の客布団があり、この掛布団四枚が土蔵に収納されていた（図40）。酒井家の家紋が付いているから、明らかに同家でつくったものである。現当主が進学して家を離れていたときには、下宿の布団としてもっていったという。マリさんの嫁入りの頃には絹の色模様の布団になっていた。

マリさんが子供の頃、家にはねまって（すわって）織るネマリバタと腰掛けて織るタチバタがあった。ネマリバタでは麻織りをしたり、裂織をしていたという。今、酒井家にある裂織のコタツ掛けは、婚家のネマリバタで昔織ったものらしい。酒井家では織り場はマヤ（藁仕事場）にあった。家によってはナンドの中二階にある場合もあった。麻はどの家も作っていたという。それで麻織りもしていたから、夏の仕事着であるトウネを織っていたのではないかと思う。裂織のタテ糸は麻である。また、漁具にも麻糸を使った時代で、女の麻織りは嫁の資格条件のようになっていたであろう。タチバタは木綿用であった。ここではワタを作ったという話はないから、夷町へいって木綿糸を買ってきて、タチバタで織り、紺屋に頼んで染めてもらったものであろう。

マリさんはまた、店で購入した唐草模様の木綿風呂敷をもってきた。その前には、手織りの木綿風呂敷を使っていた時代がある。家紋を染めてある場合と、無地のままのものがある。風呂敷は使用頻度が多いために、四隅に布を当て刺しつけて、家名を書いてあるものもある。

一枚の布を長方形にして、小さく切ったものは手拭に、二幅、三幅をつなげば風呂敷になった。ハヤガケという背中に背負う風呂敷は、物を包んで斜に負って遠道をいくときに使った。綿布は一方では頬被りに使い、ときには大きな荷物の上掛けにも使う。風呂敷はこうした日常の運搬具の一つであった。集落間の遠い野道を、首に風呂敷をひっかけて歩いている年寄りをよく見かけたものである。マリさんがもってきた風呂敷は、物の上に掛けるための大風呂敷である。もう機械織りの木綿時代になっていたのである。カバンや手提げになり、洋装が一般的になると、風呂敷をあまり使用しなくなった。

酒井家の隣の竹内助左衛門家の祖母が作った夜着は紬である。手織りであるから、家で蚕を飼って仕立てた紬の着物をほどいて、夜着に仕立て直したのであろう。このように使用の役割がおえると、別のものに転用していくのが、昔のやり方であった。手織りの木綿布団が重くなってくると敬遠され、土蔵にしまわれて陽の目をみなくなっている。家の気密性が高まると、部屋が暖かくなり、寝具が改良されて、せっかくつくった木綿布団などは、かえりみられなくなっている。

河崎の木綿（旧両津市両尾、中浜夕子《たね》、明治二〇年生まれ／同市城腰、河原イホ、昭和二年生まれ）

佐渡の東浜にある河崎あたりではネマリハタゴ（ネマリバタ）で織った者はいない。それを改良したニノミヤデンというハタゴで織っていた（図41）。そのすぐ後、クズズカハタゴに代わった。この改良型のハタゴがはやりだしたのは明治三〇年前後である。

糸は、自分で紡ぐことはなかった。夷町のホンイクという店か、椎泊の長四郎、新穂の伊八郎から買

40　木綿の客布団　昭和の初めごろに，来客用として作った掛け布団．その家の家紋が付いている．浦川，平成16年．

ってきた。また、ときには、店から繰綿を目方で借りてきて、たとえば、一〇〇匁の綿は五つカナというように決めて、糸にして返した。そして、約束以上できたら、残りの糸は貰えるしくみになっていた。この糸で布団縞やカヤを織った。たまには糸を手染めにしたが、そのときは、濃茶色はフクラシバを使い、うす緑（カヤ用）にはコウクリを、褐色にはこの木汁の上がっているときに皮を煮出して染めた。しかし、ほとんどは紺屋へもっていって染めてもらっている。

河崎が早くから織物が盛んであった理由は、東佐渡の湊であり、新潟との行き来があったことや、自作農家が多く、農閑期があったことなどがあげられる。ニノミヤデンというハタゴやクズズカ（葛塚）ハタゴはタチバタの改良型であろう。久留米絣の創案者に井上でんがおり、伊予には鍵屋かなという女性の名前が伝えられて普及しているのと同じように、考案者の名前をとったものであろう。

また、同じ河崎地区の住吉から昭和二二年、城腰の河原

41　両尾の中浜タ子さん　国中でいう東浜方面は昔から織物が盛んであった．夷・湊に近いこともあるが，海上交通で越後の影響を早くからうけてきた．ネマリバタは早く消えて，島内にはみられない型のタチバタがあった．タ子さんは遅くまで織物をしていた．

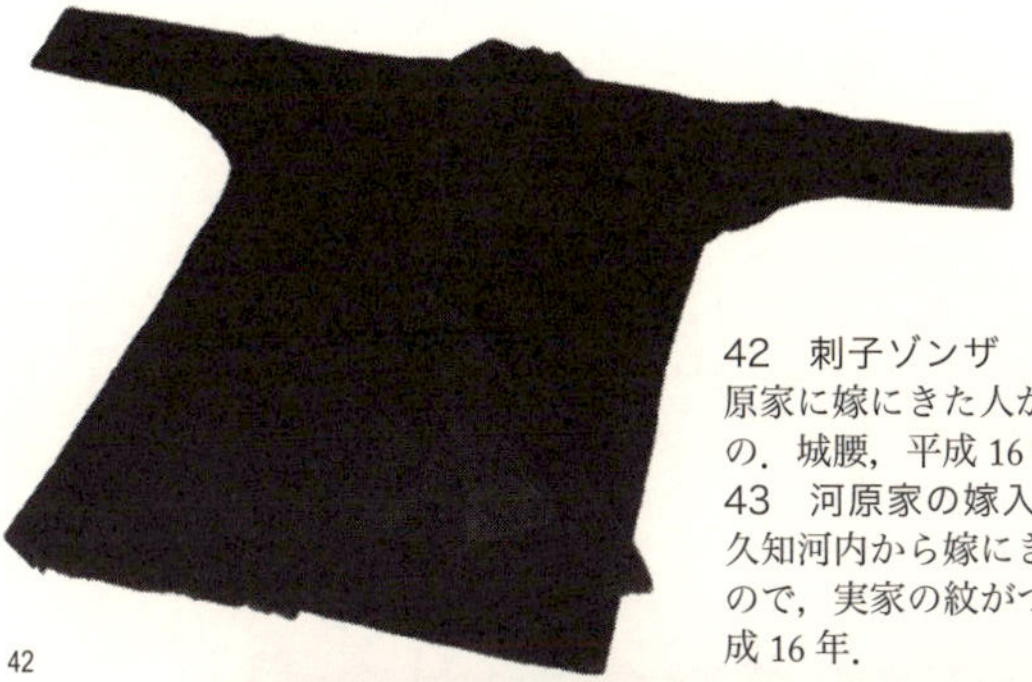

42

42　刺子ゾンザ　旧新穂村武井から河原家に嫁にきた人が戦前にもってきたもの．城腰，平成 16 年．
43　河原家の嫁入り布団　明治時代に久知河内から嫁にきた人がもってきたもので，実家の紋がついている．城腰，平成 16 年．

43

家へイホさんが嫁にきたとき、町の呉服店から麻ガヤを購入してもってきた。代々、同家には姑、その前の代というように「嫁入り風呂敷」・「サシコドンザ」・「紺染めに白抜き、藍色家紋の布団」をもってきている(図43)。この嫁入りに持参する風呂敷は、出雲地方では祝風呂敷といって、自家の紋を染める習俗が昭和初期まで残っていたという(福井貞子『木綿口伝』)。佐渡にも同じ習俗があることをみると、その影響をうけて、出雲から回船で木綿などを買い付けてくるときに、あるいは製品の風呂敷を手に入れてくるか、白木綿を買い付けてきて佐渡で染めたのかもしれない。

羽二生の木綿（旧両津市羽二生、甲斐ハセ、明治三五年生まれ）
羽二生《はにゅう》は住吉などとともに織物が盛んな土地柄であった。実家は集落の草分け百姓の一軒といわれている甲斐四郎左衛門家である。この家ではかつて綿打ちをやっており、白木綿や布団格子の布、夜着などを織っていた。土井長吉家にはネマリバタとタチバタがあり、麻織りや木綿織りをしていたという。大正の初めごろには、同じ集落の甲斐兵助家のオバアさん（ネマリバタ）、両尾の中浜タ子さん（タチバタ）などが注文を受けて麻ガヤをたくさん織っていた。

岩首の織り機（旧両津市岩首《いわくび》、大石マス、明治三〇年生まれ）
マスさんのマゴバア（祖母）はよい織り手であった。大正時代の終わりごろ、ワタを作っていたのを記憶している。親カアサン（母親）も麻ガヤを織っていた。ハタゴは二〇～三〇センチの台のあるネマリバタともタチバタともつかない形をしていた。海を隔てて越後から入ってきたハタゴであろう。大佐渡海岸に多い傾斜型のネマリバタでなく、垂直型の越後から東北地方に分布しているハタゴである。河崎から小佐渡海岸にはこの種のハタゴがだいぶあると思っている。

大杉の裂織（旧赤泊村大杉、川内ナカ、明治三六年生まれ）

明治の中ごろの親の時代は麻織りや木綿織りが盛んであった。裂織は姑から習った。織物ができないと嫁に行っても肩身の狭い思いをした。嫁にくるときには麻ガヤを親がもたしてくれた。婚家ではタチバタでヤマオビやイチマツ（格子状の模様に織る）織りの裂織をした。納屋の藁仕事や海にでるときに使う二幅の裂織前掛けがあった。

回船の基地・宿根木の織物

宿根木は船主のいた集落であり、造船の基地であったので、早くから各地の文化的生活用品が入ってきた。一四世紀の半ばには、時宗《じしゅう》の三崎（小木半島）道場である称光寺が建ち、室町時代には南佐渡の湊町として栄えていた。江戸時代になると、北前船の寄港地、小木湊の近くにあったため、たくさんの回船主が生まれ、造船の中心地として繁栄した。佐渡に入ってきた木綿類は、いったん小木へもち込まれ、相川へ回送されることが多く、宿根木へは船主・船頭だけでなく、水主たちの手で木綿がもち込まれている。宿根木は狭い範囲の土地に職人たちも住んでいて、さながら消費都市の雰囲気を呈していた。

宿根木祭りは一一月一五、一六日に行なわれる。この日は長い海上生活から帰った船乗りたちが、鎮守神に無事帰ってきたことを感謝し、商売繁盛を祝う祭りであった。この祭りの芸能として水主たちによって、長州見島《みしま》沖（山口県萩市沖）の海上で海神に捧げたというチトチントン踊りや大獅子舞いが演じられる賑やかな祭りであった。この日は集落の人たちが祭り衣装に着替えて、一年の船仕舞も兼ねて盛大に祝ったのである。

こうした湊町には、よそよりも早く先進文化が入っていた。

江戸中期以降は、宿根木は麻布利用の一部だけを残して木綿時代になる。つまり麻の重ね着から綿布や綿入れの時代になる。早く絹衣を手に入れた裕福な家、木綿を着ている家、トウネなど麻布を使っている家など、それぞれ船主・船頭、職人、水主などの家によって異なっていることが残された衣料の中にうかがうことができる。

奉行巡村記をみると、奉行の宿泊地近くの資産家から布団など夜具を借りていた。まだ布団は一般化していなかった。江戸中期以降、大量に布団地が各地の機業地から入ってくるようになる。回船の町、宿根木へはどこよりも早かったが、米の商品化が盛んになり、購買力がついてきた農村でもその現象がおきている。衣生活の変化は寝床の革命からはじまり、佐渡で一般的な座敷をもった広間型の住居は江戸中期以降に定着したのである。オマエの後ろにナンドができ寝室が固定されると、そこを木綿布に包んだクズ布団にした。一方、座敷を造り家を広げる者が増えると、来客用の布団はそのとき特別に用達した。嫁入り道具に布団や夜着・風呂敷などを持ってくるという慣行はこのときに生まれたのである。また、船乗りなどがもち込んだ影響もあったのであろう。しかし、経済力がない家ではネガヤ（三畳の寝ガヤ）を持っていくのが精一杯で、多くの家はまだ畳を敷く座敷はもっていなかった。宿根木は早く木綿が入った所で、この変化が早かったのである。博物館収蔵品の木綿製品によって、そのことをあらためて認識することができた。

宿根木新田のハタゴ（旧小木町宿根木新田、藤本イチ、明治二〇年生まれ）

イチさんは、一二、三歳ごろ、親にオオハタゴを作ってもらった。ここではタチバタのことをオオハタゴといった。同じ頃にコハタゴというネマリバタもあった。イチさんは両方を使ったという。昔からあるコハタゴのほうが場所もとらず、解体をして移動することもでき、操作も簡単であったのでコハタゴのほうをよく使った。

堂釜の麻織り（旧小木町堂釜《どうのかま》、金子テル子、明治三五年生まれ）

このあたりには「立てば田を打て、座れば麻を績《う》め」という言葉があった。それほど、機織りは女の大事な仕事だった。堂釜は砂地で肥えた所であるため、麻がよく育った。木綿より麻織りが多く、機織りが上手であったので近所から、手間代わりに機織りを頼まれた。手間代わりというのは織り代を農作業の手間で返すことである。

西三川の仕事着（旧真野町西三川開拓、浅井ナツ、明治三六年生まれ）

この集落は明治一一年に山から下りてきて漁業をした者によってできた。屋号はバンヤといっている。昭和三年に死亡した姑親のハツさんはタチバタで織っていた。畑地が広かったので麻をたくさん作っており、このタチバタでは麻ガヤをよく織っていた。ワタを作ったことがあり、タチバタで木綿も織っていた。西三川の臼木さんの家ではイチマツ模様のヤマオビを織っていた。イチマツにするためにヨコ糸に木綿糸を入れるので丈夫ではなかったが、おしゃれ着の裂織として人気があった。ここでは裂織をサケオリといい、ちょっとした外出に着る普段着で、雨降りなどのカッパ代わりによく着ていた。ヤマオビは海府からの習俗が入ってきたものであろう。大正年代には、店よりハタソ（機織り用の糸）を買ってきて木綿織りが流行した。出来合いの綿布を買ってくるほどの余裕はなく、自分の織り技術を発揮して、人に自慢するほどの木綿を織っていた。

羽茂の木綿（旧羽茂町飯岡、礼助ヨシ、明治二六年生まれ）

この家に嫁にきたのは一八歳のときだった。

ヨシさんの話では「機織りは実家（同町大橋字岩野）にいるとき、親バア（母）と孫バア（祖母）から習った。その頃、孫バアはネマリバタで、親バア（姑）はタチバタを使って麻布を織っていた。タチバタが利用されるようになったのは明治二〇年ごろかららしい。麻は畑によく作ってあった。ときには木綿を織ることもあった。ワタは子供の頃に作っていたが、よい糸はとれなかった。ほとんどは、羽茂の町から木綿糸を買ってきて織った。糸の種類はいろいろあって、「ワイト」、「トウイト」、「フタコ」、「ガスイト」などであった。ワイトは左撚りの太い糸であった。トウイトは紡績会社の糸で、いろいろな色があり細くてきれいであったので布団皮にした。フタコはワイトより細い糸で機械生産の糸であった。ガスイトはおしゃれ着に使った糸で、絹糸と混紡にして、よそ行き着物にした。このように、用途によって糸を買い、糸を染めて縞を織ったり、格子模様にも織った。現在使っている布団は二〇歳ごろに織ったものである。昔の木綿は洗えば洗うほど色がよくなり、丈夫で破けることはない。この布団は嫁にきてから織ったもので、嫁入りには布団はもってこなかったという。今（昭和五六年）は、ハタを織ることのできる者といえば、近くにいる取立河内《とったてこうち》家の川内キシさんとわたしだけになった」という。

外山の木綿（旧赤泊村外山《とやま》、加藤テツ、明治三一年生まれ）

猿八《さるはち》（旧畑野町）より一八歳のとき、ここへ嫁にきた。猿八からは、小佐渡のトネ（峠）を越えてくる昔からの道（石坂道）があって、よく行き来していた。家は外山のいちばん東にあたるので屋号を大東といっている。

テツさんの話では「ここへきて一〇人の子供を産んだ。そのうちの六人が女の子で、同じ集落の加藤松竹家へ嫁にいった幸子もわたしの娘である。子供が多かったので、着る物くらいは手織りで間に合わせようと思った。木綿織りをはじめたのは三〇歳前後からである。ここは高い所にあるからワタは栽培できない。ワイトという綿糸を羽茂で売っており、それを買ってきて、いろいろに染めた。たとえば、フクラシバという木がある。それはサカキに似た丸い葉の植物で、皮を剝いで煮出して、止めに塩を入れて茶色に染めた。山へゆくと、トゲの生えたトリトマラズノキという木がある。その皮を剝いで、煮出すと黄色に染まった。海岸にあるカシワの若木は牛蒡の種のような実がなる。それで煮ると褐色になり、また、クロマメは薄茶色か黒味がかった色に染まった。店にある一〇本コ（一〇本を合わせる）のワイトはいちばん大すえ（太い）の糸で、クロマメで染めた。今使っている敷布団はその糸でつくったものだ。このときのオサ目は三二〇目であった」という。

この集落は、羽茂川の上流にあり、標高は三五〇メートルの高い場所にある。織物は長い間、麻織りの衣料で、自給生活が長くつづいた所である。

下黒山のオオハタゴ（旧真野町下黒山《しもくろやま》、印銀ユウ、明治一五年生まれ）

ユウさんは下川茂（旧赤泊村）から嫁にきた。ユウさんが小さい頃はイハタゴ（ネマリバタ）であった。一九歳で嫁にきて、大崎（旧羽茂町）の者にオオハタゴを作ってもらった。そのときの作り賃が二円五〇銭であった。麻はイハタゴで、木綿と絹はオオハタゴで織った。買ってきたワイトでは縞木綿を織った。

畑野の木綿（旧畑野町畑野東小路、吉田ヨシノ、大正三年生まれ）

明治二一年生まれの舅ジイサンは、畑野で紺屋をやっていた。ジイサンの話だと、明治四二年ごろ、河内の川（小倉川）で染めたものをよく洗ったりして、親といっしょに紺屋の手伝いをしていた。そのときに染めた布団をもっている。よくできたので家宝としてとっておいたものである。その後、ジイサンの紺屋を引き継いで、トウサン（夫）は昭和初年ごろまで紺屋を行なっていた。祭りの幟や各種団体の優勝旗などを染めていたのを覚えている。ノリを付けた綿布を川で洗い落としていた。その時の型紙がたくさんあった。

大正年間には、在郷から布団皮を紺に染める注文をよく受けた。掛布団には家紋をつけた。わたしは実家の名をとって覚（覚次郎）と染めた。また、一反風呂敷には屋号が染めてあった。しかし、昭和になると、既製品の木綿が出回ってきて紺屋の仕事は少なくなった。息子がしばらくやっていたが転業した。舅ジイサンは畑野から河原田へでて、中原に吉田屋写真館を開いた。布団と風呂敷は、明治末から大正にかけて嫁入り道具の一つであった。

この慣行は国中方面の話であり、海村では、嫁入り道具というものはなく、さし向き（とりあえず）の諸道具だけをもっていく、ごく簡単な嫁入りであった。海府筋には紺屋は少なく、相川の北に近世を通じて大名主だった村田与三兵衛家が海府筋を顧客にして紺屋をしていた。紺屋は地域的にきまったお得意さんがあった。

新穂の木綿（旧新穂《にいぼ》村長畝、須田九郎、明治二五年生まれ）

海府（大佐渡の北海岸）には「センダクもどり」（センダク休み）という、嫁が農閑期に実家に帰って骨休めをする慣行が昭和四〇年ごろまであった。それは、春、盆、冬の三回に行なわれた。新穂方面はセンダクもどりは早くになくなった。大正時代ごろは、このセンダクに帰るときには、婚家では木綿縞一反もしくはセンダク銭をくれた。それは、婚家で嫁が仕事着をつくるためのものであった。その前の明治一〇年ごろは、山つき（山際）の正明寺では麻を栽培していたし、瓜生屋にもネマリバタで裂織を織る人がいた。この人は海府筋からきた人だろう。その後、着物を仕立てるときなど、繰綿を買ってきて糸をとり、木綿機で織っているのを見た。すべて自分で行なっていた。その機織り機はタチバタであった。明治の終わりごろになると、自分で木綿を織る者が少なくなった。大正時代には機械織りの反物時代になっていた。

明治期には、紺染めの木綿刺子のジュバンを国中では着ていた。木綿を織ると、紺屋へいって紺色に染めてもらった。紺色にするのに、「百染め」は真っ黒、「六十染め」はうすい空色であった。モモヒキやキャハンは百染めにしたもの、ジュバンは六十染め程度のものであった。サッコリ（裂織）はおそくまでタチバタで織っており、サッコリは田んぼ仕事にも山仕事にも着ていた。夏は麻のトウネであった。

明治末期ごろの春の仕事姿は、若い男は刺し付けてない青いジュバンに黒のモモヒキ、それに白い木綿帯をして、さっそうとして野良へ出たし、嫁は紺のジュバンに黒いキャハン（脚絆）、赤いコテ（籠手）をはめて出たものだという。後になると、ジュバンは経縞の木綿を使うようになり、やがてカスリジュバンになった。国中では刺子ジュバン、つまりゾンザは早いうちに使われなくなった。

中興の紺屋（旧金井町中興《なかおく》、市橋富雄、明治四二年生まれ）

屋号は市橋万吉家。家の前に清水の出る池があって、そこで染めた物を洗っていた。家のオオダレ（本屋根にさしかけられた下屋）に三間くらいの空き地があって、染めた物をそこで干していた。また、土間には藍甕を伏せてあり、そこで藍染めをしていた。大正ごろまではワタを作っていたらしく、近くの家の綿打ち場で綿打ちをしていた。ハタゴはネマリバタとタチバタがあった。母親は傾斜型のネマリバタで一〇畳吊りの木綿ガヤを織っていた。この家から出家してお寺に入った人に、丹精込めて手織りの布団をもたせてやったという話である。木綿を手織りにし、自前で紺に染めていた。しかし、昭和一〇年ごろになると、ネマリバタをやめたようだ。戦時中にはその着物をほどいて、モンペ（女性の山袴）を仕立てたこともある。

紺屋は昔からのお得意さんがいて、近隣から夜着や布団皮を染める注文を受け、結構忙しく、現金収入もあった。このあたりの紺屋仲間は冠婚葬祭などには招待しあって、それぞれ行き来して付き合っていた。

本屋敷の安田吉兵衛家、新保の本間市郎左衛門家、泉の飯田さん、三瀬川の渡部さんなどが仲間であった。

44　ヨコ刺し長ゾンザ　小木半島のほとんどはこれに似ている．琴浦はタテ刺し．
45　ヨコ刺し短ゾンザ　漁師の仕事着．補修のため各所にキレを刺し付けてある．木綿3枚の重ね刺しをしてあるため，擢れて浅葱の裏地が見えている．右の袖は後で筒袖を付けたもの．ゾンザというよりもツヅレといったほうがよい．
46　刺子のハバキ　旅に出る➡

44

45

⬅ときや泊まりがけで出掛ける遠歩（とおぶ）という用務のときなどに，このような「道中ハバキ」を足にまいた．ワラ製のハバキもあった．
47　櫓ゴテ　冬季のイカ釣りなどに使用した．木綿を何枚も重ねて刺子にしてある．ここに載せたものは小木半島の宿根木以外の海村で使われていたもの．
48・49　職人のハンテン（背中・表）　船大工用で綿入れ．背中と襟に親方の組印を白く染め抜いてある．
50　ノレン（暖簾）　何➡

47

46

48

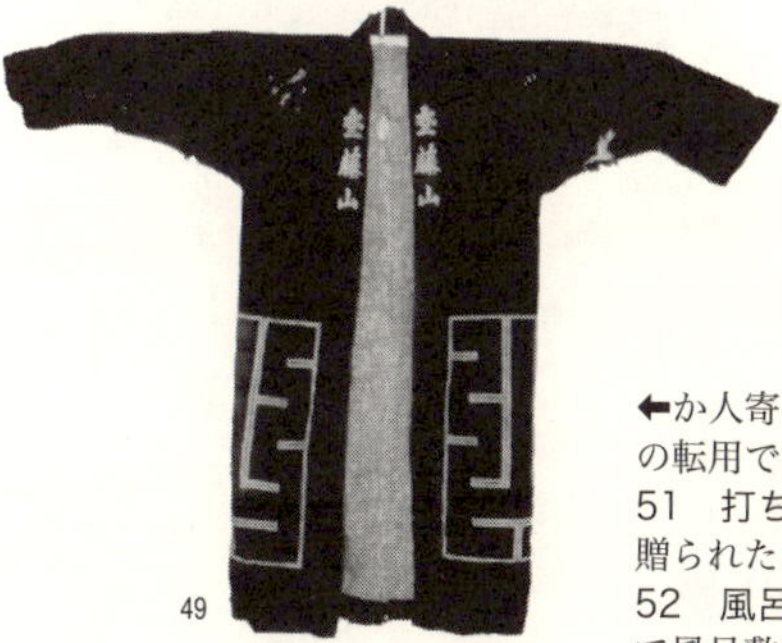
49

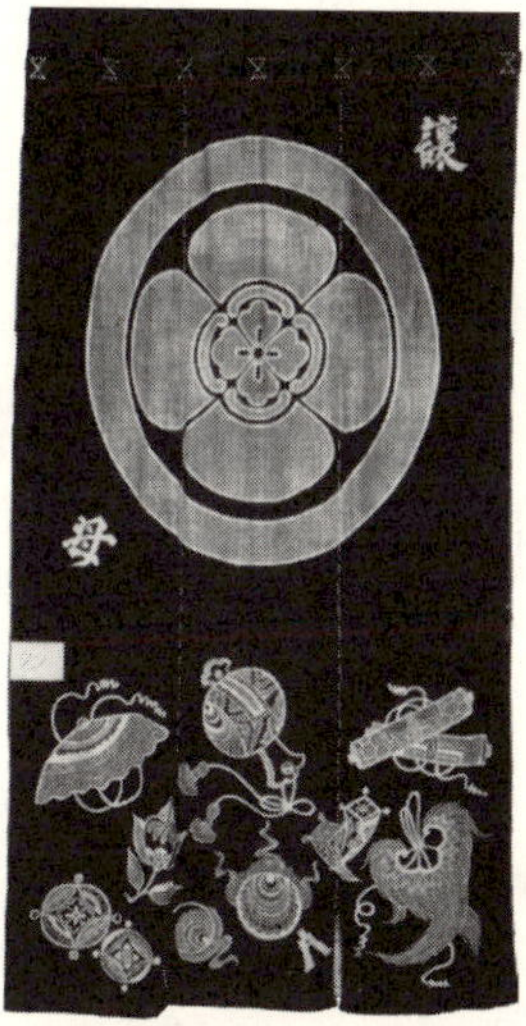
50

←か人寄りのときなどに入口に下げる．これは布団の転用である．
51　打ち敷き　竹田村から嫁にきた女性の年忌に贈られたもの．丁寧に染められている．
52　風呂敷　四隅を細かく刺して補強してあるので風呂敷である．以上，回船の基地であった宿根木にあったもの．

51

52

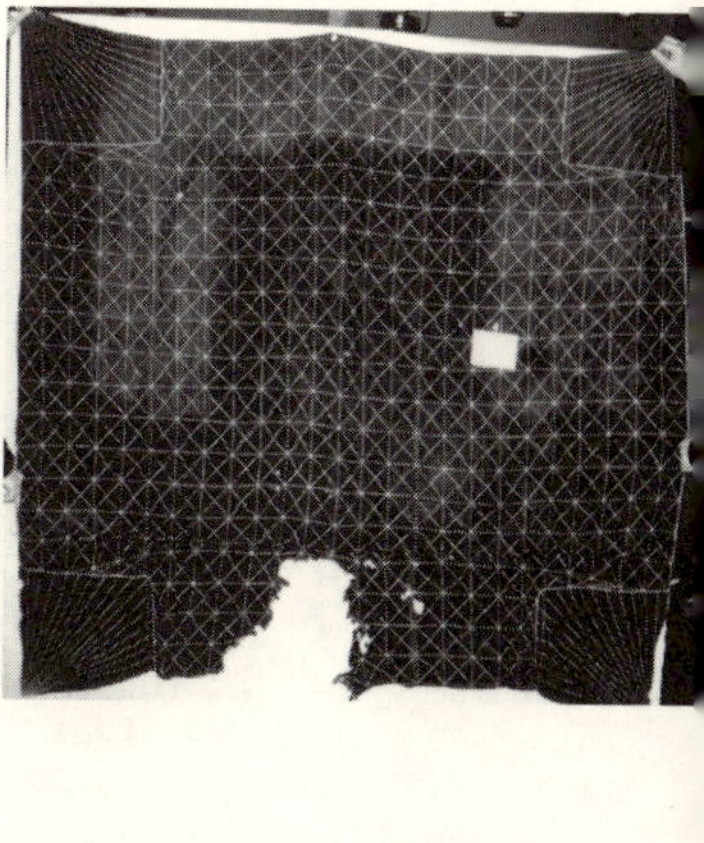

二宮の織物（旧佐和田町真光寺、近藤俊作、明治三三年生まれ）

明治五年ごろに嫁にきた祖母は、長い間未亡人暮らしであったが、畑に麻を作ってタチバタで八畳吊りの麻ガヤをたくさん織っていた。隣の二宮《にくう》に小河内（旧真野町）からきた人がいたが、嫁にくるとき三幅前掛けをもってきていた。いずれもタチバタを使っていて上等なカタビラを織っていた。また、ワタを一時作っていたようで、タチバタで木綿を織っていた。

博物館の木綿製品

船主の家では絹衣があり、木綿でも模様や色染めなど高級品が多い。また、造船にかかわる職人の着たハンテンがあった。たとえば、「大三　藤山」と襟に白く染め抜いた綿入れがある（図48・49）。木綿布団を絹に買い換えると、その布団地を転用してノレンにしたりした（図50）。ノレンは冠婚葬祭のとき家の入口に下げた。また、風呂敷やコタツ掛けにするなどの転用がはじまった（図52）。この変化の時期は明治末から大正初めである。祭りの衣装も華やいだものになった。子供の着物（晴着）など、経費をかけてつくられている。その他、珍しいものには、仏事に使う「打ち敷き」があり、それには「慶応二年丙寅正月廿八日　春屋盛花信女　施主竹田村伝兵衛」とある（図51）。竹田村の伝兵衛家から婚家の年忌に贈ったものらしい。

これらをみると、かつての湊町で行なわれた諸行事に対する思い入れが伝わってくる。木綿は手に入りやすい衣料として出回るようになると、普段着から仕事着に使われるようになった。その変化はどこも同じであった。

宿根木の博物館の収蔵品には木綿に混じって麻製品が意外に多い。小木半島の三崎から集められたものであり、昔から三崎全体は麻織りの習俗が基本にあった所で、その上に回船によってもたらされた木綿や絹の文化が重なっている。農村とも、普通の町場とも違った湊町の雰囲気を残している。回船主の衣料品を見ると、近世においても絹織物を着ていたようすであるし、造船基地になっていた宿根木では、船の作事（建造）過程に行なわれる行事があり、水主衆が帰ってきてから行なわれた鎮守の白山神社祭りも華やかに挙行されたので、目をみはる衣装などが収蔵されている。

第三章　裂織と女性の暮らし

一　木綿を織っていた地域

手前織り

自家で紡織することを「手前織り」と言うのは南佐渡方面の木綿織りの盛んだった地域での言い方である。昭和五年ごろ、日本の経済状況は不景気のドン底の状態にあった。各地ではそのために自給生活を余儀なくされた。都会においては失業者が増加して購買力を失い切迫した生活を送っていたし、地方は自分の周辺から手に入る資源を最大限に生かして生活せざるをえない時代であった。

佐渡南部の気候的に恵まれている地域には、ワタの栽培をはじめた者がたくさんいた。多くは明治生まれの女性たちが中心であった。ワタを栽培することは、かならずしもはじめてではなく、佐渡の各地で行なわれたこともあったが、手に入りやすい繰綿を使ったほうがよく、ワタ栽培はあまり行な

53

54

55

53　藍染めにした自製の綿糸　戦中戦後の物不足時代にワタから糸を紡いだもの．大崎，昭和 53 年．

54　カナで織った布団地　カナは購入の綿糸．明治末ごろから格子模様の布団地がはやった．この織り方を裂織のヤマオビに応用している．飯岡，昭和 51 年．

55　絹糸の入った木綿　ワタから自製した糸と絹糸（白いタテ糸）を混紡している．羽茂本郷，昭和 56 年．

56

57

56　手織りの子供袴　木綿縞．フクラシバで染めた茶色の糸を入れた縞．120年くらい前の加藤タカさんの作品．外山．
57　女帯　白い部分が天蚕の糸で綿糸との混紡．羽茂本郷，昭和5年．
58　ボロ帯布地　タテ糸は木綿，ヨコ糸は和紙で織ってある．新潟県津南民俗資料館，昭和52年．混紡にはタテ糸は麻や木綿が多いが，ヨコ糸は手近な天蚕や和紙を使ったものが意外に多い．

58

59

59　掛取り袋　羽茂本郷仮屋の紺屋で使っていたもの．家紋が入っている．これより小さい袋は銭袋になる．

60　腰巻　手織りの木綿を再生利用したものが多い．大橋，昭和54年．

61　手製の木綿ズボン　物不足の戦時中の作品．ワタを紡いで綿布にし手間をかけて仕立てた．下川茂，昭和55年．

60

61

われなかった。明治中期以後の機械生産による綿糸・綿布の進出によって完全にワタ栽培は消えていたが、昭和一〇年代の戦時下に、南佐渡を中心にワタ栽培をする農家が増え、木綿織りがまた復活した。

この時代における衣料不足への対応には、二つの地域的特徴がみられる。一つは南佐渡地域、もう一つは大佐渡の北海岸地域である。

南佐渡は昔からの麻の紡織技術を基礎にして見事に衣料不足時代を乗り越えた。同じように、河崎方面もそうであった。今は、明治生まれの女性はほとんど生存してはいないが、約二〇年前には、各地での聞き取りによって、そのことを確かめることができたのである。

また、一方、衣料不足を既存の木綿などの再生によって切り抜けた地域がある。その地域が大佐渡北海岸地域である。昔から古木綿などをツギとして購入してきた相川の近郊村である。ここは気候的にワタの栽培には適してはいないということもあるが、仕事の内容が農業だけではなく、山・海の荒仕事に従事しており、農閑期が少なく、ゆっくり機織りをする時間はなかった。木綿を購入し再利用する、いわゆる裂織とゾンザ地帯にあたる。機織り機の形式でいえば、前者は木綿織り向きのタチバタ（タカハタ）を使用し、後者は裂織に適したネマリバタによって織っていた地域である。

南佐渡──羽茂川流域

昭和三一（一九五六）年に刊行された『羽茂村誌』には「木綿は綿（繰綿）を購入し、または自作して、糸を紡《つむ》ぎ、これを染めて種々の模様に織り普段着にした。しかし、明治末より漸次すたれて、今は買い入れ品によっている」とある。このことを話した人は明治生まれの女性であろう。新しい綿だけではなく、古綿を打ち直して、それから糸をとって木綿布を織ったりもした。また、蚕を飼い、山で天蚕をとり糸にして、木綿糸と混紡にして家族の着物を仕立てた者もいる。それを嫁にでる娘の土産として婚家にとどけたという。親が手前織りをすることが自慢の種になったのである。家の身上《しんしょう》がよければ、店から購入して嫁入り道具の一つとしてもたせたが、それだけの余裕がない場合には、後になって子供ができたときなどに婚家にとどけたのである。とくに、昭和一〇年代は極端な物資不足時代であり、風の当たらない畑にワタを栽培する者があちこちにいた。近代に入ってもっとも手前織りの盛んな時代であった。物が不足していたから最大限に生活の知恵をはたらかせて生きた時代である。

小佐渡の山村、外山と大東家

織物の話をする前に、山村の外山についてすこし述べる必要がある。この村は江戸時代の初め、小佐渡の最高峰、経塚山(六三六メートル)のふもとから入植した人びとによって成立した。田地は三五〇メートルの高さにあり、現在も居住者がいて稲作をしている佐渡の最高地の山村(三〇〇〜四〇〇メートル)である。たぶん、これまでは人に話せないくらいの苦労をのりこえて田地を維持してきたのであろう。江戸時代中期の享保年間には、戸数二四、田九町八畝(高七六石)、畑八町五反(高三三石)、合計石高一〇九石、年貢米は三三石の村として検地帳に記録されている。一戸あたり四石五斗、田地は四反にも満たない村であった。そのために、享保期から行なわれた定免制移行のときの増石にも、年貢は据え置かれていた。ときどき襲ってくる冷害とのたたかいは、平地農民には想像もできないくらいきびしく大きな打撃を与えた。ここは、中世には国中方面から上がってくる夏作の焼蒔き場（焼畑）になっており、平場の農民は山へ入って夏期を過ごした。近世に入って、一村として独立できたのは、山林資源やその加工品に商品価値がでてきたからで、薪、木臼や捏《こ》ね鉢、佐渡産物にも記載されている鍬柄《くわがら》などを生産して収入を得て、自給の雑穀を食しながら通年そこに生活できるようになったからであった。最初に入植した人たちは、雪どけが遅く地味がやせていたので、作物が不作で土地を売り払って元村へもどった者もいたという。しかし、多くの者がここに踏みとどまったのは、家が高地ながら南向きで、水が豊富であったからであった。羽茂川の源流に近く、そこにある蛇の河内の水源を使うか、沢水を利用して田地を開くことができたのである。

この外山のいちばん東にあるので「大東《おおひがし》」といっている家がある。ここには、国中の畑野から赤泊湊へ抜ける中世の山越え道が通っており、この道を石坂越えといった。外山は信仰の山、経塚山を背負って、山腹に点々と家が散在している。国中へは猿八を通過して里村の大久保のほうへも出られ、海村と内陸村を結ぶ山越えの道が外山を経由していた。大東家のうしろは、山地に入る前、ここで足ごしらえをして、荷物を積み替える大荷場という場所であった。かつて、このあたりから須恵器の破片がでてきたというから、山村ではあるが、他所とは違って、けっして孤立した村ではなかった。

ここで、一本の古道でつながった山村の人々の係累により広まった機織り技術の話をしよう。

大東家（加藤）は近世には与左衛門といったことがある。この家にクマという麻織りの上手な姑のいる家へ、大正の初めごろ嫁いできたのがテツさんであった。石坂越えでトネ（尾根）の北側、猿八の小池大畑家から嫁にきたのである。大東家には三人の織物の上手な姉妹がいた。スミ・サト・ヨネである。この三人はテツさんの義理の叔母にあたる。長姉のスミはいちばん上手な織り手であった。スミはここより大久保へ嫁にいった。サトはクマの実家である外山の加藤松竹《まつたけ》家へ嫁いだ。そして、ヨネは猿八のテツの実家の嫁になった。このようにトネを越え、嫁のやりとりを通じてそれぞれの家は親戚になり、山村同士で暮らしを支え合うだけでなく、女のなりわいの一つであった機織りの技術も伝えられた。クマは大東家へ嫁にくる前に、実家の松竹家で機織りを習っていたかはわからない。テツさんは一八歳で嫁にきてから、このクマから麻織りを習っている。

大東家でテツさんが織物をはじめたのは子供が生まれてからであり、最初は機《はた》をたてることができず、織るばかりになっている機で、子供の着物をつくるために必死になって織ったものだという。大東家ではテツさんの娘の幸子さんを松竹家へ嫁がせている。また、この家にいたマスがテツさんの実家の猿八の小池家に嫁ぐことになる。

以上のように、大東家を中心に山村の数軒の家同士は何回も行き来する婚姻が行なわれている。この頃は、嫁にだした娘に、親は二畳または三畳のカヤを婚家にとどける習いであった。松竹家で生まれたマスの場合は、昭和四年に長男ができると、カヤとタンス、染め布団などを松竹家からもらった。どこの親も麻を紡《つむ》いでオガセにしておいて、嫁にでる娘にカヤをもたせてやれるように準備していた。

しかし、松竹家に嫁いだサトが早く亡くなったので、小池家へいったヨネと同じ村から後添えに入った松竹家のトラとで、サトの残したオガセをもらって、残された五人の娘にカヤを織って、それぞれの婚家へとどけたという。このあたりではオガセをみるだけで、だれが績《う》んだものかわかった。また、上手な織り手の血筋はこうして同じ山村の中に流れており、幾世代もあとまで技術が伝えられ、合わせて、生活全体をお互いに支え合っていく心が生きていたのである。

加藤テツさん

まだ車道ができない頃、わたしが猿八から石坂越えで外山の大東家に立ち寄ったのは昭和四八年のことである。ここで裏の山畑で仕事をしていたテツさんにはじめて会った（図62）。ちょうど、数年前から佐渡の紡織習俗を調査しはじめたころのことであり、ここにも機織りの技術を残しているらしいという話を聞いて立ち寄ったのであった。そのときは「機音にひかれて入る裂織の茅屋」という心境であった。そこで織物の話をすこし聞いて、その後、屋敷内の道を通り抜けながら、すこし下にある松竹家へ水をもらいに寄ったとき、機織りを最近やめてしまったというテツさんの四女、幸子さんに出会った。そのとき幸子さんは四〇歳くらいであった。

テツさんは明治三一年三月一〇日生まれ、当時七五歳であった。わたしがテツさんに会ってから数年経つと、川茂のほうからの車道ができ、羽茂川に沿って家を訪れるのも容易になり、一〇年近くにわたって、テツさんから山村の暮らしぶりなどを聞く機会があった。

62　戦前の普段着　加藤テツさんに昔のすがたをしてもらった。手織りの藍染め着物に手紡ぎの木綿帯、ワラ仕事をするときの前掛けをしている。昭和五〇年。

テツさんには力強い、生きる力を感じさせる頼もしさがあった。山腹にあって南を向いた家からながめる景色は、四季折々に変化する山々の様子が手に取るように見え、その景色はのびやかで美しかった。いちばん感動的な季節は、まだ新芽が十分に生えず、山が産毛《うぶげ》のように軟らかくすこしずつ色づいてくる春である。ここでは、平場にくらべて半月くらいも遅れて田地に入り、山にタニウツギがやっと咲く頃に田植えになり、それからしばらくして、山のあちこちで山桜が満開になる。忙しい春仕事を終えてほっとしている頃に訪れ、日当たりのよいオマエの縁に座りながら、大事にしまってあった麻織りや手織り木綿のこと、夏の焼畑の話を聞いたものだ。テツさんには子供がたくさんいたが、店屋から着物を買わずに、ほとんど家で織って間に合わせたという。ここでも自分で織ることを「手前織り」といっていた。

まず、ナンドのタンスに宝物のようにして仕舞ってあった一つ身（生後一、二歳用）の着物（図64）は、明治三一年、実家で生まれた長女のために婚家の大東家から三三日の祝いにもらった着物だといい、三つ身（三歳用）の着物は、大正八年、長男が生まれたとき、猿八の実家からもらったものだといって、わたしに見せてくれた。子どもの出生と嫁としての責任を果たした悦びがこの着物に込められているようだった。いずれもほとんど使っていない麻織りであった。このほか、ここで見せてもらった着物を記しておこう。

■子供の袴――女性用。手織り、色染め（草木染め）。タテ糸は木綿、ヨコ糸は麻、糸を染めて経

63

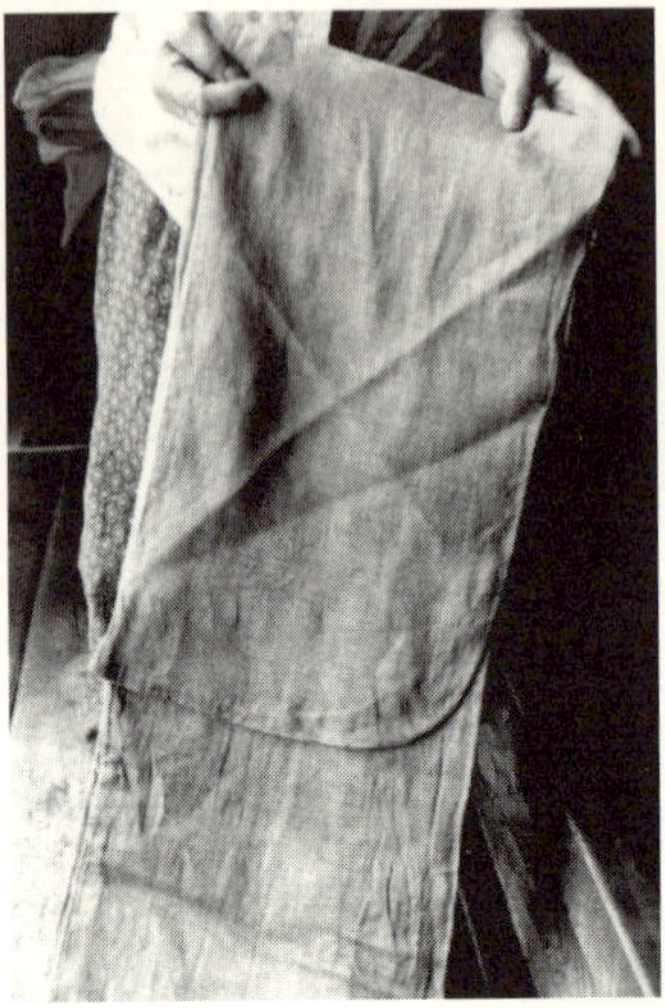

64

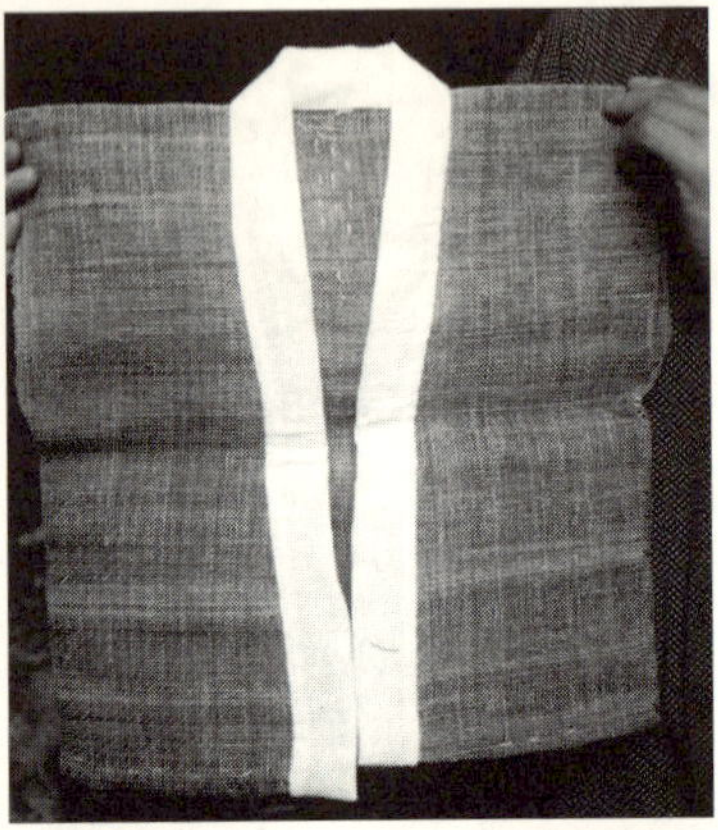

65

63　葬式に着る女性用の色着　麻布．薄い藍色（浅葱）に染めてある．

64　一つ身の産着　麻布．加藤テツさんの長女誕生のとき婚家からもらったもの．

65　葬式に着る男性用の色着　女性用の色着と同じ麻布．黄色に染めてある．黄色を基調としているのは，手近な染料としてトリトマラズノキ（メギ）が手に入りやすかったことに関係があるだろう．

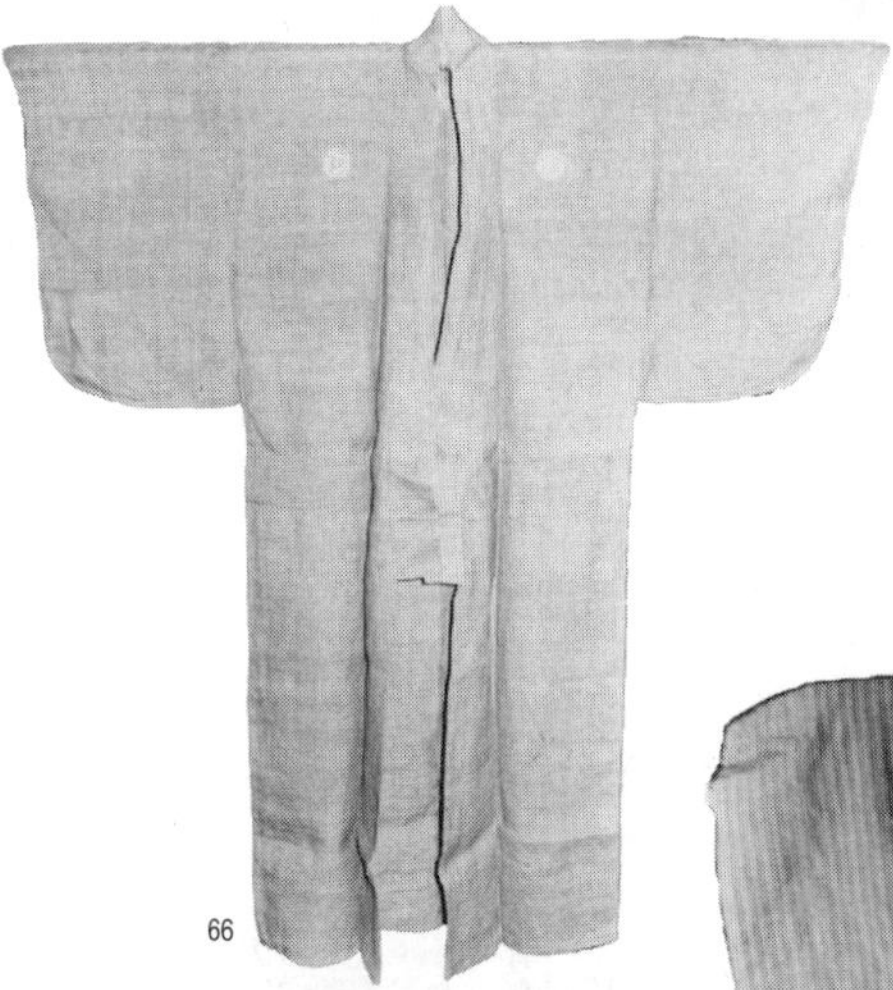
66

67

68

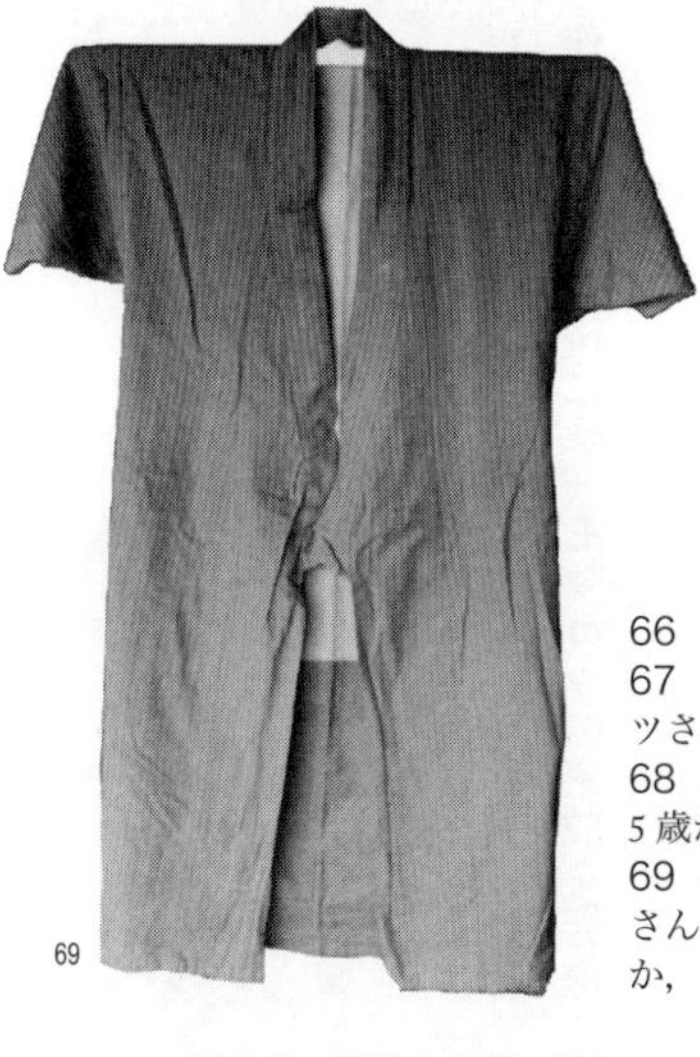
69

加藤テツさんの手前織り

66　浅葱木綿の紋付　家紋はダキミョウガ．昭和 56
67　糸縞の着物　糸はシルケット加工したガス糸．
ツさんが従姉に作ってもらったもの．昭和 56 年．
68　四つ身の着物　ヨツミというのは和服の裁ち方
5 歳から 12 歳くらいの子供の着物．昭和 51 年．
69　本身（ほんみ）の着物　おとなの着物のこと．テ
さんはこのように必要な着物は身内の人から手に入れ
か，自分で織るかしていた．昭和 51 年．

縞模様になっている。また、この生地で服を作って姉妹にくれた。

■子供の袴――男性用。黒と白の経縞。黒糸はワイト、白糸は家でとった絹糸。これは大久保へいったスミ叔母の作で、一〇〇年前のもの。この袴はシワになることがない。

■子供の夏服――男性用。麻布、作ってから三〇年が経つ。麻布は子供が小便をしても、寝起きまでに乾いており、濡れると柔らかになり布かぶれをしない。そのため産着は麻布であった。

■葬式に着る色着《いろき》――男性用。麻布、購入した麻糸で織る。黄色（トリトマラズノキで染める）に染めてあるが、家紋の部分は白く染め残してあった。作者は不明。後には、モッコウの家紋を発電所の人に書いてもらった（図65）。

■浅葱の紋付――女性用。麻布、スミの作。葬式に着る。葬式には男は黄色の麻着、女は浅葱《あさぎ》の紋付を、冬は男も浅葱の麻布を着る（図63）。麻布はジョウジュウ（いつも）着ているが、着やすくてかぶれない。

■木綿の袴――子供用。テツさんの祖母（タカさん）の作。経縞の手染め木綿。縫い糸は麻糸で、染色はフクラシバを使って自分で染めた（図56）。山を下りると、紺屋が畑野に二軒あり、そこへ行ったこともある（旧畑野町諏訪にあった紺屋は小倉の者が多かった）。手前織りは、洗ってシワを延ばすと元通りになるし、染め色が色変わりしないよさがある。

以上のように、六点の着物のうち、麻布が半分を占めており、明治時代の中頃には木綿がまだ一般に普及しておらず、夏着や紋付などは麻衣であった。

テツさんから見せてもらった中に、国中で見るような掛布団や夜着などはなかった。ここでは、まだ寝具に木綿が使われることは少なかったのであろう。内陸盆地の小倉は早くから耕地が開かれて、相川と多田を結ぶ松ヶ崎道の途中にあったので、麻衣に代わって木綿が早く入ってきて、嫁がもってきた見事な掛布団をもっている家があった。

山村は標高が高いから、ワタの栽培はできなかったはずであるが、大東家で綿花を紡いでいるのを見たことがあるという。繰綿を買ってきて糸をとっていたのであろう。娘を嫁にだすときには、佐渡の北海岸の海村を除いて、たいがいは風呂敷をもたせて嫁がせたものである。身上のよい家（財産のある家）では家紋を染め抜いたり、色染めの見事な風呂敷もあった。これは、たいがいは嫁の持参品の一つであった。大東家で三人の姉妹にもたせてとどけた風呂敷は、店よりワイトを買ってきて織った縞模様の風呂敷であった。ワイトは、家で手染めにしている。

綿布が自由に手に入るようになったのは近代になってからであり、それ以前は、婚姻などの贈り物、晴れ着、お客用の寝具（掛布団）などに使われ、日常は大事に什物蔵にしまってあった。風呂敷は嫁が節季ごとに土産をもって実家と往き来するときやハレの日に荷物を包むのによく使用した。木綿は普段は貴重品に属していたから使い捨てにすることはなかった。この木綿衣料の不足分は麻布や絹クズ・山繭、植物（ゼンマイ）のワタなどで補った。綿布が普及するようになってから百年以上の間、すこしずつ生活の中に入り込んできて、かつての麻織りと共存しながら利用されてきた。この前には長い麻布を着ていた時代があったのである。正倉院の貢納品の中に佐渡から納められた麻布があるが、昔から越後とともに麻織りの盛んな土地柄であり、木綿織りは麻織りの伝統の中で普及していったのである。

ツヅレという庶民の日常着についての古い言い方がある。ツヅレは下等な絹や麻・木綿切れを太く撚り合わせて、ネマリバタで硬く打ち込んだ厚地の着物で、日常の常住《じょうじゅう》着のことであった。破れれば、その上にキレを縫い重ねて、今でいう継ぎ合わせた雑巾《ぞうきん》のようなものであった。貧者の着物だけではなく、ツヅレとは、近くにある繊維を利用した庶民の着物であった時代がはじめにあり、そして衣料事情が進歩していく過程で、原料の採取・栽培、流通と商品化、利用する側の生業や家の経済事情などが加わって、いろいろな着物が織られ着られていたのであり、ツヅレという雑布《ざつふ》もその中の一つであった。ヨコ糸に木綿布を裂いて入れる裂織は木綿時代に入ってからの再生利用のすがたであった。

かつては、外山でもネマリバタ（イザリバタ）で織っていた。機織りは女性が習わなければならない仕事の一つであった。その技の巧拙で嫁の評価がきまるほど、家庭内では織物の役割が重視された。その織り方の手筋は後天的努力というよりも、その家系の血筋のようなものがあった。上手な女性の中には、親の織っているのを見ながら、いつの間にか覚えたというほどの人もいる。大東家は織り上手な家系なのであろう。

大東家の加藤テツさんの娘が縁づいた同じ集落の佐々木甚太郎家には、図70にあるようなタチバタが使われていた。織り機の台に「明治三十年五月　大工佐々木忠太郎」と墨書されている。近くの大工が工夫してタチバタを作ったのである。同家はこの織り機で手織り木綿を織っており、現在も使っている。

山村の知恵

物質が満たされているだけではよい社会とはいえないだろう。地域によって物の質と充足度には相違があり、そこに住んでいる人たちが種々の方法によって直面した諸課題を解消しようとする働きかけが生まれ、それを総合した行為が文化活動である。生活はたんに楽しいばかりではなく、そこにはさまざまな障害もあり、ときには苦痛さえもともなう創造の過程がある。住んでいる土地に対して、その環境を宿命としてあきらめるのでは、将来を乗り越えていく意欲は生まれてこない。人間の物質的欲求は時代とともに自己増殖し

70　甚太郎家のタチバタ　機台に明治30年5月の製作年が記してある．所有者は旧赤泊村外山の佐々木甚太郎家で，地元の大工がタチバタを改良している．加藤幸子さんが使っている猿八からもってきたタチバタとは形が異なっている．昭和54年．

ながら、その欲求を拡大していくが、しかし、たんに物質的に量産していくだけではなく、地域によってさまざまな対応と生き方、相違があってよいのであって、事実そのようなかたちで地域的特徴があらわれている。

同じ佐渡であっても、不思議なくらい地域的な違いを感じることがある。大佐渡と小佐渡、内陸村と海村、山村と平場農村、町と村など、強いて細分化しているわけではないが、外側からある意図をもって必然的に、あるいははからずも偶然に、長い間に佐渡へ寄り着いてきた人たちや文物が少なくない。進んだ文化をもって西のほうから海を越えて入った者もいたが、回船で運び込まれた文化も少なくなかった。その土地に根をおろして定住を決意したとき、生活の場所が恵まれていようと、厳しいものであろうと、身近な環境から限られた資源を利用して工夫しながら生きてきたすがたが、佐渡では狭いがゆえにはっきり見えてくる。

取り巻く環境から生活に役立つ資源を手に入れる営みは、時代がどのようであれ、基本的には同じ文化活動である。封建的に規制された狭い環境の中で、食・住ばかりではなく、衣生活の中にも必死で生きた歴史があった。このことを暗い過去の歴史としてしまい込んでしまうのではなく、実生活では忘れ去られようとしている得難い生活の知恵が、そこから浮かび上がってくる。島国の佐渡に一つの完成体があると言わしめたのは、まさにこのことであった。現代社会において循環型社会をめざす資源利用のお手本のようなものがみられる。

夏の日盛りに、外山を何回訪れたことだろう。はじめて出会ったときに、夏ソバでもハリカケ（焼畑）のソバがおいしいと聞いたからであった。われわれが主食を白米に依存するようになったのは、農村においては近代に入ってからであり、それまでは主食という観念はなく、雑穀を中心にした食事であった。米は政治権力側の年貢の対象となり、それを商品化することによって政治的な支出をまかなっていた。農民が何を食べているかということが問題ではなく、近世の社会は米の生産高がどれだけであるかが村の力を示すしくみであった。近世において外山村は最低の一石二斗の石盛（一〇アールあたり米の生産高）であったのは豊かな村という評価ではなかった。この見方からすれば、外山村は困窮にあえぐことになるが、外山村全体が食料に窮乏して餓死することがかつてなかったのは、別の理由があるはずである。外山村は冷害の影響を受けやすい高地にあったために災害に強い夏作物を別に作っていたからである。

ここで行なわれていた焼畑の一種、ハリカケは八月上旬、山畑に周辺の柴木を伐り取ってきて畑一面に掛け、乾燥した頃合いをみて焼き、ソバを蒔く粗放な捨て作りであった（図71）。

71　ハリカケのソバ畑　ハリカケとは柴や草を畑の上で焼いてソバを蒔くことをいう．一種の焼畑．山村では水の掛からない土地は夏になると，こうしたハリカケを行なっていた．ソバを収穫した後は殻のついたまま蔵に保存して置いて，必要なときにソバを挽いて打った．山村ではソバ・豆・黍などの雑穀を食べていたのは，それほど昔の話ではなかった．昭和49年．

ソバを収穫した後、ここには豆類・黍・粟・大根・胡麻などが作付けされる。これらの雑穀は寒冷の年も、日照りの季節も、痩せ地に育つ植物である。米だけに依存する村が、いちように苦しくなって一揆を起こすようになった生活の危機は山村には生じなかったのである。米年貢を完納するために地縁的なつながりを強固にした共同体的な米の村にくらべて、山村では、自然の恵みを最大限に活用し、何一つ無駄にしないという生活がみられたのである。羽茂川の流域は、ほとんどがこのような生活環境にあった。

テツさんは、わたしが大東家を訪れるという日の早朝、柄《がら》ソバ（殻の付いたソバ）を石臼で挽いて、椎茸や磯魚を焼き干しにしたダシで汁を作り、人数分のソバを打って待っていてくれた。昔は、夏ソバは犬も食わないといって敬遠したものだが、ここでは打ち方の工夫によって風味のあるソバを食べることができた。テツさんのお陰でソバに大根と胡麻をのせ、また、キンピラゴボウを薬味にしたソバやソバドジョウ（ソバ団子）を入れた小豆汁などを食べさせてもらって、山村の知恵を体験した。

外山村の鎮守は大平《おおたいら》神社である。寺社帳には社人勘十郎とある。創建は慶安四（一六五一）年となっているから、村立てが行なわれたときの神社である。勘十郎は後代の氏江平蔵家のことで、この家が最初の入植定住者である。垣の内があることからみると、早くから人が上がって耕作をしていたらしい。垣の内といわれている場所にある神社を中心に、下は平蔵家、上は経塚山に関係がある佐々木甚太郎家が住みつくことになった。

明治二〇（一八八七）年、外山「建物取調帳」によると、ほとんどの農家には母屋・納屋・雪隠《せっちん》（大便所）・木小屋・厩《うまや》・灰小屋などがある。大東家の屋敷内の付属建物をみると、やはり家・納屋・雪隠・厩という居住の基本になる建物が建っている。ここは、経塚山の傾斜地にあるために積雪量は多いが、南側に建っているため雪どけが早い。羽茂川流域の山村では、屋敷内の空き地に隠居家を建てる風があった。この隠居は親一代限りの別居であった。ここでは、海村に見られるような同族をとりまとめるオオヤは存在しない。

住みつくということは、水との関係、風当たり、里村とつながる道、周囲の自然環境など、あらゆる条件が生活にかかわってくる。そこに暮らしてきた人の中に、長く生き抜いてきた環境に対するそれぞれの経験的な知恵がある。

テツさんは、昭和五七年三月六日、四日後の誕生日を前にして八四歳で亡くなった。朝、家人が顔を洗っていたとき、急に横で倒れ、その日の午後に息を引きとった。それまでは嫁といっしょに野良仕事をするほど元気だったという。この日は、朝からぼた雪が降って寒く、赤泊村に六軒も葬式をだした日であった。悔やみの人の足跡は「お大師さんの跡隠し」のように消え、雪がしきりに降っていた。テツさんは子供たちが作ったカラムシ（麻）の帷子を着て、皆に看取られながら生涯を終えた。

羽茂川の上流に川茂がある。この盆地を取り囲む南向きの斜面に駒形岩の平という家がある。外山を訪れていたころ、そこには明治四一年生まれの千代さんがいた。大正の初めごろまで、ネマリバタで麻織りをしていたという。その後、新保（旧赤泊村）の親戚からタチバタをもらって織るようになった。沢合いにある柳沢家にはイノという女性がいた。戦後、北海道から帰ってきてタチバタをはじめた。タチバタでは絹の紋付きや縞木綿を織り、近所の手持ちの麻糸をあずかって賃織りをしていた。ここでは、裂織の経験がほとんどなく、ネマリバタからタチバタによる木綿織り時代に入っていた。

裂織の再開

昭和四八年の夏、松竹家を訪問したことがきっかけになって、加藤幸子さん（昭和五年生まれ）はすこし前まで行なっていた裂織を復活し、そのころ、まだ萱葺き屋根であった松竹家に、また機音がひびくようになった（図72・73）。

外山は昭和のはじめまでネマリバタの村であったが、テツさんは猿八で現金収入を得るために、絹織りがはじまったのでタチバタを習う機会があった。大正時代の終わりごろまで麻織りはネマリバタで織ったという。ここでは、ほとんどの家でネマリバタからタチバタに移ったのは昭和に入ってからである。幸子さんは大東家でネマ

72 春、農作業がはじまる前の加藤松竹家 海村では海の色が変わり、山村では桜が咲いて新緑の萌え出すころである。昭和四九年。

リバタを習い、猿八からタチバタを持ち込んで機織りをはじめた。そのため幸子さんの家には両方の織り機があった。幸子さんの話によると、木綿織りもネマリバタで織っていたというから、綿糸のほうが早く入ったのであろう。昭和になると、綿糸が多く出回ってきたので、店屋からそれを購入してきて、色糸を組み合わせて経縞木綿を織るようになった。このようにして、タチバタで織ったものには、絹糸を混ぜてタテ糸にし、カラフルな色糸をヨコ糸にして昭和二〇年代まで裂織（コタツ掛けやヤマオビ）を織ったという。

昭和の初めごろの着物は、男衆はタテ刺しの黒木綿、年寄は同じ浅葱木綿（薄い藍色に染めた木綿）のゾンザ（猿八ではサシコジバンという）であった。タチバタはネマリバタにくらべて能率がよかったので、カヤやカタビラなどもタチバタで織るようになった。

機械生産の綿糸が手に入りやすくなり、綿布の価格が安くなると、タテ糸に使っていた麻糸は綿糸に替わり、

73　裂織をはじめたころの加藤幸子さん
経済成長がはじまったころは昔の道具は処分され，衣食住全体にわたって生活の内容が一変し，裂織の道具も捨てられそうになっていた．加藤さんが裂織を復活したのはその時期で，新しく暮らしを見直していこうとした．昔の木綿が大事にされるようになった．

タテ糸を綿糸にした裂織を織るようになった。大佐渡側のように、ツヅレ（裂織）の需要があまりなかったので、ヤマオビにする裂織帯を織るものが多かった。戦後、二〇年代に裂織帯がよく売れたことがある。一本が一〇〇円から二〇〇円もした。昭和四八年ごろになると裂織帯の注文が少なくなって、企業誘致によって幸子さんも羽茂本郷の会社に勤めるようになった。時代が大きく変わってきたのである。

加藤幸子さんが中心になって「綾の会」という裂織愛好会が昭和四九年に誕生した（図74）。幸子さんは裂織をはじめたころからの思い出を、平成一〇年、『環文研』という雑誌に次のように書いている。

私が裂織を始めたのは、戦後まったく物のない昭和二二年からです。ほとんどの農家では女の手仕事として農閑期にワラ仕事か機織りを行なっていました。冬、吹雪の舞い込む建て付けの悪いところで暖房もなく、しもやけでふくれ上がった手で、一生懸命やるのが嫁のつとめでした。糸もない時代で

74　綾の会の結成
昭和49年に加藤さんを中心にして「綾の会」が結成された．裂織を織ることだけではなく，古い木綿を見直すきっかけになった．

したので畑に麻を作りました。春に種を蒔き、夏に刈り取って天日に干し、夜露にさらしたり、水に浸けて皮をはぎ、オクソ取りをして苧を作りました。冬の作業である苧績みや糸紡ぎは姑の仕事で、その麻糸を経糸《たて》にし、ボロ布を洗って裂いて、緯糸《よこ》がわりに織り込むのが私の仕事でした。糸くり、整経、織り付けまでの十工程は姑や母の手ほどきでしたが、今にして思えば、おしんの時代のように機織りをする嫁は大事にされたのかも知れません。雪が解けて野良仕事が始まるまでに、麻布や裂織を織りました。男は麻布のシャツ、股引、その上にサッコリゾンザをはおって山仕事に出ました。女はというと、農作業に必要な肩掛けと半幅帯が嫁入り道具でありました。

佐渡中から作品を集めた裂織展示会をはじめたのは、その後、数年たってからである。

大崎の女性たち

羽茂川の中流、大崎（図75）の不動橋の川縁に八尋淵《やひろぶち》清五郎という家がある。その家に山村の犬《いぬ》落《おとし》という集落から嫁にきたマツさんがいた。マツさんは明治二五年生まれ、実家の祖母はこの家から嫁にきた人で、孫が縁づいたのである。一五歳のとき、この家につれてこられたが、一時、北海道へ行っていて二三歳になって正式な嫁になった。夫は職業の関係で家をあけており、早死をした。マツさんには子供が三人いた。舅ジイサンは「やぼに巧者な人」（たいへん器用な人）という評判で、ひと目みただけでハタゴ（織り機）をこしらえ、ハタを織ることができたという。この家から近くに縁づいた女性もよい織り手で、機織りの本もあった。マツさんも手筋のよい系統であったことになる。大崎へは、下流の羽茂本郷のほうから早い時期にタチバタが入ってきていた。マツさんの口からネマリバタの話はなかったから、明治の中期ごろにはネマリバタはここでは使わなくなったのであろう。

ネマリバタのオサ目は五〜六ツ目（二〇〇〜二四〇目）と目が粗いが、タチバタで使うオサは、これに九ツ目（三六〇目）の木綿織り用と一五ツ目（六〇〇目）の絹織りのオサが加わる。紡織の種類によってオサを使いわけた。婚家には器用な義父がいたのである。マツさんはたくさんのオサをもっていた。

マツさんの話を聞いていると、麻織りのことが主な話題になった（図76）。麻布は、マツさんが生きた時代は自家用に織った木綿よりも、現金収入になり需要があったからと思われる。羽茂川筋の集落では、長い麻織りの歴史があ

75　山里の大崎　羽茂川中流にある山村。働き者が多く、芸能の伝承者がいて長寿者のいる集落である。昭和五六年。

って、大崎では木綿織り用に入ったタチバタで麻を織るようになっていた。北前船が活躍した江戸時代の後期は、繰綿が自由に入ってきていて、それから糸をとって、ワイトにして商売をする者もでた。それはみな白木綿や白糸であったから、買った人は手染めをしなければならなかった。標高の高い外山から山里の大崎にくると、植生が豊富になるためか、次のような草木を使った手染めの話を聞いた。

- トリトマラズの木——メギのこと。樹皮を煮出すと黄色になるが、糸は弱くなる。
- フクラシバ——榊に似た木で近くにたくさんある。樹皮を煮出し塩で色を止める。茶色。若芽を煮て染めると赤くなる。しかし、繊維は弱くなる。
- カシワギ——柏のこと。古木の樹皮を使う。茶色。
- クルミ——春先の若芽を煮る。青っぽい茶色。
- 黒豆——オガラ炭に冷やした黒豆を摺り、何回も木綿を浸けて干す。黒色または薄茶。

76　苧麻を績んでいるマツさん　大崎は麻織りが遅くまで残っていた．一部にはワタを作って糸をとったという話を聞いたが，ほとんど麻織り（苧麻を使う）のことであった．昭和50年代には，大崎では麻を織ることのできる女性はわずかになっていた．

77

78

77・78　麻布を織る　旧羽茂村の村山に畠野サワさんという女性（明治26年生まれ）がいた．昭和55年ごろまで麻織り（苧麻）をしていた．大崎と同じような山地に家があって戦時中まで木綿も織っていた（図78は大崎の堀田ミサオさん）．

79　小立の機神さん　小佐渡の西海岸にあって，戦前までは小木半島の海村から女性の参拝者が多かった．小木道の一里塚の上にあった．昭和49年．

79

■紺色——紺屋の仕事。紺屋が大崎にあった。後になると、染め粉を使うようになった。染色の止めには、木綿は塩、絹は酢を使った。

この染色のやり方は麻布と木綿布はほとんど同じであり、それを踏襲している。マツさんはワタを栽培した経験がある。物不足であった昭和二三、四年ごろまで作っていた。綿糸を店から購入しながら、自作のワタでその補いにしていたのである。

ワタは作りやすかった。六月中旬ごろ、エノキの若葉が生えて、小鳥隠れになるころに種を蒔く。肥やしをふって土を掛けておくと、すぐに芽がでてきて、二〇センチくらいになったら土を寄せておくとずんずん伸びる。夏には薄黄色い花が咲き、この花がはぜて白い綿がでる（図80）。実が入ると、綿花が垂れる。このすがたを「ワタがハナたれた（鼻汁を垂らした）」といった。マツさんは戦後すぐにやめたが、大草《おおぐさ》や天沢《あまざわ》（旧羽茂町）の山のほうでは、最近（昭和五五年）まで栽培していた。採取した綿花を綿切りにかけると、種が梅干しの種のようにゴロンとでてくる。綿打ちが商売になったのは、明治末ごろまでであった。羽茂本郷に七兵衛という綿打ち屋があってそこへよく行ったが、赤泊にもあった。ここでは古い綿も打ってくれた。ほぐした綿を一五センチくらいの竹（オガラもある。シノ巻きという）に巻く。綿を持った手から糸車で糸を引き出すのだが、その手加減が難しい。綿花は麻などと違って苧績みの工程がない。

自分で綿花を取った量は、布にして一、二反程度であり、町から買ってきた糸（フタコ・ガスイト）

80

81

80　ワタの栽培　相川郷土博物館で試験栽培をしたアメリカ綿花.

81　手取り糸（自製の綿糸のこと）　糸車で撚りを掛けてある.大崎の堀田家所有．昭和 53 年.

82　草木染めの手織り木綿　外山の加藤松竹家所有．昭和 52 年.

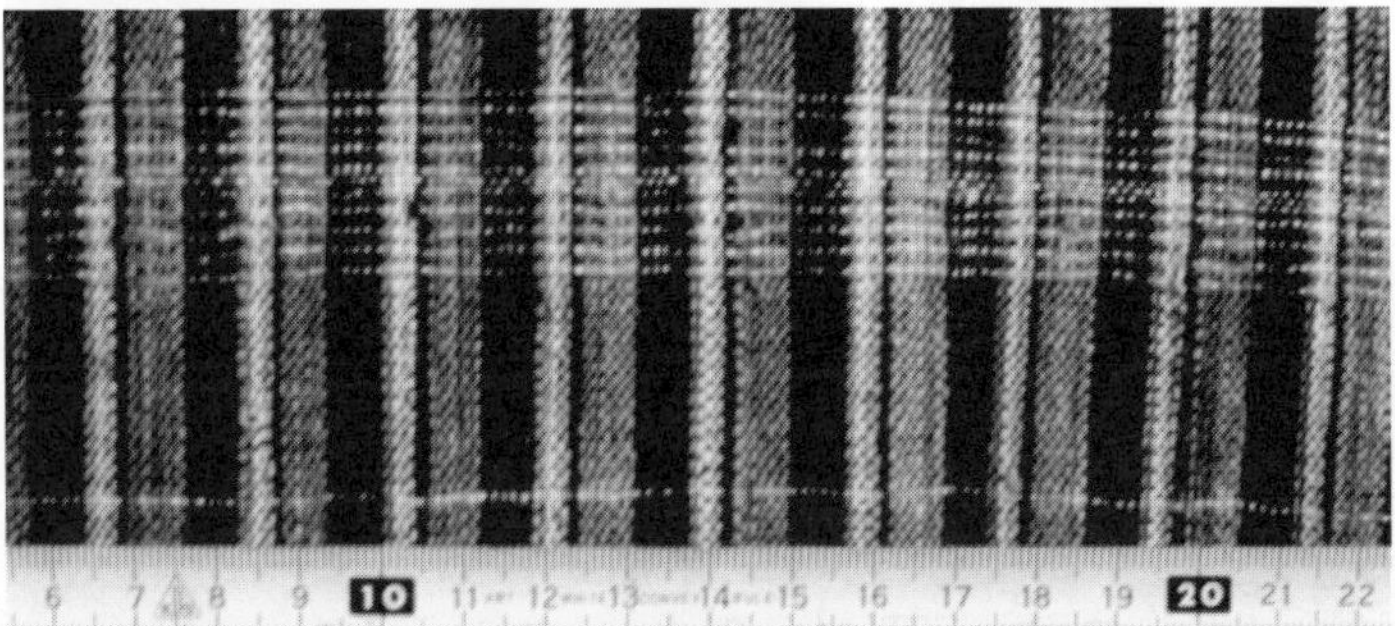

82

や山繭からとった糸（蚕が殻を食い破った繭をアクで煮て、延ばして糸を取る）を加えて織物にしたのである。また、明治末にはマツさんは夏蚕をはじめて、国中へ行って売り一〇〇円も稼いだことがあった。村ではこのことが評判になった。明治期から戦後の物不足時代は、こうした身の回りの材料を利用した混紡時代がつづいた。この延長に裂織がある。昔はタテ糸に麻糸を使い、しだいにタテ糸も綿糸に替わった。この頃の織物には、木綿に麻布や絹などを混ぜた織物が多い。

苧麻を績むのは、冬から田へ入る前の春までの仕事であった。大佐渡の海村ほどは長くなかったが、嫁には「センダク休み」という慣行があって、そのときに行なうことが多かった。

マツさんの使ったハタゴ（タチバタ）は、戦後、風呂の焚き物にしてしまったという。織り方を書いた本も大水で流してしまった。これ以後、木綿織りをしなくなったが、麻糸を績む仕事は、時間つぶしにときどき行なっていた。マツさんは、母親や姑のやる績み方をそばで見ながら真似をして、いつの間にか覚えてしまったという。

わたしが訪れたときには、ときどき野山の薬草の話をした。薬草の採取の仕方は実家の祖母から教えられたという。簡単にいえば、牛が食べる花の咲いた草には毒草がないという単純でわかりやすい知恵であった。科学的ではないが、経験にもとづいた知恵は、長く民間医療として信じられてきた。夏場に採取した草を乾燥して、百薬草といって常用していた。

織物だけではなく、衣食住のすべての生活はとりまく環境とのかかわりの中で成り立っていた。

また、大崎に、県道から羽茂川を渡ってムカイジョウといっている所にカドという家がある。この家に明治三一年生まれの堀田セツさんがいた。セツさんの親の代にはネマリバタであったらしいが、若い頃にはもうタチバタになっていた。大正期にはネマリバタはなくなってタチバタで木綿を織る時代になっていた。もっぱら麻・苧麻・絹や木綿を織ったが、本格的に木綿を織るようになったのは大正時代になってからである。また、下丹坂《しもにざか》家（羽茂本郷の山間地）からこの家に嫁にきた大正六年生まれのミサオさんがいる（図83）。実家からタチバタをもってきたという。ここへくる前に山村の下丹坂ではヤマボコ（山繭）を集めて絹を織ったこともあるという。すこし下流にある飯岡（旧羽茂町）の礼助家のヨシさんの話では、タチバタは明治二〇年ごろに入ってきたらしいから、羽茂川の下流になるほど、タチバタを早く導入していることがわかる。大正時代から昭和になるとトウイトという色糸が店に出回ってきた一方、昭和になると、ワタを栽培する者が一時増えてきた。おそらく、品種改良した綿種が入ってきたためだろう。ミサオ

83　堀田ミサオさん　昔の手取り糸で織っている．ミサオさんの実家は大崎の中心から離れた山村であったが，タチバタが早くから入っていた．このあたりでは機織りができることが一人前の女性の条件だった．山村は海村と同じように，一年中切れ目なく働いているが，かつてはすこしの暇をみて納屋の仕事部屋でハタを織っていた．昭和 53 年．

さんがこの時期にワタを作ってハタ糸にしたのを見せてもらった（図81）。

大崎は羽茂川の中流にあって小さな盆地に広がった山里である。ここは木綿織り地帯というよりも、昔から麻織りの盛んな土地柄であった。ここの藤井甚吉氏の書いた農業暦（大崎集落史『山里の人びと』）によると、明治三二（一八九九）年ごろ、麻はどこの家でも栽培していたことがわかる。畑作の重要な作物であった。

藤井家の麻の播種期は旧三月一五日で国中の山王祭りのころ、また麻引き（麻を苅ること）は旧六月一八日、夏の土用のころであった。その跡地にはソバを蒔いたと記している。刈ってきた麻を乾燥して、小束にして水浸け・苧引き（麻の皮を剝ぐ）を経て「麻苧《あさお》」になる。年輩の女性の仕事として、絶えず苧桶《おぼけ》を傍において麻を績《う》んでいたという。戦前までは、他家に嫁いだ娘に親は、何年も過ぎてからでもカヤを婚家へとどけた。それ以前には、着るものは麻着を主体にした長い時代があって、その後、麻の利用が少なくなり、新しい衣料に替わり、最後に生活上必要なものとして麻のカヤが残った。また、神社祭礼に登場する大獅子や小獅子の胴布も麻織りの場合が多い。生活上のいろいろな部分に、昔の麻織りの習俗が残っている。戦後まで麻は栽培されたが、大麻の取り締まりがきびしくなって、畑から完全にすがたを消した。

明治末から大正時代以降、機械生産の綿糸や綿布が市場に出回ってくると、衣料生活における自給的な生活のしくみが壊れて、麻織り、木綿の手前織り、店からの綿布や綿糸の購入などの自己調達の関係は、それぞれ土地によって違いが生じてきた。羽茂川の流域は上流のほうから順次麻織りの割合が薄れ、木綿衣料が多くなってきているのに気づく。明治中期くらいまでは江戸時代のなごりが、まだどこかに残っており、風が当たらず土地の肥えた場所を選んで栽培していた綿作は、戦前・戦後の物資不足時代に一時復活したが、繊維の産業革命が進むと、やがてすがたを消してしまった。

その頃の綿作経験者に聞くと、綿作の適地の条件は風が当たらぬことと肥沃な場所であるが、連作を嫌い、古い種は発芽しないという。ここでのワタの播種は、水に浸してから尿を灰にまぶして手でもみ、その灰ごと撒くが、降水時はさけた。ワタは雨を嫌うのである。その後、成長したら間引きをして追肥・除草をするなど、栽培の管理に注意が必要である。四五センチくらいで摘芯をして芽欠きをして、秋の彼岸ごろになると、綿花を摘み取って乾燥させる。乾燥した綿花は綿切りで種を取り、糸車で糸を紡《つむ》ぎ、草木染めにしたり紺屋で染めてもらったという。明治になって、普段着や仕事着、ナンド（寝室）の改良が行なわれるようになると、着物用だけでなく、布団皮の需要が急増してきた。明治初めの戸籍簿をみると、大きい集落にはほとんど紺屋があり、大崎にも二軒あったことがわかる。

戦中・戦後の食料・衣料不足時代には畑作が重視されたことがある。山地に放置されていた土地が開畑され、この緊急事態を畑の活用で乗り切ろうとしたのである。

堀田ミサオさんがワタを作ってハタ糸をとり、自分で紡いだのは衣料不足時代のことで、それで織った糸はところどころにフシのような瘤がある。この糸を「フシ織り糸」といって、タテ糸には使わなかった。タテ糸はフシのない仕事のしやすいトウイトという機械糸を買ってきて使った。

羽茂の盆地にて

早くから木綿織りの盛んだった羽茂川の下流、羽茂本郷の盆地は、周辺の台地上は畑作地で、天沢という小集落があり、そこに金子権九郎家がある。近くの飯岡の大場ヤシキという家からエイさん（明治四三年生まれ）が嫁にきた。わたしが訪問したのは昭和五五（一九八〇）年のことであった。物資不足時代のワタ作りや木綿織りのことを、昨日のことのように詳しく話してくれたのである（図84）。

綿糸はワタを自分で栽培してクルビ（クルミ）の皮で濃いネズミ色に手染めしてあった。そのころの色には赤色（紅）はなく、ほとんどが茶か灰色の染めであり、そのときに仕立てた単衣《ひとえ》もののハダコ（下着）をみせてもらった。タテ糸は自製のワタを手染めにして縞模様に、ヨコ糸は自分で紡いだテトリイト（手取り糸）と店から購入したカナ（糸）を二本合わせてあった。もう一つは、エイさんの夫が着ていた単衣ものであった。これは店売りのフタコイトで織ったものであった。エイさんのころは高機（タチバタ）になっており、エイさんの親の世代はイハ

84　金子エイさん　大正時代から昭和初年ごろまでのエイさんの話は尽きることがない．木綿を衣料の中心にして手取り糸にカナ（購入の糸），絹のクズ糸，ときにはゼンマイのワタなども混紡して織った．もちろん物資不足が原因であったが，根底には物を有効に生かすという生き方があった．また，自分が織ってきた布の見本を保存してあった．昭和55年ごろに，実際に畑でワタを栽培していた．昭和55年．

85

縞木綿（手織りと亀田縞）

85　手前織りのハンテン　手前織りの場合はほとんどが縞織りであった．仕事用で丈は短い．羽茂本郷，昭和 57 年．

86　手織り木綿の普段着　縞織り．丈は長い仕立てにしてあり，仕事をしない場合を「長着物を着ている」といった．住吉，昭和 53 年．

86

87　亀田縞のハンテンを着た女性　下川茂，昭和 52 年．

88　手織り縞木綿の普段着　山村にはこうした手織り木綿を着ている人は少なくなかった．小倉，昭和 53 年．

87

88

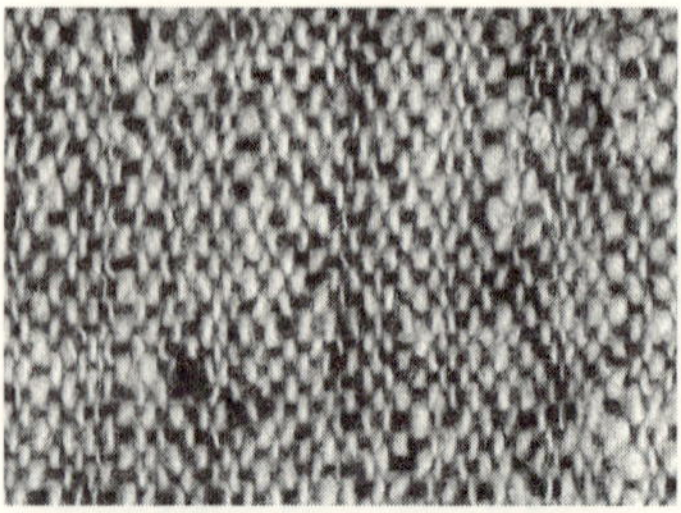
89

90

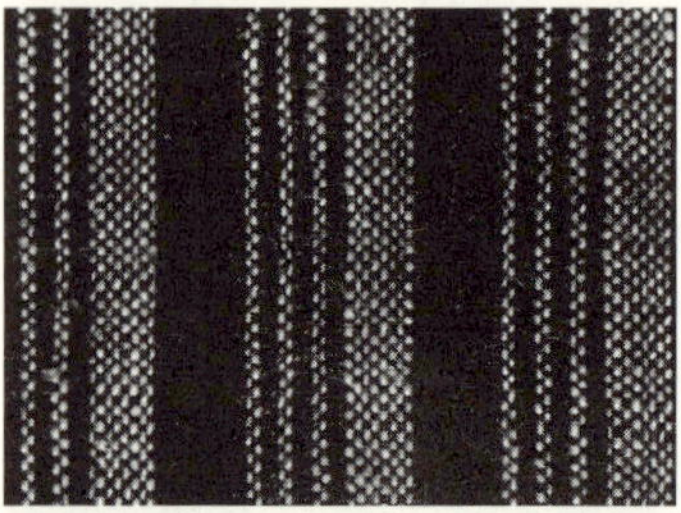
91

92

93

94

外山モクさんの織った木綿

旧羽茂町羽茂本郷，外山モクさんは明治17年生まれ，18歳のとき金子家へ嫁にきた．昭和の初めには傾斜型ネマリバタとタチバタがあったという．これらの布はエイさんが譲り受けたもの．2倍ぐらいに拡大してある．昭和56年．

89　手取り糸の木綿　戦時中，畑に作ったワタを糸にして織ったもの．

90　ワイトで織った木綿　ワイトは手紡ぎの糸．市販用に専門に織っていた．

91　トウイトで織った木綿　大量生産の糸で，右撚りの糸．トウイトには種々の色糸があったが，これは草木染め（手染め）．

92　フタコ・トウイト・絹糸の混紡　フタコはトウイトを2本合わせた糸．フタコは茶色，トウイトは紺色，絹糸は黄色に染めてある．

93　ミコイトの木綿　トウイトを3本合わせた糸．丈夫で厚地の織物になる．

94　トウキョウカナ　シルケット加工した糸をガス糸といった．糸は弱いが見栄えはよい．白いタテ筋は絹糸．

ゼンマイを織る

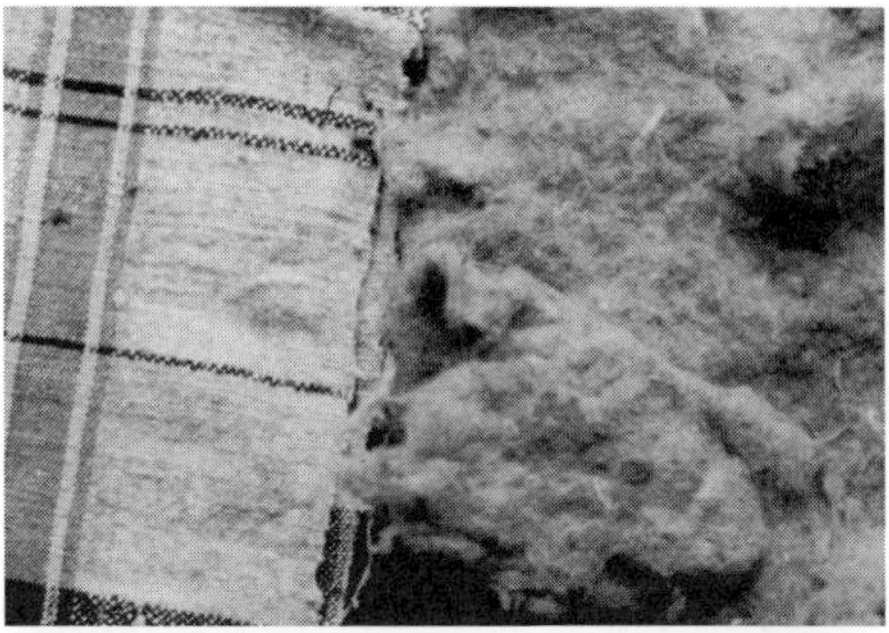
95

96

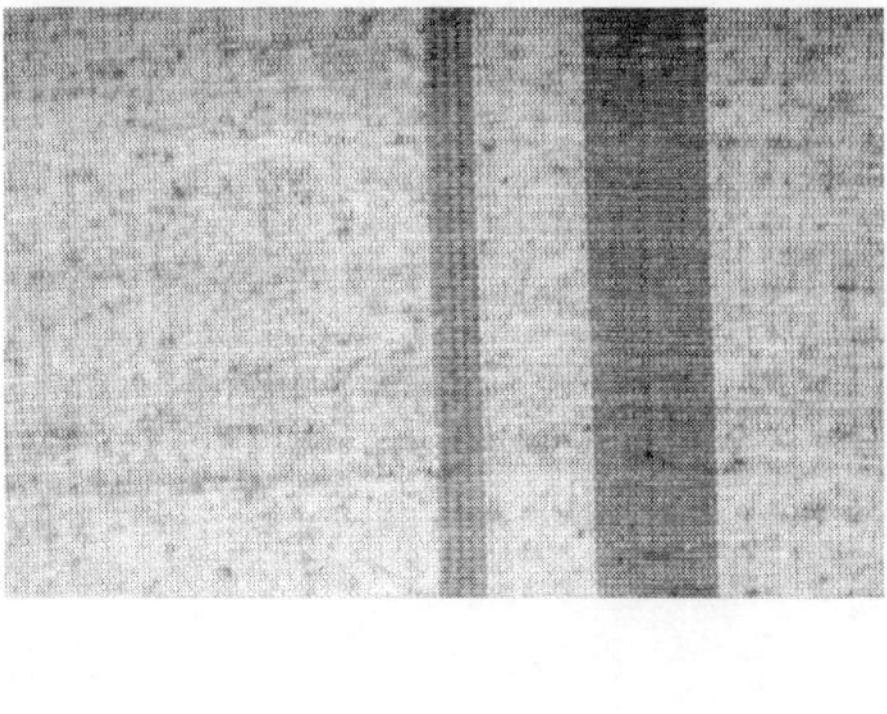
97

95　ゼンマイ綿と帯　タテ糸は木綿，ヨコ糸はワタとゼンマイ綿を混ぜた糸で織ったもの．戦時中の作．下川茂，昭和57年．

96　ゼンマイ綿で織った帯　ツヅレ帯といっている．戦時中の作．下川茂，昭和57年．

97　ゼンマイ織り　羽茂本郷，昭和59年．

タ（ネマリバタ）であったという。ここでいう糸縞というのは木綿糸と絹糸を混ぜた縞織りである。国中の機織り地帯にはこの糸縞がたくさん残っている。

布団皮にする糸はトウイトであった。この糸は縞木綿のタテ糸にした。糸は時代とともに細くなり、かつ綿布も薄地になった。ワイトからフタコ、そしてガスイトに替わった。昔の繰綿からとった糸は太く、したがって厚地になった。東京カナといわれた機械製の糸のようにしだいに細くなっていったのである。

エイさんの周辺はハタ好きの女性が多かった。ココという姑は昭和の初めに亡くなったが、ハタと心中してもよいくらい好きだったという。また、近くに外山モク、若林チヨというハタ上手な女性がいた。その中には、タテ糸は木綿糸で、ヨコ糸はワタにゼンマイ綿を混ぜて混紡にした布もあった（図95）。この混紡糸をヨリコといった。混紡する材料をみると、麻織りの伝統が強く残っていた山村は麻糸と混紡し、平地村の縞織りの場合には木綿糸にツムギ糸を混ぜたものもあり、そのころまでの衣料生活は、現金支出のともなわない身近な材料を手に入れて自由に混紡したものであった。

江戸時代に生活上の諸法度が発令されたが、実情は、絹織りなどは高価なため手に入るわけもなく、奢侈を戒めた法度などの対象は町方に限られたもので、麻・木綿・紬など、さまざまな材料を組み合わせて自分なりに織ったものを着ていたというのが実態であろう。

昭和に入ってからは黒木綿が売られるようになり、若者はタテ刺しのドンザ（ゾンザ）にして着るようになった（旧赤泊村外山）。これを猿八ではサシコジュバン（刺子襦袢）といっていた。また、染めの回数の少ない浅葱木綿は年寄の着物であった。

戦時中にワタ作りをして綿布を織った話をもう一つ記しておこう。

羽茂本郷の北側の山中に平紺屋という家がある。屋号のとおり、昔は紺屋を営んでいた。同家には、平場の農家から昭和一四（一九三九）年に嫁にきた海老名静枝さん（大正一二年生まれ）がいる。この人の話では、戦時中に婚家でワタを作り、糸をとり、木綿を織ったという。ワタを作ったきっかけはワイトが手に入らなくなったからである。実家の祖母が糸をとり、母にハタをたててもらったものを草木染めにして仕事着に仕立てた。また、戦時中はツギ絣の仕事着を着たこともあるという。大崎の話では、戦争中、衣料が不足したとき、手拭は貴重品であった。今でも、葬式や通夜に手拭やタオルを返礼にするのは、物不足時代に行なわれた習慣のなごりである。戦後、しばらくの間、国旗を染め直して風呂敷にした人もいた。

時代が進んで、物が豊富になり文明生活の中にあっても、戦争のような非常時には、かつての伝統的技法を生かして時代を

98　山田ハツさん　家は西方という集落にある．けっして贅沢ではないが，不足がなく落ち着いた中で暮らしていた．羽茂本郷という地域がそうさせているのかもしれないが，過不足のない環境が手前織りを盛んにさせ，経験的知恵を育てたのは金子エイさんと同じである．

99

100

102

101

103

99　ヤマトウネ　山仕事用の麻着．男用夏着．昭和56年（以下同じ）．
100　ミジカモン　短もの．男用手織り木綿の仕事着．
101　カセギイショウ　稼ぎ衣装．タテ糸は黒カナ（糸），ヨコ糸は手取り糸で織った緯縞の仕事着．女用．
102　ドンザ　ゾンザともいう．絣木綿のヨコ刺しの仕事着．男用．
103　ニズリ　セナコウジ（背中当て）の下に着る．手織り木綿．女用．

乗り越えてきた。麻の紡織習俗に木綿織りが重なりながら伝承されてきたことがわかる。

羽茂の盆地の西側、西方（旧羽茂町大橋）という集落に山田ハツさんが住んでいた（図98）。昭和五三年ごろ、ハツさんがタンスから出して見せてくれた手前織りの麻布や木綿布は図99〜103のような普段着や仕事着であった。羽茂川流域に住んでいた女性たちは、糸が手に入らなければ自分でワタを作って糸をとり、紺屋が遠ければ草木染めで色糸を確保し、自分用だけでなく家族の着物を織って家のためになっていた。ここには、まわりの環境を最大限に利用して生きる経験的な知恵と技術がみられた。その中には、将来のために織ったまま袖を通していないような新しいものもあった。また、最後までものを大事に使い果たそうとする気持ちが伝わってきた。最後に、端切れで刺し付けた雑巾を見せてくれた。

衣の習俗

大崎では、花嫁の衣装は冬は綿入れ、夏は麻の単衣で裾模様のない羽二重か、二枚重ねのチリメンの黒紋付であった。ときには手前織りの木綿の紋付もあった。徳和《とくわ》（旧赤泊村）の臼木金六家のイワさん（明治二四年生まれ）は川茂から嫁にきた女性であるが、この人の織った木綿ギレのなかに、家紋を入れた木綿の紋付があった。嫁入り支度は地域により、家の財産状態でまちまちであったが、明治末から大正時代になるまでに、その差は少なくなり、親はいろいろ工夫して着物を織って娘のために準備した。

明治に入って生活に自由な雰囲気が生じると、外見上の派手さがめだってくるようになった。農村にも都会的なようすがあらわれ、国中では着倒れの村という表現さえ生まれた。

昭和の初めごろからは、改まった外出着にはガス糸や絹糸で織った着物を着ることもあった。しかし、戦時中に衣料品が極度に不足したので配給制になり、衣料切符などによって制限され、羽茂川流域では麻や木綿の洋服を手織りで仕立てた家もあった（図61）。

仕事着にはゾンザ（刺子）と裂織などがある。ゾンザは縞木綿や絣などを二、三枚合わせて木綿糸で刺し付けた仕事着をいう。刺し方はタテ刺しとヨコ刺しがあり、土地により違っていた。山村や海村には丁寧に縁取りされた花刺しなどがあった。経済成長期以前には、農家へ嫁にいくときには新しい木綿地で数枚のゾンザをつくって娘にもたせた。わたしが大崎集落史『山里の人びと』を執筆していた昭和五〇年代に、農家で中堅として働いていた女性たちは、以前の生活上の苦しみを経験しており、いろいろな体験談を聞くことができた。それによると、ゾンザは暗い焚き火やランプの灯りで、夜なべ仕事で刺したという（図102）。

ゾンザには短ゾンザと長ゾンザがあった。大崎の人で、明治三二（一八九九）年生まれの大山満蔵さんの話によると、短ゾンザは稼ぎゾンザともいい、黒木綿を馬乗り仕立てにしてヨコ刺しであったという。それに対し、長ゾンザは普段着であった。ともに袖は筒袖かモジリ袖であった。裏地は手織りの縞木綿であった。下は股引《ももひき》をはき、帯は店から買ってきたスッコキ帯をして田仕事には前掛けをした。ゾンザは刺してあるので雨具代わりにもなったのである。このほか手甲やキャハン（脚絆）を付けた。同じような仕事のスタイルでも、国中方面より海村や山村の人のほうが凛々しく見えた。このあたりの夏の仕事着は麻着が多く、それをトウネとかヤマトウネといっていた。冬は木綿、夏は麻という使い分けをしていた。また、下着は、男は主に晒でフンドシをつくって使用し、女は並幅の木綿を二枚つぎ合わせて両方に紐を付けて腰巻にした。女性は晒や木綿・ネル、あるいは古い麻布で肌ジュバンをつくり、長ジュバンは木綿・メリンスなどを用いて、用途に合わせて工夫した。

葬式や死者にかかわる昔の習俗は、喪主が黄色に染めた紋付に袴を付け、女性は浅葱の紋付で、その後、紋付の生地は麻から木綿、ついで絹へと変わってきた。現在も昔の習俗どおり行なっている家が小佐渡に残っているかもしれない。死者の衣装は、かつてはモジ

104　女性たちの仕事すがた　小佐渡にて．右はタテ刺しジュバン，中央は粗く刺した絣，左は経縞木綿を着ており，それぞれ裂織帯をしていないところが海府海岸と違っている．汗拭きの手拭を首に巻き前掛けをして，山仕事の足ごしらえをしている．大崎，大正初期ごろ．葛原五雲氏撮影．

織り（タテ糸を交叉させて綜絖《そうこう》をかける）の麻布であったが、外山の加藤テツさんの場合は子供の幸子さんが保存してあった麻布を着せて送ったという。今は白晒木綿になっている。かつての衣の習俗が、確実にこの人生儀礼の中に残っていた。

また、国中では、男は木綿縞のシャツの上に刺子ジュバンを着ており、浅葱の木綿を二枚合わせて、一・五センチ間隔のヨコ刺しにしてあった。女はジュバンを着て裂織の帯をしていたが、刺子ではなかった。海村などとくらべて細かく刺し付けて補強する必要がなかったのである。

寝床はトコヨセという板の枠の中に、ワラを月に二、三回替えたが、秋、寒くなる前には新しいワラをいっぱい入れた。その上に寝茣蓙を敷き、上に木綿布団か裂織を掛けて寝た。上客には座敷に綿布団を敷いて、嫁がもってきた家紋入りの掛布団などを出した（図30・31）。寝床の保温のために布団の幅より広い掻巻《かいまき》（夜着）が必要であった（図33）。また、寝間着は昭和二〇年ごろまでは、あまり用いられておらず、着ている着物を上に掛けて寝るのが普通であった。

着物や寝具を保管するタンスや土蔵は、来客や冠婚葬祭用に用意する什物入れとして準備する必要があった。土蔵には数人分の寝具を用意していたし、タンスは座敷やナンドにあって、そこに来客用や日常使うものを入れてあった。こうした生活の変化にともなって、しだいに農家には家財道具が多くなり、それを収蔵するために新蔵を、新たに家の前庭に建てるようになった。財産のある国中は広い屋敷に土蔵が多くみられるが、海村や山村は米蔵や味噌蔵以外はあまり目につかない。

一方、ゾンザと裂織の仕事着という従来のかたちから、しだいに仕事がしやすく便利なスタイルに変わってきた。旧赤泊村山田集落の『山田の郷土史』によると、「明治末までの田仕事には股引はいっさいはかず素脛《すずね》であった。大正の初期から、ようやく股引と肌着を付けるようになり、昭和の初めからモンペをはくようになった」とある。八尋淵マツさんも自分の体験として、同じことを話していた。女性にとっていちばんつらい仕事は夏の草取りであった。大正時代までは股引をはかないでキャハンを付けるだけだったので、ブト（ブヨ）に食われ、ヒコ（襠《まち》のこと。股引にゆとりをもたせる足し布をする。これをマワリビコといっていた）のある股引をはきたくて、四〇歳ごろに村でいちばん早くはいたので、周りからうらやましがられたという。野良仕事では女性はハダコの上に縞や絣のジュバンを着て、裂織の帯をしめていた。なお、寒いときには綿入れのトンチンを重ねて着た。最初は丈の短い猿股引という股引をはいていた。腰巻の前をはしょってはくので、かがめばすぐ用便がたせるようになっており、それをジュバンでかくしていた。股引もしだいに膝下までの長

105　浜で磯魚を焼いている女性　小木半島にて．流木で魚を焼いていた女性は，このあたりでは見かけない裂織帯をしていた．焼き干しをした魚を「カラ焼き魚」といっている．田野浦，昭和 57 年．

106

107
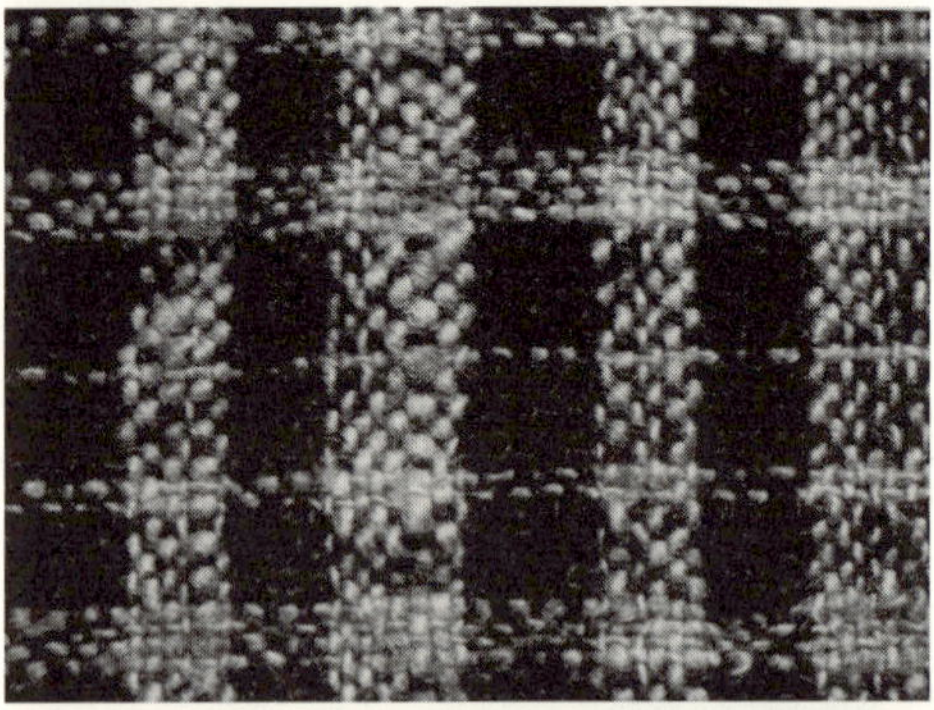

108
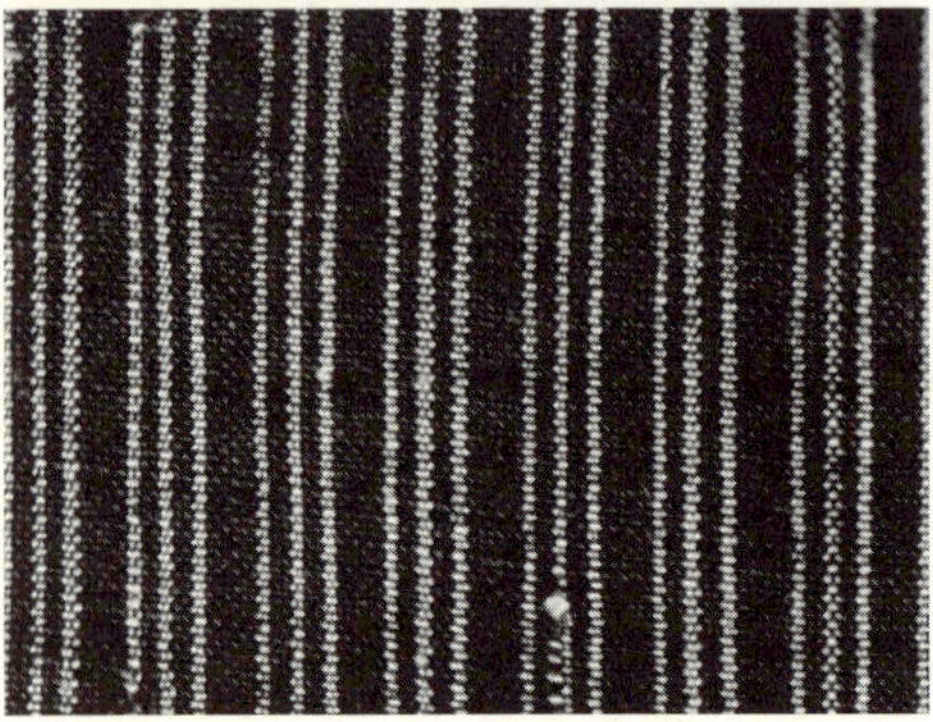

南佐渡の縞織り

南佐渡は麻織りの時代のあと，木綿文化が早くからはじまった．大佐渡の海村のように裂織が盛んになった期間はほとんどみられない．生業のあり方が大いに影響したと思われるが，温暖な気候は木綿を取り入れやすかった．

106　経縞模様　糸にところどころフシ（はみ出した綿）がみられ，手前織りであることがわかる．糸は草木染めで好みの色に染め，経縞模様になっている．徳和，昭和 52 年．

107　格子模様　タテ糸は紺と黄緑の縞．ヨコ糸に染色していない糸を縞状に入れて格子模様にしてある．この織り方は麻織りにはなかった．織り目を拡大．羽茂本郷，昭和 57 年．

108　ワイトの木綿縞　紺地に 3 本の白い線を入れた縞．130 年前の作．拡大．外山，昭和 55 年．

109

110

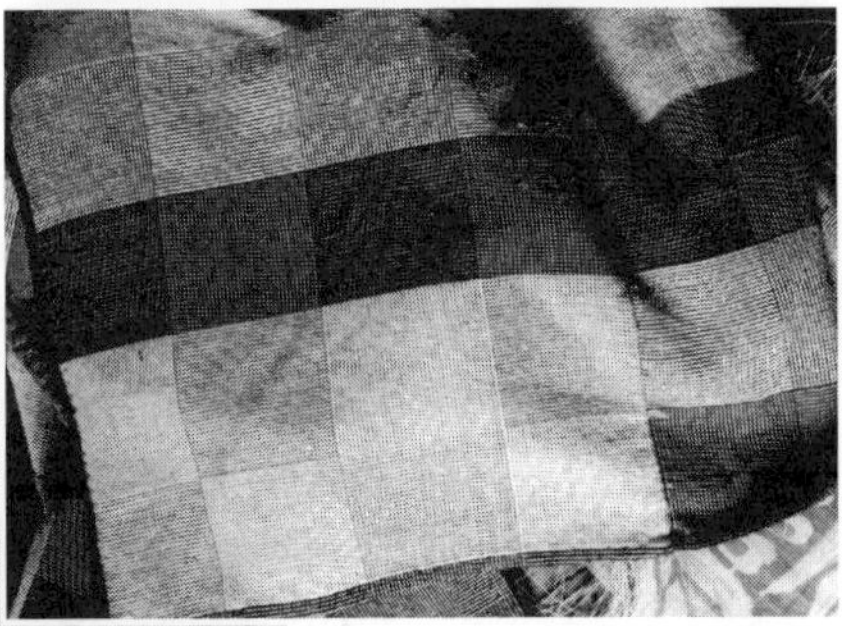

111

109　糸くずで織った裂織　糸織りといっていいかもしれない．タテ糸は麻糸，ヨコ糸は糸くずで織ってある．コタツ掛けに使用．戦争中の織物．北片辺，昭和55年．

110　毛糸で織った裂織　毛糸が容易に手に入るようになると，コタツ掛けに織った．飯岡，昭和51年．

111　化学繊維で織った裂織　化繊の紐をほどいて織ったもの．飯岡，昭和51年．

さになり、昭和一〇（一九三五）年ごろからは、女性の仕事着としてモンペが一般に使われるようになった。その便利さのためにたちまち島内に流行した。

小木半島（三崎）は昔から麻織りと木綿織りの土地柄であった。イソネギ（磯漁）も盛んであったため、麻織りに使ったシロソ（麻布の原料）以外に、カナビキという漁具に使う麻糸が必要であった。シロソもカナビキも畑の麻を刈り取って加工した。また、木綿は戦時中以外は、回船で持ち込まれた繰綿から紡いで織物にした。三崎は佐渡の南西端に突き出した半島で水田が乏しく、米に依存する農業では成り立たず、生計をたてるために、船乗りになるか、水産物を換金して必要な物を買い、あとは自給するしかなかった。同じ海村でも、相川の金山に依存した大佐渡の海村とくらべて生業の形態はだいぶ違っていた。

外三崎（真野湾側）の田野浦に明治三七（一九〇四）年生まれの本間センさん（セド家）がいた。嫁にきてからオオハタゴ（タチバタ）で機を織ることを姑親から習ったという。姑の時代は前方が高くなったネマリバタであったのを覚えていた。戦時中は畑にワタを作って糸をとり、姑は家つきの娘で織物が好きであったので、この姑からいろいろ習った。手前織りで麻や木綿の着物を織ったこともある。織った麻布は、しばらく家計の助けにするために国中の大願寺市や倉谷不動尊の祭りに売りにいったこともある。わたしがセンさんに会ったのは昭和五七（一九八二）年であったが、浜で流木を焚いて磯魚のカラ焼きをしており、そのとき裂織帯をしていた（図105）。三崎にはほとんど裂織帯をしている人はいなかった。

大正時代の終わりごろには、漁があると、夏はトウネを、秋から冬はゾンザを着て魚売りに小木まで出かけたものだという。男衆が昼に釣った魚を、夜は囲炉裏で焼いてカラ焼き魚（焼き干し）にして、つぎの日に売りにいったのであるが、それが五〇銭くらいの収入になった。

さて、小木半島を含む南佐渡に、タチバタが早く普及したのにはいろいろな理由がある。その一つに江戸時代から回船で持ち込まれた繰綿が手に入りやすかったこと、職人がタチバタを真似て同じものを欲しい人に作ってやったことなどである。たとえば、小木の木嶋松太郎さん（大正二年生まれ）は杉野浦（旧赤泊村）でタチバタをみて、それと同じものを相当の台数作ったという（図24・25）。そのタチバタを、嫁に行った先へもっていった例がいくつかあり、新しい道具の伝播は予想外に早かった。

二　ツギから裂織を織る

裂織を織る海村

大佐渡の北海岸にならぶ海村は、後ろに一〇〇〇メートルを越える山地を背負い、冬の季節風が強く、海岸に切り立った断崖の出崎があるために、生活環境はけっして恵まれているとはいえず、この一帯は昔から外海府といわれ、遅くまで陸上の往来は不便で隔絶した地域であった。しかし、その西南の端、相川に日本最大の金銀山が近世の初頭に発見されてからは、かつての海村は、金銀山へ木材・薪・炭などの資材を供給する近郊村として、船によって海路で相川へつながる海村となった。また、佐渡は金銀山のために徳川政権の直轄領になり、相川に佐渡奉行所が置かれ、北海岸に広がる海岸段丘の水田化を進めることによって、米の供給地にもなった。したがって、本来、海との関係が深く自給的な生活環境にあった外海府は、林業と農業の地域に変わってしまい、相川を通じて商品経済の中に早くから組み込まれていた。ここは、農耕と山仕事の多い村となったのである。女性も山仕事にかかわって、男のようなはげしい仕事にも従事していた。国中地域のように、農業にだけ依存するわけにはゆかず、農閑期は山仕事などがあり、夏の一時期と冬の積雪期間を除いて、年中働き通しの生活であった。

このように、とりまく環境に恵まれず、一方では、相川という消費都市をひかえていたために、古くからの生活習俗を伝えながら、相川などから新しい文化的影響をうけるという特有の海村となった。衣料の紡織習俗においても、麻織りの紡織技術を基底にもっていて、すこしずつ木綿文化を受け入れてきた小佐渡とは異なり、大佐渡の海村は伝統的な古い習俗をそのまま残しながら、木綿の紡織過程を経過しないで、町方の使い古した木綿や雑繊維を混紡して織るという裂織（ツヅレ）の習俗、ツギをはぎ付けて重ね刺しをするゾンザという仕事着を生みだした。

木綿以前の主として樹皮繊維を利用した原始紡織については、後日まとめたいと思っているが、北海岸に遅くまで残っていたシナやフジ、あるいは麻の野生種であるヤマソを利用した織り物や裂織は、この海村においてみられる一つの特徴である。

小佐渡のように、麻織りの中へ木綿織りが入り、ごく自然にネマリバタをやめてタチバタ（オオハタゴ）に替わっていったのとは異なり、大佐渡では、タチバタへの移行はほとんどなかった。このことは、古着木綿からの転用があって、裂織を堅く織り上げることのできるネマリバタが織り機として適していたからであろう。

しかし、裂織の需要が少なくなり、刺し付けたゾンザを着る者がしだいにみられなくなるのは、紡績産業が大量に機械生産をする段階に入り、綿布・綿糸だけでなく、繊維産業が競争し衣料が市場に安く出回るようになってからで、シナやヤマソなどの自然繊維は、一部限られた用途に織り出され、裂織もヤマオビ、後にはコタツ掛けなどの、わずかな需要に供するだけになって、すこしずつ世間から消えていった。また、木綿布が豊富になれば、丈夫にするための刺し付けゾンザは必要ではなくなり、一方、作業が機械化されてきたこともあって、仕事着は色模様の既製品に変わってきた。佐渡の場合には、昭和五〇年ごろが、この過渡期にあたると考えている。

ツギを売る店

昭和の初めごろまでは、相川のマルニ（風岡仁平次家）・カエム（岩佐嘉右衛門家）さんなどでキレ（ツギ）を販売していた。市日になるとそれを紐でしばって、目方で販売していた。佐渡の中で古布を集めてきたのではなく、他所から束にしたツギを仕入れてきたものであった。その中には、メクラジ（紺木綿）・亀田縞・加茂縞・葛塚縞もあった。買うほうでは、中身を見て選んで購入していた。家では、それをはぎつけて刺してゾンザにしたり、悪いツギは裂いて裂織にした。

石花《いしげ》（旧相川町）の清水モヨさんの話では、娘が嫁にでるときは、ツヅレ帯をもたせてやったものだという。親からもらったその帯を今でももっている。また、刺子ゾンザをもらってくる者もいたし、この家にくるときには、三畳吊りのシナガヤをもらってきた。石花はシナ織りをする者が多かったので、それでカヤにしたり、仲買人に反単位で売っていた。裂織のタテ糸はフジを使っていた。フジはシナと同じように手間がかかるので、裂織のタテ糸にする程度であった。二〇歳の頃、ヨモギ色に染めたカヤがはやった。

一六歳のとき、一年だけ中興（旧金井町）に女中奉公に行ったことがある。この国中出稼ぎをハシン（針仕事）奉公といった。中興ではハシンではなく、家の雑用をしていた。この出稼ぎは、家に不足がなくとも、近所の者が出ていくので一年だけでかけた。嫁入り前の家事見習のような奉公であった。大正時代になると、ほとんど出稼ぎはなくなっていた。また、相川へ行ってツギを買ってきてゾンザや裂織にするようなこともなくなった。亀田縞などを買うと、新しいうちは刺子にしないで着て、古くなると裏をつけて刺しつけた。家計にゆとりがないから、同じ品物を何べんとなく仕立て直したり、補強して再生した。途中で捨てるようなことはほとんどなかった。

戦時中の物のない時代には、すこしでも家の足しにしようと思い、半幅のヤマオビ（裂織）を織って、ワカメなどを背負って国中の吉井方面へ売りにいったこともある。そこで、知り合いの家に一晩泊めてもらって、米と交換したりした。大正期になると、後尾《うしろ》（旧相川町）では養蚕が盛んになって絹織りが行なわれ、白地の絹布を京都へ送って染めていた。

清水モヨさんの生きた明治末から大正期には紡績糸が大量に生産されてくる時代であったが、江戸時代の生き方が親を仲介にして継承されて、まだ昔の生活の一部が残っており、ツギを手に入れてゾンザや裂織にして着ていた。この後、衣料生活が急変してくる。

小田《こだ》（旧相川町）の稲場美作久という民俗研究家の連れ合い（妻）にクマさんがいた。クマさんは明治三〇年生まれである。彼女の話によると、大佐渡海岸の北部では木綿を織る者はいなかったという。ここへも八幡商人が反物を行李に入れて負い売りにきていた。この商人からメクラジを買って裏にオナンド（鼠色がかった藍色の木綿）や染めた手拭を、コモメン針でヨコ刺しに縫いつけて着ていた。刺してない着物はハンテンといったが、ほとんどは刺しつけたものであった。暇な時間があれば、〝手間を薬〟に刺しものをしており、夜はランプの灯りの下でツヅクリものをした。昔は、刺子ゾンザをツヅレ帯で結んで仕事をするのが、いちばんの自慢だった。男のツヅレ帯は木綿の裂織一幅を折って細くしてつくった。クサを膝の先で撚りをかけて丁寧に織ってあったから、きれいに仕上がっていた。

一年に一度、六月一五日の善光寺市（旧新穂村）に行くことにしていた。やっと田植えが終わるころで、「早く田植えをして善光寺市へ行かんかや」といって楽しみにしていた。小田からは、トネ越えをするので笠（リョウガサ）をもって出かけた。金北山系の大倉越えで内海府の馬首へ下りて善光寺でお籠りをした。夜はいろいろな芸人がきて楽しみであった。「銭がないのに市に立つ」といって笑われたものだ。いわば、ジンノビ（ゆっくりすること）にでかけたのである。カヤは小野見（旧相川町）から嫁にくるとき、木綿に麻の混ざったヨモギガヤ（ヨモギ色のカヤ）を買ってもらってもってきた。ツヅレ（裂織）のクサに撚りをかけて丁寧に織る人は、だんだん少なくなった。女性には木材の縦負いをする「ニドラ負い」とか「長物《ながもの》負い」という仕事があった。滑らないようにコバカケというタビをはいたが、面倒なので多くは素足にワラジをはいたものだ。畑へいくときや外出はチワランジ（ワラジの一種）という履物であり、家にいるときはハンカケ（アシナカ）ゾウリであった。今とは、たいへんな違いである。

戸中と野原ハサさん

野原ハサさんは明治二三年生まれ、昭和五六年に九二歳で亡くなった。同じ戸中《とちゅう》集落から嫁にきて姑になるまでは、婚家では次のような一年間の繰り返しであった。戸中は集落内の結婚が多かった（図112）。

正月、実家にいて自分の一年中の仕事着の繕いや製作をする。戸中には実家に帰る嫁のセンダク休みという慣行はなかったが、この針仕事だけは実家へ帰って正月二〇日ごろまで行なった。二、三月は雪が降って外仕事ができないので、家族の仕事着のための糸づくりの仕事をする。この時期は婚家のために働く期間である。

この戸中には「嫁のチョウチン」という言い方があった。嫁にいったしばらくの期間は、夕飯を食べると、実家で作ってもらった名前入り（旧姓）の八角提灯をもって、実家へ子供を連れて帰り、実家で繕いなどをして、寝るときは、また提灯をつけて婚家に帰って寝た。嫁にいくときは、当座に必要なカヤ、山仕事用のナゴケ（負い樽）などをもっていくだけであった。タンスなどは、嫁が姑になるまで、いつか婚家にとどければよかった。

戸中のように集落内結婚が多い場合には、嫁は実家との行き来が頻繁に行なわれており、ある一定期間実家に帰るというセンダク休みの慣行は必要ではなかった。また、嫁のチョウチンのように婚家と実家を行き来することで、婚姻による家どうしの深い結びつきができた。

三月の終わりになって、雪が少なくなり、山歩きができるようになると、春山へ木材を負い出すためのニドラ負いに登る人がいた。ハサさんは小柄であったが、仕事のさかし（段取り）が上手で、田地も少なかったので、よくこのニドラ負いにでた。昭和の初め、ハサさんは春山のニドラ負いで家に三〇円を入れたことがあった。当時は米一石三〇～四〇円の時代であった。

112　野原ハサさん　ハサさんの住んだ戸中は，江戸時代の初めにできた村で村内婚が多く，伝統的な生活習俗を残していた．耕地は少なくいろいろな雑業に従事していた．ハサさんは小柄であったがよく働き，婚家の役にたってきた．他家の稲刈りにでたり，ニドラ負いに山に入ったりしたが，秋じまいをしてから奥山へヤマソ刈りに出かけ，それを冬期間に糸ごしらえをして，暇をみてはネマリバタで織ったという．

次は、春の田仕事になる。田地の少ない家であったから他家の田仕事にでた。春の田植え、夏の草取りとつづいた。賃金は一日籾三升であった。

さて、梅雨期に入るとシナ剝ぎの仕事がまっている。これには男も手伝ったが、ハサさんは夫を早く亡くしたので、自分でやらねばならなかった。七月になると、ヒラ（段丘崖）の草刈りがはじまる。冬季の役牛用の干草にするためであった。そして、七月下旬になって、やっと、春の過激な仕事から解放されたが、しかし、ほっとしてはいられない。盆前は薪出し、嫁は夏山に入ってニドラ負いをする者もいた。盆が過ぎると、日差しの暑い午後は家にいて機織りをした。

秋の稲刈り賃金は春と同じであった。朝の早い稲扱《こ》きは四升か五升もらった。そのころは遅くまで稲刈りをしたから、一〇月にならなければ秋仕事は終わらず、農仕事の始末をして奥山へヤマソ刈りに登った。ヤマソは麻織りの材料にした。朝早く、嫁は姑といっしょにセナコウジ（背中に当てる藁製の負い具）を付けてニナワ（荷縄）と結束するツゲをもって山へ登る光景がみられた。この後、暮れ山で仕事する木挽きに頼まれて、ハサさんは外海府や国中の山へニドラ負いに行ったという。この期間はいちばん長く、だいたい四〇日くらいあって、雪が積もり山止めになるまで働いた。

とにかく、ハサさんの年間の仕事暦は、切れ目のない雑多な仕事の連続であった。田仕事以外はニドラ負いと仕事着をつくるのが中心であった。機織りは、集落に機織りの上手な者がいて、その者から見よう見まねで技術が継承されていったが、一方、手先が器用で織物好きの女性の血統のようなものがここにもあった。子供は親から機織りの手ほどきをうけ、その手筋によってよい製品を織り、忙

嫁の持参品

娘を嫁に出すとき親がもたせる持参品は家にもよるが，国中と海村ではちがっていた．国中では身上のよい家は色染めの布団や夜着などをもたせたが，海村では当面に必要な仕事着やカヤをもたせるくらいであった．タンスなどはもっていかなかったという人もいる．

113　三畳用のシナガヤ　大佐渡の北海岸の海村では，三畳づりのシナガヤや麻ガヤを➡

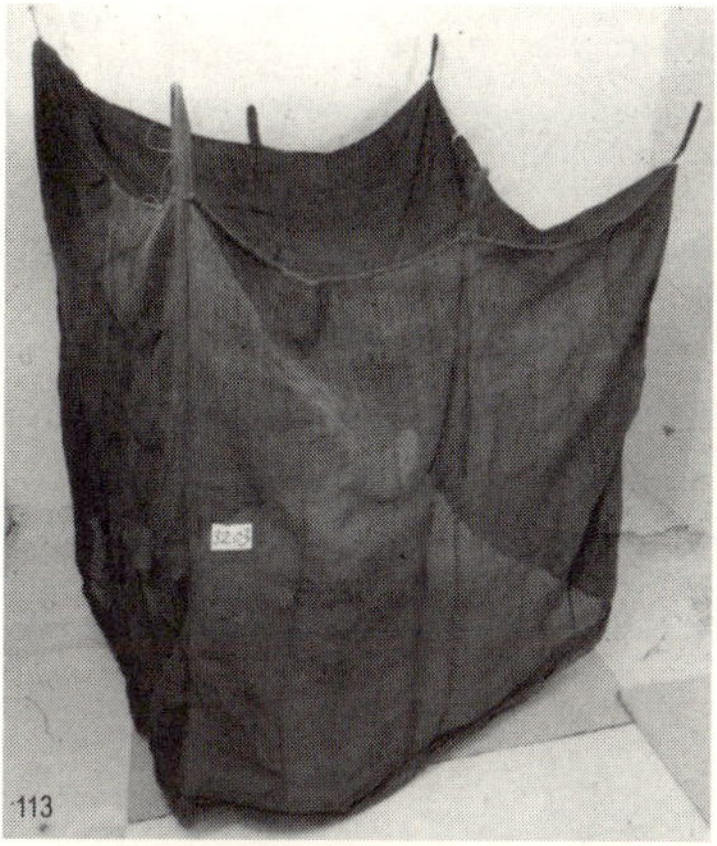
113

⬅「嫁入りガヤ」といい，親が娘の婚家にとどけた（国指定重要有形民俗文化財．以下「指定」と略）．昭和 51 年．

114　嫁入りダンス　北海岸の海村では特別に嫁入り支度をしない．持参するのはさしあたり必要な物だけで，後でおいおい婚家へとどけた．昭和 52 年．

115　風呂敷　風呂敷には実家の家印が染め抜いてある．

116　肩掛け　国中方面の嫁入り道具の一つ．農家の多い国中ではニズレ（肩掛け）や風呂敷をもって婚家へ入ったというし，海村ではナゴケ（負い樽）であった．結婚披露が派手になるのは大正時代以後である．

114

115

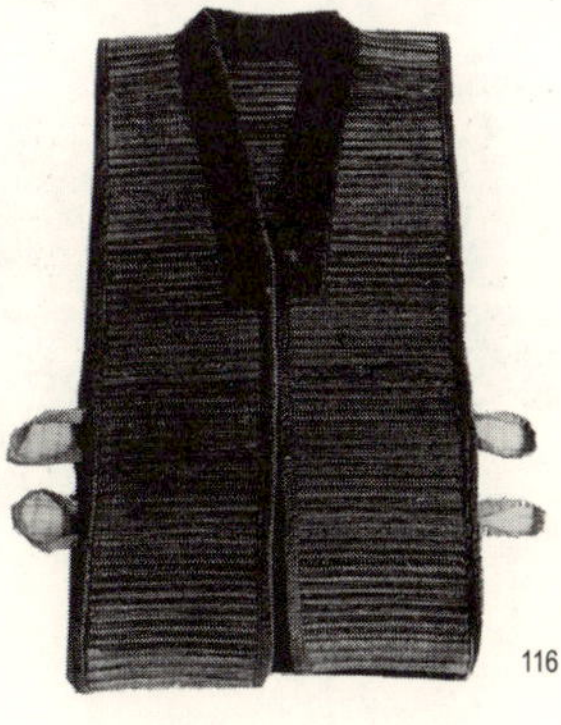
116

117～119　夏洗い「土用センダク」ともいう．盆前になると，集落共同の洗い場や大川で，忙しくて日頃できない仕事着やコタツ掛け（裂織）などを洗濯した．「センダク休み」または「センダク帰り」というのは，この洗濯からきているのか，もっと広い意味の骨休めまで含めていっているのか，はっきりしないが，洗濯の現場には姑も出ている．マセ（数本の横木を渡した垣）には洗濯物も干す．本来は間垣のことであるが，このようにマセは多目的に利用する．五十浦，昭和53年／関，昭和52年．

117

118

119

よそ行き着物

120　風呂敷包みを背負った女性　市日から帰るところ．祝いにもらった風呂敷だろうか，唐草模様である．畑野，昭和60年．

121　牛市の反物店　かつての牛市には年貢を納めたときの反物市のような賑やかさがあった．よそ行き着を着て反物の品選びをしていた．北河内，昭和53年．

122　絹織りのよそ行き着　戦争中にタチバタで絹布を織り，ネマリバタで木綿のジュバンを織ったという．五十浦，昭和53年．

120

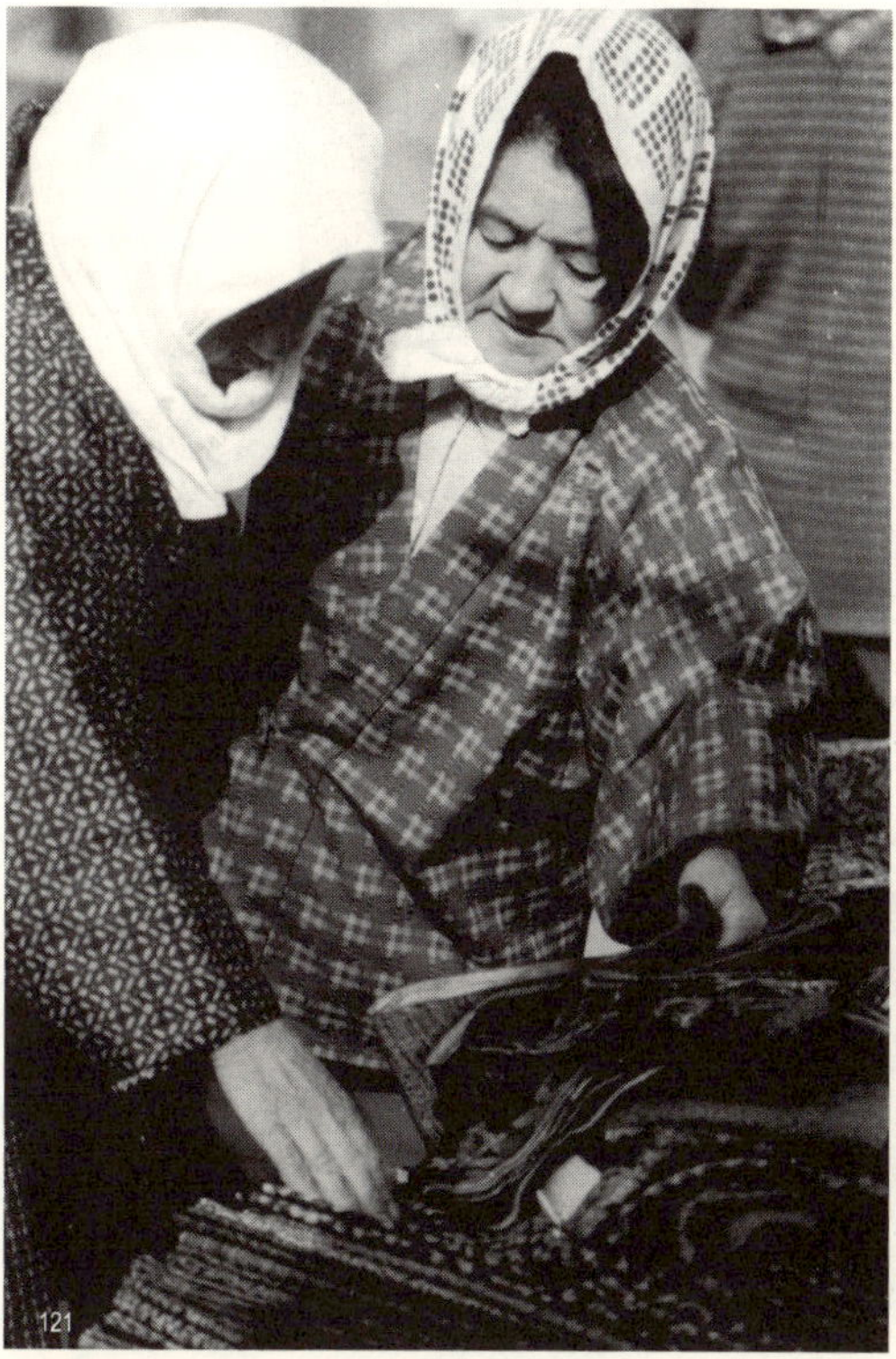

121

122

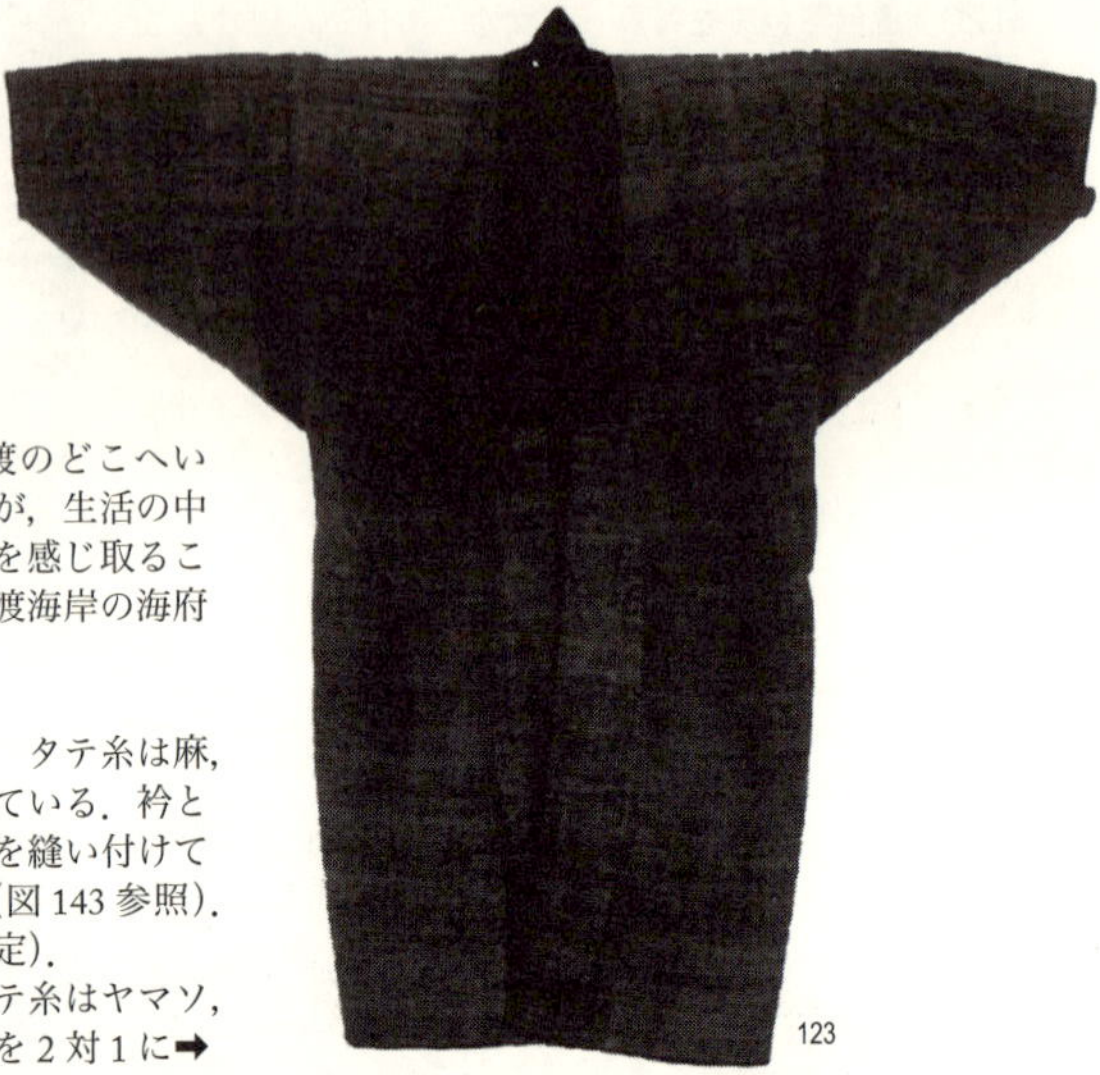
123

昭和50年前後は，佐渡のどこへいっても裂織を見かけたが，生活の中で利用されていたことを感じ取ることができた地域は大佐渡海岸の海府筋である．

123　もじり袖の裂織　タテ糸は麻，ヨコ糸は裂き布で織っている．衿と脇の下には別の裂織布を縫い付けてある．袖はもじり袖（図143参照）．戸地，昭和51年．（指定）．
124　半袖の裂織　タテ糸はヤマソ，ヨコ糸は裂き布と綿糸を2対1に➡

124

➡織っている．肩と裾に木綿布を当てている．普通の仕事着で，ナガゴテ（長籠手）をつけツヅレ帯をする．戸地，昭和49年．（指定）．
125　ツヅレ帯　手取り糸の太い白木綿糸で織ったもの．黒色の2本の線が入っている．仕事上のおしゃれ帯で，普段は木綿帯か縄帯をしていた（図155参照）．旧相川町高千方面，昭和55年．

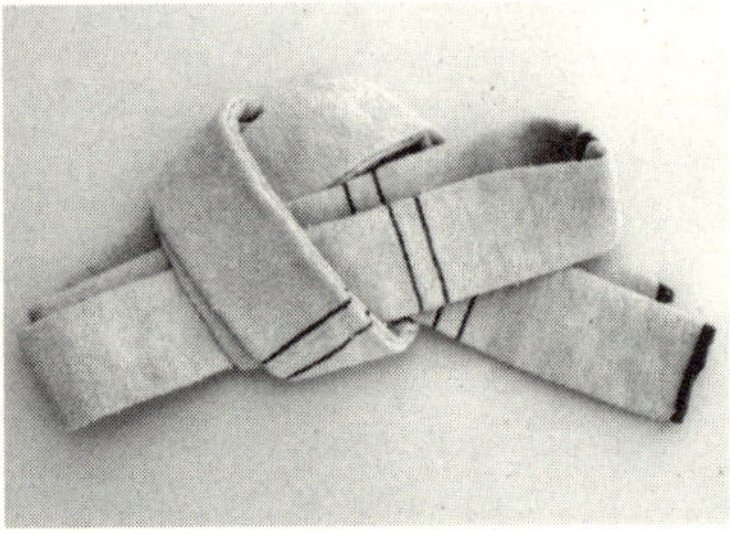
125

紙混ぜとカメノコ裂織

紙混ぜとカメノコ裂織の区別は，ヨコ糸として紺木綿の裂き布のほか，前者は和紙（図130），後者は白糸（図131）を入れて織る．

126

127

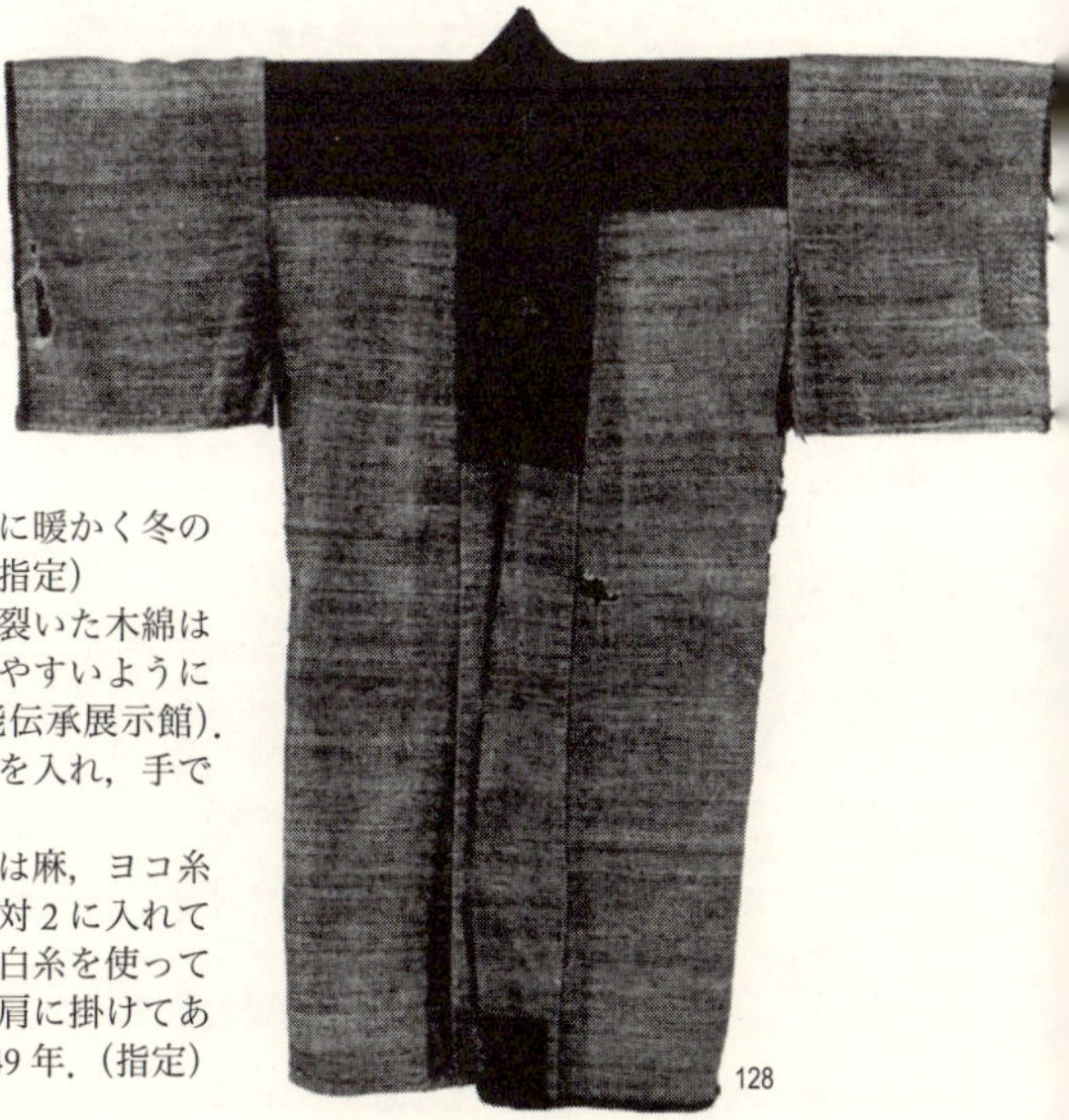

128

126　紙混ぜ裂織　タテ糸は麻とシナを撚りあわせたもの．ヨコ糸は紺木綿の裂き布と和紙を2対1に入れて織ってある．袖はもじり袖，縫い糸は麻糸．和紙を入れてあるために暖かく冬の外出着にした．昭和49年．（指定）

127　裂き布と布裂き包丁　裂いた木綿はタマにしておく．包丁は裂きやすいように先が曲がっている（相川技能伝承展示館）．人によってはハサミで切れ目を入れ，手でヨコに裂くこともある．

128　カメノコ裂織　タテ糸は麻，ヨコ糸は紺木綿の裂き布と白糸を1対2に入れて織ってある．和紙の代わりに白糸を使っている．平袖，紺木綿で上衿と肩に掛けてある．冬季の上衣．達者，昭和49年．（指定）

129　裂き布のみの裂織　木綿布をヨコに裂いて図127のようにタマにして使う．紐状になったものをサヨリという．
130　紙混ぜ裂織の織り目　紙裂織ともいう．ヨコ糸に裂き布2本にコヨリにした和紙1本を交互に入れて織る．紙の代わりに糸を入れることもある．
131　カメノコ裂織の織り目　織り模様が亀甲型になっている．
132　紙織りのコヨリ　相川近郊は紙裂織が盛んだった．紙だけの紙布（図147）があった．裂織には木綿のサヨリだけのもの，糸を入れたり，紙を入れたりしたものがある．

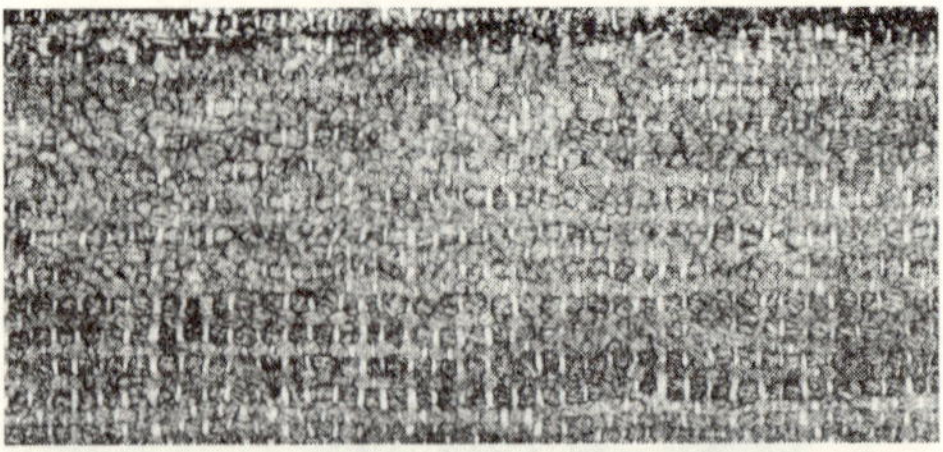
129

130

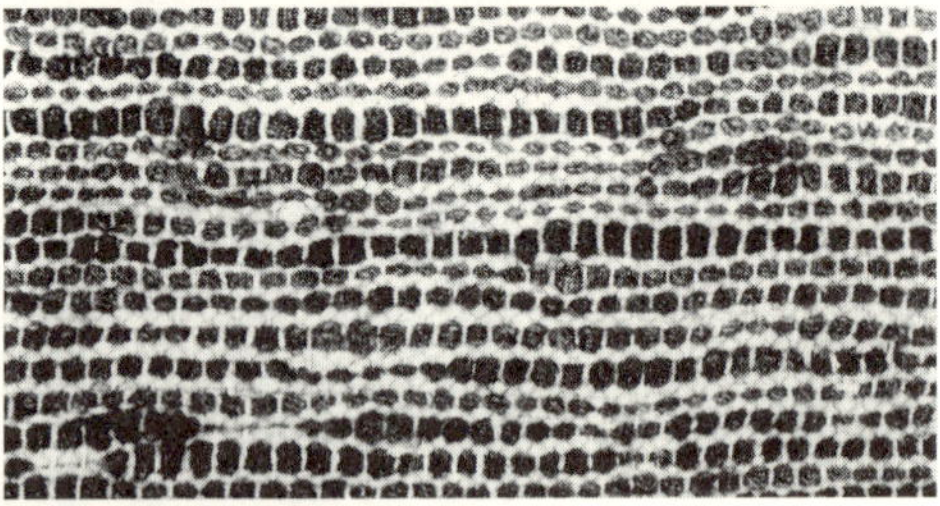
131

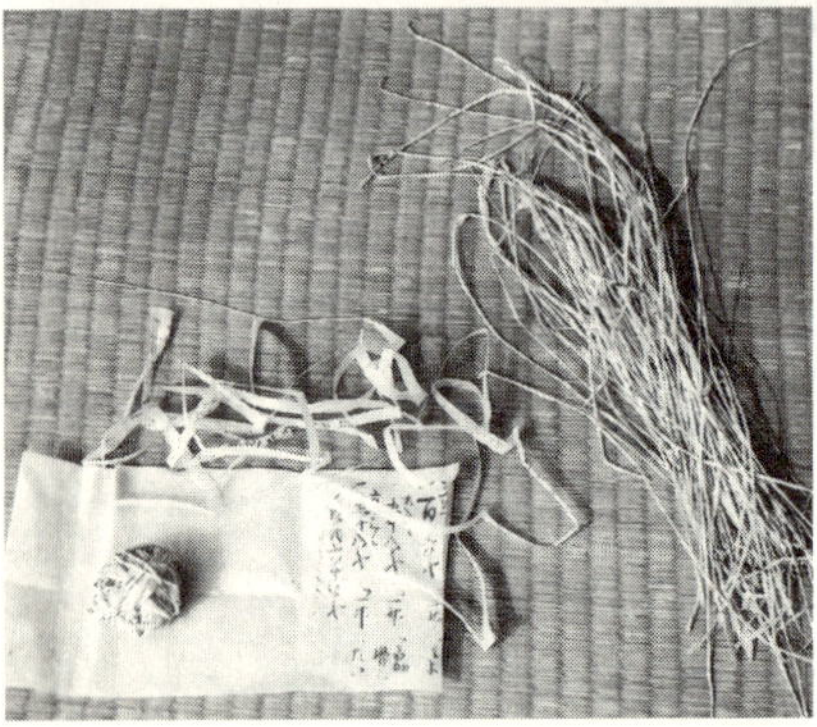
132

133

134

新潟県津南民俗資料館所蔵品

133　ヤマギモン　木綿に粗く黒糸でヨコ刺しにしてある．昭和 52 年．

134　ブイトウ　木綿をタテ刺しにしてある．山村の津南ではヨコ糸に紙を使うこともある．昭和 52 年．

しいなかでも、自分だけの楽しい世界があった。

明治末から機械生産で作られた木綿や綿糸が入ってきても、海府にタチバタによる絹機が始まっても、生活の流れはすこしも変わることはなく、タチバタを導入して能率的に量産することもなかった。できる限り自前で暮らしをたてていく生活の仕方がつづいていた。

江戸時代中期以降の回船によって佐渡へもたらされた木綿文化は、海府においては南佐渡とは異なった文化を生みだしていた。その一つが裂織であった。しかし、昭和三〇年を過ぎたころから、日常の衣料などを購入しないと生活していけない時代を迎えた。働き手は単身で都会地へ出稼ぎに出ていき、その収入で農作業の機械を買い、肥料・農薬なども購入するようになったのである。生活用品も自給することはなくなり、最初のころは、国中から反物売りのアキンド（商人）がやってきて、米と物交をしていたが、欲しいものはしだいに町場に出かけて買い求めるようになった。相川からツギを買い求めて、ゾンザや裂織をつくりだしていくネマリバタの文化は急速に影をひそめ、買ってきた新しい縞木綿や絣を仕事着に仕立てるようになった。

こうして長い間つづいた裂織の伝統は、生活のごく一部であるコタツ掛けやヤマオビなどにわずかに残り、また、ゾンザの刺子はコタツの下掛けや仏供米《ぶくまい》袋（仏餉袋）などに残るだけとなった。といっても、昔通りの生活に慣れた明治生まれの女性たちは、自分の手の跡のある作品は捨てがたく、ほとんど使用しなくなっても、タンスのなかに大切にしまわれていた。

ニドラ負いも同じ経過をたどっている。織物よりも、もっと早くすがたを消し、新しい運搬法に変わった。戦後復興のための森林伐採と植林の奨励によって、山地に林道がつけられると、危険であり重労働のニドラ負いは、たちまちすがたを消した。戦後の成長と効率の文明社会は、工夫をこらして技術を磨き、知恵を働かせて生活を支える固有の文化を、地域からどんどんと消滅させていったのである。職人の文化も同じような道筋をたどりながらすがたを消していく命運にある。

坂口イトさんの裂織

戸中は九八戸の集落であったこともあり、明治から大正にかけては機織りをする人が三〇人くらいもいた。しかし、機織りを専業にする者はなく、ほとんどが自家利用の織物を仕事のあいまに織っていた。当面の必要から機織りが行なわれたもので、販売することが目的ではなかった。戸中には、旧家の岩間家の系統には後述の渡辺ふみさんの姉、ブンさんや小柄で器用な中尾イトさんなどがいた。これらの織り手の技術は自然に集落中に波及して紡織技術が高められた。

昔のシナやフジの樹皮繊維、ヤマソなどを利用して伝統を守りつづけていた女性の一人に渡辺ふみさんがいた。彼女は明治二四年の生まれ、岩間家から一七歳で渡辺家へ嫁にきた。婚家では、古土《ふると》家(戸中の旧家)から嫁にきた姑からシナやヤマソ織りを習いながら、子供が小学校四、五年生になったころ、一人前にネマリバタで織ることができるようになった。

彼女が昭和四九年に亡くなってから、シナやヤマソ織りの伝承者を調べたことがある。ほとんどが明治生まれで、一〇人くらいはいた。その中で、いちばん若い人が大正元年生まれの坂口イトさんだった（図135）。

イトさんは野原ハサさんの娘である。イトさんと知り合いになったのは、源兵衛家という屋号のハサさんの家で、イトさんが機織りの手伝いをしていたときに遭ってからである。次々に年寄が亡くなって、ハサさんは当時、戸中いちばんの織り手になっていた。また、イトさんの婚家には、大姑にあたるソテという機織りの名人がいた。このソテの娘が中尾イトさんである。したがって、若いときは、ほとんど外仕事ばかりしていたイトさんは、婚家へきてからソテさんにも習い、後は、実家でハサさんの機織り手伝いをしながら、ネマリバタの技術を継承してきた。

海府は、昔からのネマリバタの伝統が変わらないで残っており、ヤマソ（麻の野生種）織りの技術を生かして裂織も盛んであった。戸中ではサッキリといわれた裂織がイトさんたちによって伝承されていた。

イトさんの夫は大正元年生まれで、同じ年齢であった。はたで見ていても、明治生まれの気質を引き継いだ仲のよい夫婦であった。この夫婦については柳平則子編著の坂口林太郎・イトの手記『八十年の織布』にまとめられているので、それをすこし述べることにする。

イトさんがハタを織りはじめたのは一七歳で嫁いできた年の冬だった。イトさんは、大姑のソテさんから習う機会があったが、若いうちは、炭焚きや体をつかう仕事をして、年をとったらハタを織って暮らすようにしたいと考え、本格的にハタを織りはじめたのは六〇歳になってからであった。また、母親のハサさんからもタテ糸のたて方やオサ通しなどの方法を、ハタの手伝いをしながら覚えた。戸中では、シナやヤマソのカヤを織ったり、コタツ掛けの裂織を織ることが多く、金をだせば、麻や木綿のカヤを手に入れるのが容易になると、カヤを織る人がしだいに少なくなった。しかし、くらしの体系はすぐ消えていくことはなく、昭和五〇年ごろも、まだ、わずかではあるがシナ織りをする人がここにはいた。その人が渡辺ふみさんや中尾イトさんたちであった。そして、野原ハサさんは、イトさんがハタ織りを継いでくれたので、ハタゴ一式をイトさんに譲り、ハサさんはハタをおりた（織るのを止めた）。

裂織はヨコ糸に木綿を細く裂いて紐状にしたものを織り込んでいく織物であるが、タテ糸にはシナ・フジ・ヤマソ・麻などを使った。しかし、しだいに木綿糸に替わってきた。坂口イトさんの時代には、ヨコ糸に使う布はもう化繊と混紡が多かったので、木綿だけの布を手にいれることは容易ではなかった。後で述べる北立島の渡辺ハル

135　坂口イトさんの裂織　かつて野原ハサさんは高齢のために，娘の坂口イトさんにネマリバタの技術を教え伝えた．大姑にあたるソテさんも機織りが上手で，婚家は織物では恵まれた環境にあった．若いうちは忙しく，ハサさんから道具を受け継いでから本格的に裂織をはじめた．羽茂川の流域では加藤幸子さんが裂織の再興を果たしたといっていいが，海府筋では坂口イトさんが伝統的な裂織技術を継承した．また相川にある技能伝承館の裂織講習の講師として長く尽くし，平成6年に亡くなった．

さんは、化織の混じった布を使って裂織を織っていた。しかし、草木染めや紺染めの手織り時代に織った裂織は、何回も洗いがえをして、深味のある落ち着いた色合いになっており、また、布がなじみにくい化織よりは手織り木綿を使ったほうがしっかりした製品ができる。坂口イトさんのころには、この手織り紺木綿を主体にした裂織はなくなり、化学染料で染めた布を織り込んだカラフルな裂織になっていた。裂織の材料の古木綿は手織り木綿の多い南佐渡にたくさんあった。同じころ、外山の加藤幸子さんは、この手織り木綿の古布を集めて色調のすばらしい裂織をはじめていた。『八十年の織布』には、さらにイトさん夫婦のことが記されている（図136）。

ハタのことではイトさんが主役になるが、夫の林太郎さんはカゲで布を裂く包丁を研ぎ、ハタゴを修理し、道具を使いやすいように工夫してハタ織りの応援をしてきた。しだいに経験を積んでくると、海府に伝承してきたネマリバタを改良しながら、たくさん製作してきた。また、林太郎さんは暇な時間があると、昔からの思い出の記録をまとめていた。

実は、坂口夫婦の生業は炭焚き（炭焼き）であった。炭窯はたいてい男一人で焚き、女性は焚いた炭を負い出すのを手伝った。しかし、イトさんは、もとは林太郎さんの兄の嫁であり、思いがけない炭窯の事故のために死亡し、弟の嫁になるという曲折した人生をたどってきた。「最初のダン（夫）のように、食うたママ（御飯）が喉にいかんうちに死ぬこともある」、だから、「一ときを大事にせんならん」と、よく昔をふりかえって話していた。

坂口夫婦は二人で炭焚きをしたので、生産をあげるために、すこし離れたところにもう一つの窯を築き、二つの窯を交互に焚いていた。坂口さんの焚いていた白炭は、焼けているうちに炭を掻きだし棒で出し、炭寄せ場でスバイ（炭の灰）をかけて火を消す。あたりは焼けていて熱く、イトさんはゾンザを濡らし小手をして作業をしたが、熱さで髪の毛が焼けるくらいであった。イトさんはこの炭焚きが上手であったという。そして昭和六年ごろの不況で炭の値段が急落して、炭焚きをやめることになった。そして、林太郎さんは相川鉱山で働き、イトさんはニドラ負いのオイコ（負い子）になり働くことになった。戸中には鉱山によって集まってきた寄り合い所帯が多かった。林太郎さんの父は教信という浄土真宗の信者であり、また、母サキさんは加賀国金沢の生まれで、父親は蒔絵師であったという。林太郎さんは鉱山で坑道の落盤をおさえる支柱夫として働くことになった。一〇年ちかく働いて、昭和一八（一九四三）年に一〇〇円の暇金をもらって鉱山をやめた。その後、

136　坂口林太郎さん・イトさん　林太郎さんの父は加賀の生まれ，真宗の熱心な信者，母は蒔絵師の家系に生まれた．親は鉱山に関係した仕事で渡来した．林太郎さんは炭焼きが生業であった．炭焼きをやめてからは，イトさんの裂織の手伝いをしながらネマリバタを改良して織りやすいハタを作っていた．仲のよい夫婦であった．平成5年．

また炭焚きの生活にもどったのである。戦後は、子供も大きくなってきたので、いろいろ頼まれ仕事をしながらくらしてきて、最後はイトさんのハタ仕事を手伝うようになった。

坂口家は四世代家族であった。同一家族が仲良く暮らすには、各世代がすこしずつ何かを我慢しなければならない。いちばん年上の者がよい見本をみせないと、まとまらないものである。お互いの垣根をとって、年長者が行動を通して皆に教えていく。このとおり行なわれれば、家族に問題がおきない。日本の将来の社会福祉の方向が、このような家族の生き方の中にあるはずなのに、現代は、プライバシーの尊重といってお互いの垣根を高くし、生活が孤立化してきた。坂口家はけっして豊かではなかったが、生活の足らないところを、家族がお互いに支えあっているという見本だと思っている。そうでないと、伝統的なネマリバタによる機織りなどが、ここに残っているはずがないのである。

海府のツヅレ

海府の北立島村のくらしについて、宝暦元（一七五一）年の村明細指出帳には、「農業の間、男は田畑打ちこなし、こやし・薪等のかせぎ仕り候。女は田を打ち、畑蒔き付け、ツヅレ機等仕り候」と書かれており、『佐渡四民風俗』と同じ記載があり、海府者は男は裂織、女は山苧《やまそ》トウネを着て、稼ぎをもっぱらにしている、ことなどが記載されている。国中の潟端村の村明細帳にあるように、ここでは織り木綿（自給用）や売り木綿などを織ってはいない。男は裂織を着て、女はヤマソ（麻の一種）

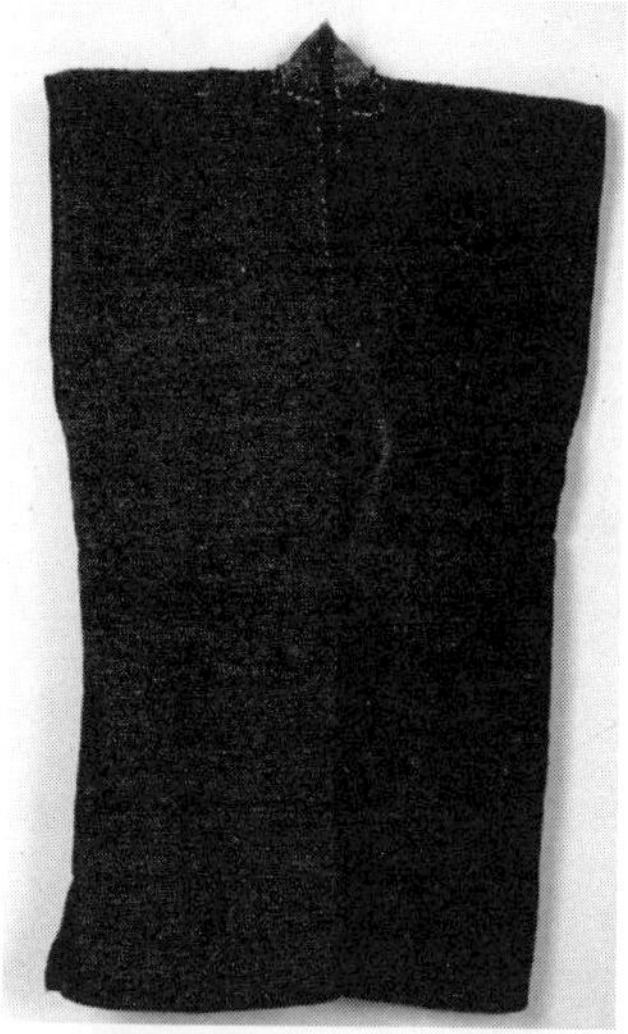

137　ニズレ　背負い具として織られた裂織．裂織の基本形であり，二幅の裂織を縫い合わせてある単純なかたちである．これにオクミ（衽）とエリ（衿），ソデ（袖）が付く．負い荷が多かった海村の必需品であった．（指定）

138　ヤマオビ　カラフルなヤマオビは大正年間以後のものであるが，国中では図153のように木綿の帯をしているだけであるが，海府では図155のような白のツヅレオビをしていた（男性用）．このヤマオビは女性用で普通の裂織の半幅に織ったもの．（指定）

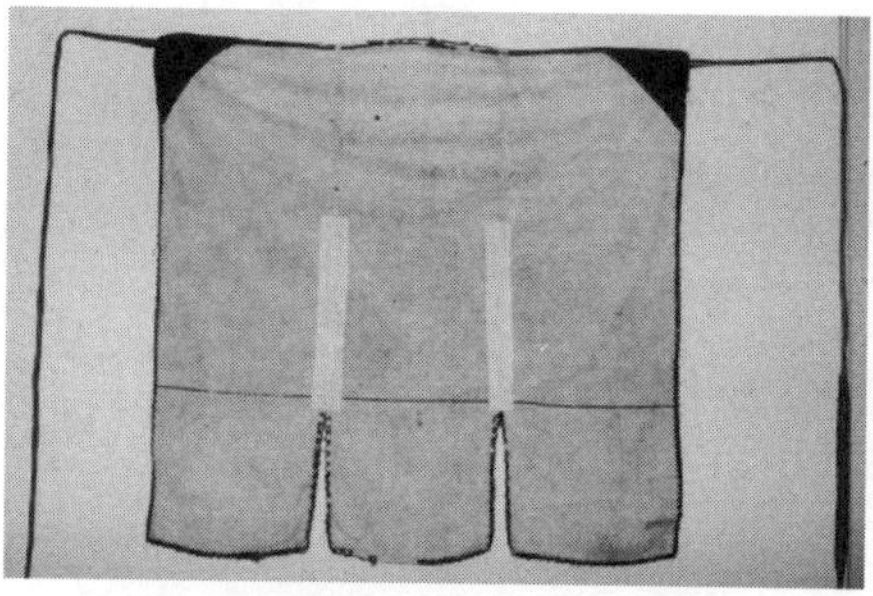

139　ツヅレ前掛け　大佐渡の北部へいくと裂織をツヅレという．これは白の裂き布と白糸で織ったもの．前掛けは農作業，ことに納屋仕事や稲扱きなどに付けた．3枚を縫い合わせているから「三幅前掛け」という．石名，昭和50年．（指定）

で織ったトウネという着物を着ているとある。ほとんどの仕事着は木綿のゾンザではなく、トウネであったことがわかる。荒仕事の多い男は裂織を着ていたのであり、女がそれを織っていた。ここではツヅレは裂織のことであった。普段着として男は厚地の裂織、女は麻地のトウネを着ることが多かったのである。このツヅレは金山で働く人も着ていたことは、佐渡奉行川路聖謨の『島根のすさみ』にも書いてあるとおりである。海・山などで荒仕事をする地域では裂織を着るのが普通であった（図137）。

裂織は、材木の伐採や負い出し、イカ漁やたかり場（魚が集まっている漁場）の沖着として、木挽きや漁師が着た。また、寒いときの防寒着となり、風の強いときの雨具がわりにもなった。当時の海府では、女性は裂織をあまり着ることはなかった。裂織は厚ぼったく、重いこともあったが、やはり見栄もあったものか、トウネを重ね着していたようであるが、紺木綿がはやりだすと、綺麗に刺し付けたゾンザを着て、ヤマオビを巻いて仕事をした。白木綿を裂いてつくった丈夫なツヅレ帯をきりっと締めた働きすがたは海府の人たちの心意気でもあった。白のツヅレ帯と裂織のヤマオビは、ここの地域性をよく表わしている（図138）。

昭和末期ごろには、山仕事にツヅレをきている男性がときおりいた。一般に裂織のことをツヅレといっていた地域は旧相川町の高千方面である。このツヅレは刺子にあたるものも含め、綴れ衣、破れ衣、ボロ衣などに近いものであった。ツヅレは古木綿を切り裂いて再生衣料にする裂織以前からある織物で、木綿を裂織にするだけではなく、補修のために布を刺し付けたりしてあった。越後の新発田藩の命令により、小泉其明が佐渡事情を調べた『佐渡国雑志』によると、海府について「風俗は男女共膝限りの裂織ヲ着て・・・・」と記している。この表現は裂織をツヅレと置き換えたほうが正確かもしれない。また、海府は「道路険難ゆえ、旅人はもちろん、国の者も往来うすく」、幕末になっても外部との陸上の交流は少なかった。

海府女

北片辺《きたかたべ》（旧相川町）に斉藤ヒロさんがいた。訪れた二〇年前には八二歳であった。ヒロさんが子供のころは日露戦争の前後の時代であり、そのころは女性も裂織を着ていたという。ここでは裂織のタテ糸にクスヤ（苧麻の一種）やカラムシなどを使って、ヨコ糸の織り草には、相川へ出て木綿布を買い、幅一・五センチくらいに裂いて、ヒロさんも織ったという。また、子守をするときには半袖の裂織を着て、下着はクスヤやカラムシで織ったハダソ（肌苧、腰巻のこと）だったという。男どもは、木挽きの山着として長袖のジンキチ（甚吉）という裂織を着ていた。この裂織は戸地のドウブクと似たもので、村会議などにも着て出た。しかし、大正時代の初めごろになると、女性は裂織をあまり着なくなり、木綿布で仕立てた軽くて着やすいゾンザになった。当時は、カエコトという山を越えて国中方面と行なう物々交換があった。女性は、ゾンザすがたで、背中にはワカメなどの海藻や裂織、シナ織りなどを風呂敷に包んで、米・麦・日用品などと交換するために、山越えで国中の山麓の村に通ったことがあったという。そのころになると、絹機が近くの後尾（旧相川町）へ入って、北片辺でもタチバタで絹を織る者があったりして、時代はどんどん変わってきた。

このヒロさんの話を聞いていて、遍路が北片辺の旅館で語り残したという、「鶴女房」という昔話を思い出した。これは民話研究家の鈴木棠三がここで採話してから有名になった民話であるが、その事情をよく知っていた地元の稲場美作久さんは、ここに泊まっていた願《ねがい》（旧両津市）からきた遍路から聞いた話であるといっていた。後に、木下順二が『夕鶴』と改題し戯曲化して世に広まったのである。その話は、体に矢を負うた鶴が貧乏な家のアンチャン（若い男）に助けられて、その返礼に鶴が綺麗なアネサン（姉さん）に姿をかえてやってきて、「六尺四面の機場」を作ってもらって、そこで珍しい布を織り、男はそれを天朝さん（天子）に買ってもらい金持ちになったという筋書である。六尺四面の機場は絹織りの機場（タチバタ）であろう。ネマリバタを織りつづける裂織の村の風土がここにあるように思う。

佐渡北東部、両津湾側の内海府においても海府と同じ生活事情にあった。黒姫《くろひめ》（旧両津市）に本間ミサオさんという明治生まれの女性がいた。話によると、婚家の孫バアサン（姑の親）は近所で評判のハタシ（織り手）であった。小柄で穏やかな性格に見えたが、シンのしっかりした、頭のよい人であった。ミサオさんはセンダク休みを利用し、母親や婚家の孫バアさんに見よう見まねで機のたて方（織る前に行なうタテ糸、ヨコ糸の準備工程）を覚えてしまい、織り方の手筋がよいので、近所の人に「アミたて船頭だ」といわれた。相川から遠いために、裂織草が手に入りにくく、綿布が安く入ってくるまでは、遅くまで麻織りの生活がつづいた。冬ナギのタコ捕りには防寒用のオサ目を細かくした麻の長ツヅレをつくったという。ここではツヅレをツウゼとかハマバンといった。ツウゼはツヅレがなまったものであろう。また、夏は炭焼きに山へ登った。暑いので、オサ目を粗くしてツヅレを織った。よそからタチバタをくれるという人がいても、ここではネマリバタから移行することはなかった。

同じころ、同地方の歌見《うたみ》（旧両津市）で、胴の部分が裂織、袖は裂織のモジリ袖、先のほうが木綿の筒袖になったツヅレがあった。ところどころにパッチワークのように木綿布を刺し付けてあった。親の時代からの長ツヅレだといっていた。

平成七（一九九五）年、関《せき》（旧相川町）で、八三歳の横尾シウさんが裂織をしていた。このことは、新潟日報佐渡特別取材班編の『生きとるっちゃ佐渡』に記されている。シウさんは昔は麻織りをしており、そのときはコタツ掛け（裂織）を織っていた。娘は母親のそばで、機仕事を見よう見まねで覚えたという。このあたりでは、どこの家でも機を織っていた。機織りがすたれたのは、経済成長時代に入り、安い合成繊維が出回ってきたためであった。シウさんは、皆がやめてしまっても友達や親類などに織った裂織をくれてやったという。今は生活必需品ではなく、色合いや手作りのおもしろさが加わった趣味用品になっている。シウさんは天気がよいと畑仕事に出て、雨が降ると機を織っていた。集落の地蔵講などには、家庭の仕事から離れて世間話で時を過ごしていたので、このような場所で、明治生まれの女性から、いろいろな昔の話を聞くことができた。

大佐渡の海村を訪れたとき、いつの間にか、コタツ掛けとその下掛けに注意するようになった。小野見《おのみ》（旧相川町）には昭和四八（一九七三）年に八一歳になる梶井ワカさんがいた。一幅（三〇センチ）刺すのに三日かかったという刺子をみせてもらった。彼女の手持ちの刺子は、主にコタツの下掛けにつくってあったが、その刺し付けの技術は芸術的な美しさがあり、東北地方のコギンに似たところもあったが、技巧的でなく装飾的でもなく、あくまでも実用的であった。また、関の中川クニさんが刺したコタツの下掛けは、四角と三角を組み合わせた麻の葉形に刺し付けたのが多かった（図140）。数年前までは、ネマリバタで麻織りをしていたという。

刺子は手間と根気のいる仕事である。このように、暇さえあれば手を動かして何か仕事をしている年寄が、あちこちにいた時代であった。針仕事は女性のナリワイ（生業）の一つであった。なかには、こんな器用な人に材料を持参してコタツ掛けを頼む者もいた。このコタツ掛けなどは、本人が亡くなった後も、彼女たちの「手の跡」として残った。

北立島《きたたつしま》（旧相川町）の渡辺ハルさんを訪ねはじめたのは昭和五八（一九八三）年ごろからである。そのときは八九歳であった（図141）。仕事場はオマエの突き当たりのナンドにあって、窓際の明るい場所にあった。視力が減退してからは度の強いメガネを掛けて毛糸の裂織を織っていた。ここでは、毎月二

140　コタツ掛けを刺す　昭和50年前後に北部海府の明治生まれの女性を訪ねてみると，刺子をしている人が少なくなかった．かつて外海府村といわれた所にいた中川クニさんもそうであった．木綿布に白糸で刺し付けていた．人によっては細かい見事な作品を刺してもっている女性がいた．関，昭和51年．

四日に地蔵堂で講中の真言が行なわれている。その真言が終わった後、あるとき「オレぇ（わたし）はサキオリを織っている」と仲間にいったら、仲間は「ナリに似たのんしかやれえんだろうさ」（年相応のものしか織れないだろう）といわれ、本当にされなかったという。彼女の裂織はほとんど独学で覚え、近所には機を織っていることさえ知られていなかった。後で織った裂織をもっていったら、出来がよいのに皆がびっくりしたという。若いころはフジやシナを織っていた。ハタは女性の務めであり、特別にすぐれた技能とはいわれなかった。今は、知人や子供などから裂織の注文をうけて、それを励みに生きていると笑っていた。

　ハルさんは、身近にある使わなくなった木綿や毛糸を、ほとんど材料を選ばないで織っていた。クズ毛糸を使ったのは、布を裂く手間がいらず、丈夫さも必要でなくなったからで、カラフルな色合いがよいといっていた。

　長年、有形民俗資料の研究を続けられていた宮本馨太郎氏は海府のツヅレと能登との深い関係を述べている。佐渡とは近い距離にあり、能登からの渡来人が少なくなかったことなどが考えられるが、

141　針刺しを使うハルさん　わたしが訪ねたのは渡辺ハルさんが89歳のときであった．明治生まれの女性は針仕事に「針刺し」を使う．縫い目を表に出さないようにクケ縫いをするときに使うので「クケ台」ともいう．針仕事は女性のなりわいであった．北立島，昭和58年．

やはり、自然条件などによる生活の類似性によって、自然発生的に共通した仕事着がみられるようになったのであろう。木綿が入ってくる以前においては、いずれも樹皮繊維を多く利用していた。土地によってシナを使う所（旧相川町高千地域）もあれば、能登や丹後半島のようにフジをつかう所（能登外浦・丹後上世屋）などというように、原始的紡織習俗がそこだけに伝承されている地域が存在した。織物のタテ、ヨコ糸にフジを使えばフジダコ（フジ布）になり、麻を使えばダコツヅレになり、手紡ぎの糸で織ればイトサッコリと言われ、また、木綿の織り草であればクサツヅレと言っていた。衣料が機械生産され、木綿が大量に流通するようになるまでは、木綿布の再生利用として裂織の時代がつづいた。

裂織は大佐渡の北海岸ではツヅレと言い、相川に近い旧金泉地域ではサッコリ、戸中ではサッキリというなど、呼び方はそれぞれ異なるが、北海岸においては、近代にいたるまで、「馬足がたたない場所」と言われ、行き来は制限され出入りは限られていた。したがって、この海岸一帯はあまり外部からの影響がなく、昔からの習俗が残っていた。また、同じ地形の東佐渡の一部でもツヅレが訛ったツウレまたはツイゼという所もあるから、ここも昔からの言い方が残っていたと考えられる。

早くからワタを栽培し織物をはじめた西日本では、容易に木綿文化に移行していき、それよりも北の寒冷地では、遅くまで昔の織物の習俗が残っていた。木綿を回船などで持ち込みながら、古い紡織習俗と木綿の利用が共存しながら利用された時代があった。裂織は木綿文化に移っていく過渡期に生まれた再生衣料である。したがって、ここには、木綿文化が早く入ってきた国中や小佐渡の一部とは違ったネマリバタによる独自の織物文化が残っていた。
ツヅレといわれた裂織はゴム合羽《がっぱ》や毛糸・化繊などが登場するまでの、防水・保温・耐久性をもった普段着であった。

海府女の仕事着

昭和四〇（一九六五）年代に、関（旧相川町）の安藤光子さんと中川クマさんから聞いたニドラ負いは、次のような仕事すがたであった（図165・166）。

絣の袷ゾンザをヤマオビで締め、下に縞木綿のタテ刺しのモンペをはき、幅一尺（三〇センチ）長さ二尺の木綿のワタコ（袖なしの綿入れ）、セナコウジ（厚いワラ製の負い具）を背負って、その上に麦ワラと稲ワラを混ぜたニドラ（荷俵）を腰に巻いて、前掛けを付け、ニナワ（荷縄）と荷杖をもって、足にはワラジ（草鞋）を履いていた。

これは、昭和になって縞や絣の木綿が流行してからの仕事すがたである。その昔はモンペの代わりに腰巻をしていた。女性が木材運搬のような危険で激しい労働をするようになったのは、男は職人になり、林道のない山道を負い出す手段として女手を使ったことや、戦争中男手をとられてその代わりをしなければならなくなったことが原因である。ここでも、仕事着として裂織が大きな役割を果たしている。遠くからでも、刺子ゾンザを着て、ツヅレ帯を巻いて仕事をしているのを見ると、海府女性であるとわかったのである。小田の稲場家のクマさんも、このころのようすをよく知っていた。彼女は麻織りや刺子ゾンザ、裂織などを暇をみてはつくり、ツヅレ帯（ヤマオビ）を織ってたくさんもっていたが、使わなくなったので知人にくれてしまったという。このツヅレ帯は半幅でよいから織りやすく、長さは七尺余り（二メートル一〇センチ余）あった。荒仕事には、タテ糸は綿糸では弱かったので、シナか麻を使った。ヨコ糸になる草は撚りをかけて仕上がりをきれいにしてある。また、国中の旧家には、木綿の紐を二本撚り合わせて、麻を芯にして作った荷縄があった。たぶん、海府の者に注文して手に入れたものであろう。国中に出かけるときに、海府女性がツヅレ帯を締めて海藻や日用品をこのような裂織紐で背負って歩いていた時代を思い浮かべるのである。

織った裂織はそれを二幅にして背中の部分を縫い合わせ、前は開いたままにして、襟に木綿布を縫いつければツヅレの基本形ができる。それをもとにして、袖の付け方や裾の長さを違わせれば、さまざまな裂織ができる。

▪半ソデサッコリ（旧相川町戸地）――絣木綿を半平袖にしたもの

▪筒袖サッコリ（同）――一幅の裂織を円筒にして袖をつけたもの（テッポウ袖）。場合によっては袖付けを木綿にしたものがある。裂織では手を動かしにくいので、モジリ袖（図143・146）にしたり、綿布を用いたりした。

筒袖とモジリ袖

142　筒袖の作り方

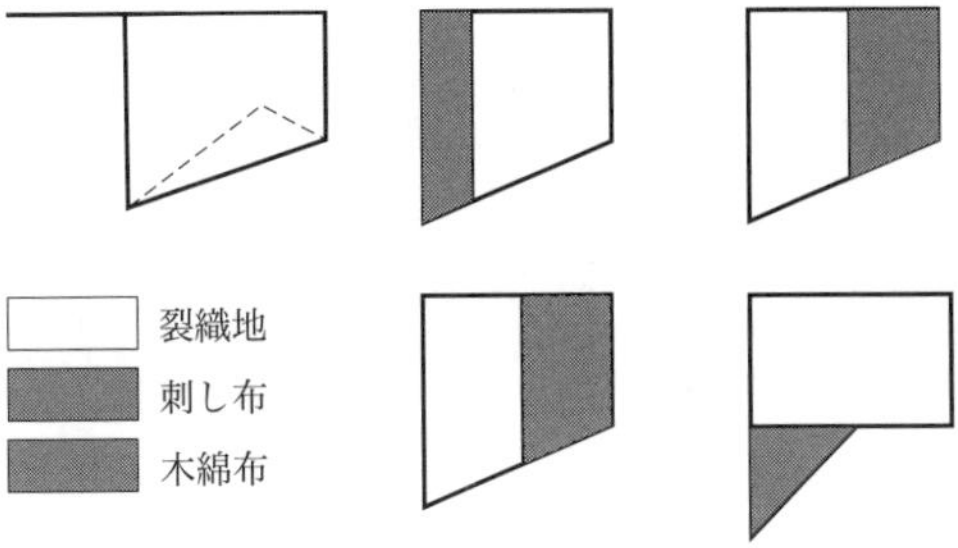

143　モジリ袖の作り方

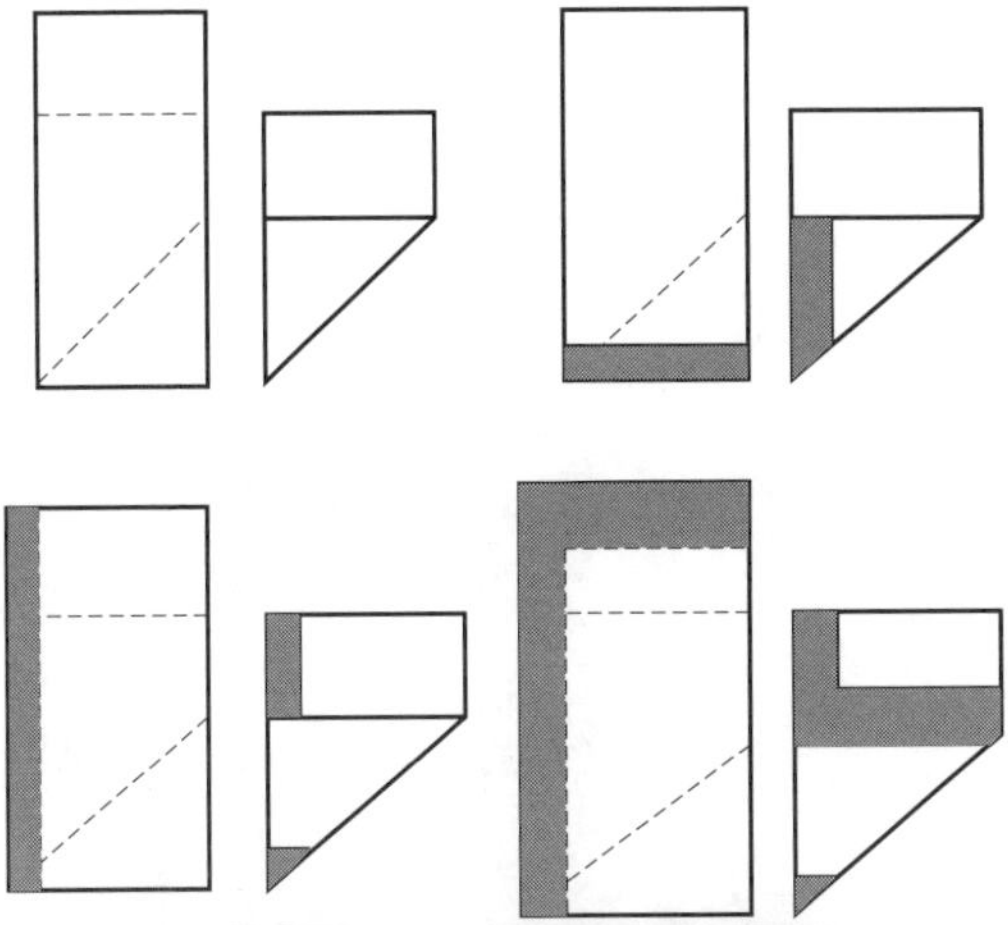

144

145

146

142・143　筒袖・モジリ袖の作り方　筒袖はモジリ袖にくらべて脇にゆとりがない．そのために脇に木綿布を付けたり，腕を動きやすくするために袖半分を木綿布にすることもある．モジリ袖は多くの場合，刺し布をしてある．

144・145　刺し布　刺し付けには麻糸を使うことが多い．

146　モジリ袖の部分　筒袖と違って脇に木綿布ではなく裂織を当てる（以上，柳平則子氏作図）．

■ナガツヅレ（旧相川町高千地区）――くるぶしまでくる長い裂織
■ミジカツヅレ（同）――丈の短い裂織。ゾンザと似てくる。裂織に木綿布を縫いつける場合は仕事の都合や体裁を考えている。ナガツヅレとミジカツヅレとは、仕事の内容によって使い分ける。村寄合などはナガツヅレを着て集まった。高千あたりの特徴である「男女膝限りのサキオリ」（『佐渡国雑志』）というのはミジカツヅレのことである。
■ドウブク・オオソデ（旧相川町戸地）――戸地は木挽きの多い村であったから、リンバ（山の仕事小屋）の着物として利用され、暖かい紙サッコリで織ったものがよくみられた。オオソデはドウブクと同じであり、山でタンゼン（丹前、ドテラとも）のようにして着たものであった。ツヅレより大型であった。このような裂織は、一代だけでなく、幾世代にもわたって持ち伝えられた。使い捨て、履き捨ての現代では考えられない物持ちのよさである。
■紙サッコリ（同）――裂き布（細紐にしたヨコ糸・サヨリ）に紙を混ぜて織った裂織。このサッコリは戸地や戸中にみられたが、佐渡ではここだけの特徴である。明治生まれの戸地の杉野マアさんはこの紙サッコリを織った経験者である。

その織り方は、

①紙の草は、和紙を四つ折りにして端を残し鋏をいれる。
②端を交互にちぎって、一本の紙テープ（長いコヨリ）にする。
③それを指で撚りをかけて、膝の上でよくもんで、ふたたび全体に撚りをかける。紙紐はコヨリ

状になる。
④細長くなった紙紐を、手絡《てがら》にかけておいて、紙紐を一本入れると、裂き布を二本入れる。

紙布《しふ》はキガミ（和紙）を使ったが、材料は古文書を利用したものや、戸地には段丘崖に楮《こうぞ》が生えていたので、それを漉《す》いて使ったかもしれない。三〇年以上も前に、戸中の渡辺ふみさんが織った紙布を、ふみさんの娘の岩見千恵子さん（大正一一年生まれ）が形見分けにもらって保存している。ふみさんの婚家、渡辺孫作家には学問好きの人が多く、和紙に字を書いて勉強していたという。その和紙をコヨリにして織ったものである（図147）。また、北田野浦（旧相川町）の膳頭《ぜにがみ》家へ相川下戸から嫁にきた人も、和紙のコヨリを巻いたヘソ玉をもっていた。和紙の糸はツヅレに混紡するだけでなく、紙布にしてカミコ（紙の着物）をつくった例がいくつもあった。また、相川の鉱山では、坑夫が頭を守

147　コヨリで織った紙布　渡辺ふみさんの形見分けとして娘の千恵子さんがもらったもの．着物に仕立てると軽くて暖かい．和紙の裂織もしくは混紡の裂織は相川近郊に少なくない．和紙は自家の古証文，役所などからの払い下げがあった．戸中，平成16年．

るために、和紙で作ったテヘンという頭巾をかぶっていた。相川の町中で和紙を利用した細工師がいたものだろう。和紙ではなく、手紡ぎの太い綿糸で織ったアッシという仕事着もあった。アッシは近世から明治に入ったころにも回船の交易品の中にみられた。これはイトサッコリの一種である。

ネマリバタを継承してきた海府

ネマリバタは機台の占有する範囲が少なく、狭い仕事部屋を活用するときには都合がよい。ネマリバタが日常置かれているハタ場は、オマエ（家の中央の広間）の縁側に近い所、小座敷の窓側、ナンド（寝室）の上の中二階、納屋などの板場であった（図148）。いずれに置くにしても、日常邪魔にならない所が選ばれている。たとえば、オマエに付属した縁は、かつては濡れ縁になっており、今は、そこにガラス戸などが入っているが、以前は仕切にカヤ菰があるだけであった。近隣からの来客のほとんどは、ここで草履《ぞうり》ばきのまま腰をかけて話をして帰った。オマエ側の前面の明るい場所は機織りには最適で、ここは日常には邪魔にならない場所であった。しかし、家に何かの行事があるときは、ここを片付けなくてはならない。家の大事な行事といえば、正月と盆の期間である。このときは、機織りに区切りをつけておかねばならない。「二年機は立ててはならない」といわれた戒めも、このことからきている。いずれにしても、ネマリバタは、家のなかで邪魔にならない場所が選ばれていた。

ネマリバタは構造上、ハタゴ（機台）とアシ（脚）とが分離できるようになっており、織り手の座る腰掛け板は、ただ機台に載せてあるだけで固定せず、すべての機材は、いつでもすぐに解体して片付けられるようになっている。また、ネマリバタは腰掛け板の上に体を載せ、右脚を引いたり伸ばしたりして引っぱってタテ糸を上下に動かし、そこへヨコ糸を入れ、それを重いヒ（杼）で強く締めるから、固くしまった製品ができあがる。丈夫にできあがった布は、山仕事にはイバラはじきにもなり、海府の生業上必要なものであった。能率のよいタチバタが入ってきても、タチバタに替える必要はなかった。

麻織りなどの伝統を伝えている中へ木綿が入ってきたとき、裂織は木綿布を最大限に活用する知恵として考えだされたものである。タテ糸の材料はその土地でいちばん手に入りやすい繊維を使用している。ここではシナ・フジ・ヤマソなどであって、栽培の麻（大麻）はほとんどなく、地元の植生に依存した材料を使っている。すでに述べたように、フジを使えばフジダコ、麻のオクソを織り込めばダコツヅレ、木綿ギレを織り草にすればクサツヅレなどの名称が生まれ、裂織（ツヅレ）は木綿という限られた材料ではなく、本来は材料の限定はなかったのである。

148　渡辺ふみさん　ふみさんに最初に会ったのは昭和47年で，場所はオモヤの相向いの納屋の二階でシナ織りをしているときであった．シナ織りも珍しかったが，ネマリバタで時間をかけながら織っている光景をみて，時代をタイムスリップさせたように思われ，一つの驚きであった．海府の紡織用具を採集し，その習俗を調べるようになったのは，このときからである．

裂織は、ある地域だけの特産ではなく、主として自給性の高かった海村などで生み出され、広範に分布していた織物であった。したがって決まった材料を使うことを意味しないツヅレのほうが本質に近い言い方であろう。ツヅレは新しい衣料が進出しにくい地域に生活上必要な衣料として遅くまで残っていた。

また、夏は涼しく肌にべたつかない麻衣のトウネを日常着にし、古くなれば、これを仕事着（ヤマトウネ）にした。裂織は厚みがあって暑苦しそうだが、体にまとわりつかないので夏も利用していた。こうして衣料は使用しながら使いまわしされていた。近世に書かれた『佐渡志』の中にある裂織はシナをタテ糸にしたツヅレであったことがわかる。着る時期や仕事の内容によって丈夫な樹皮繊維をタテ糸にしたり、ヨコ糸には手に入りやすい裂き布を織り込むなど、いろいろな織物を考案したのである。海府では木綿織りの紡織技術は残らなかった。

海府は、昔は畑に麻を栽培していたが、江戸時代になり海岸段丘の水田化が進むと、畑地が少なくなったので、大麻の代わりに野生のヤマソを利用するようになった。佐渡の海村では、漁業用の糸に化繊が使われる前は麻糸であるカナビキを使った。麻栽培はあまり行なわれず、代わって自然に植生しているシナやカラムシ・ヤマソを漁具や織物に使うようになったのである。そのことが糸つくりの方法にもみられる。

今から三〇年前、南片辺（旧相川町）の海岸でイカ釣りに使うハネゴと、糸に撚りをかけるときの糸車を拾った。家の改築の機会に捨てられたものであるが、イカ釣りが機械化される前の道具や手前織り時代の撚り掛け具の糸車などは、現実にはもう用済みになっていたのであった。

糸車は撚りをかけるために使うハタ織りの大事な道具の一つである。この糸車が考案される以前は、鉄の心棒が付いた長いコマ形のツム（紡錘）という道具で、コマの回転を利用して糸に撚りをかけていた。後になって南片辺で聞いた話では、ツムをもっている家があったという。化繊の漁網や釣り具が出回るまでは、ツムをまわして麻糸を自前で撚り合わせていた。麻畑が確保されていた小木半島では、昭和三〇年代まで、麻を栽培してニソ釜（麻苧を煮る釜）で煮て、ツムで撚りをかけ用途に応じて麻合わせをして漁業に使っていた。この経験をもっている者は、明治二〇年代生まれの老人であった。しかし、海府や二見では、相川からカナビキを買い付けて、太さに応じて麻糸合わせをした。しかし、布の糸にするツムは小さい。

この糸づくりの技術は昭和五〇年代まで、河崎から前浜にかけて、明治生まれの女性たちの手に伝承されていた。ツムによる撚りかけは原始からのものであるが、糸車は木綿織りにともなった道具として渡来してきたものとされている。木綿織りに使用したタチバタが海府ではほとんど受け入れられなかったが、糸車はいち早く取り入れられたのではないかと考えている。

ゾンザ

農作業や山仕事が機械化されてくると、仕事着もそれに応じて変化する。麻着からツヅレあるいは裂織の厚地の着物へ、さらに綿布のゾンザ（ドンザ）に変わった。同時に被り物・雨具・脚ごしらえなど、全般にわたって仕事着に変化がはじまる（図149）。

農閑期に実家へ帰る嫁のセンダク休みにセンダク銭をくれる家もあったが、品物で渡す家もあった。おおかたは木綿布であった。そのころは、海府では嫁入りという儀式などは特別になく、オバさんなどに連れられて、嫁入りガヤや当座着る仕事着、肥やしを運ぶナゴケ（長桶）くらいの必要な物をもって婚家に入った。しばらくの間は、嫁は子供を連れて実家と婚家を行き来していた。その期間を「アシブミ」といっていた。実家では自分のゾンザをつくる仕事があった。余分なゾンザは実家に置き、必要なときに婚家へもってきた。子供も大きくなり嫁が婚家の家風になじんでくると、実家にある荷物を運んだのである。

普通の農仕事（海府では農仕事にいくことを「ヤマへいく」という）では、ヨコ刺しのゾンザを着て、帯はツヅレ帯、絣模様の前掛けをしていた。今も、この仕事スタイルは一部に残っている。下着は夏は麻であったが、冬は木綿のハラコ（肌着）になる。またハダソは、夏は絣木綿、冬はネルになっている。腕は、冬はハラコのシャツがゾンザの外に出て、ハンゴテ（半籠手）を付ける。夏はゾンザの外はナガゴテ（長籠手）になる。また、昔の稲刈りはノゲのある稲であったから裂織（ツヅレ）を着た。山仕事のニドラ負いなどの負い荷にも裂織やゾンザを着ていた。このように、裂織とゾンザは、仕事によって使い分けをしていた。

小木半島へいくと、裂織を着ている人にはほとんど出会わなかった。ここでは、イソネギ（磯近くで行なわれる見突き漁）が盛んで、ゾンザを着ることが多かったからであろう。深浦（旧小木町）は江

149　田植え中の小昼（こびる）　昭和 40 年代の田植えすがたである．図 104 にある大正時代の山仕事すがたとはだいぶ異なっている．ここでは田仕事であることにもよるが，ほとんど絣を着て，下衣は腰巻からモンペすがたになって，頭に手拭いを巻き笠を被っている．海府は頭に 2 本の手拭いを使い，首に 1 本手拭いを巻く習慣がある．大佐渡北海岸，昭和 45 年ごろ．岩佐嘉夫氏撮影．

150

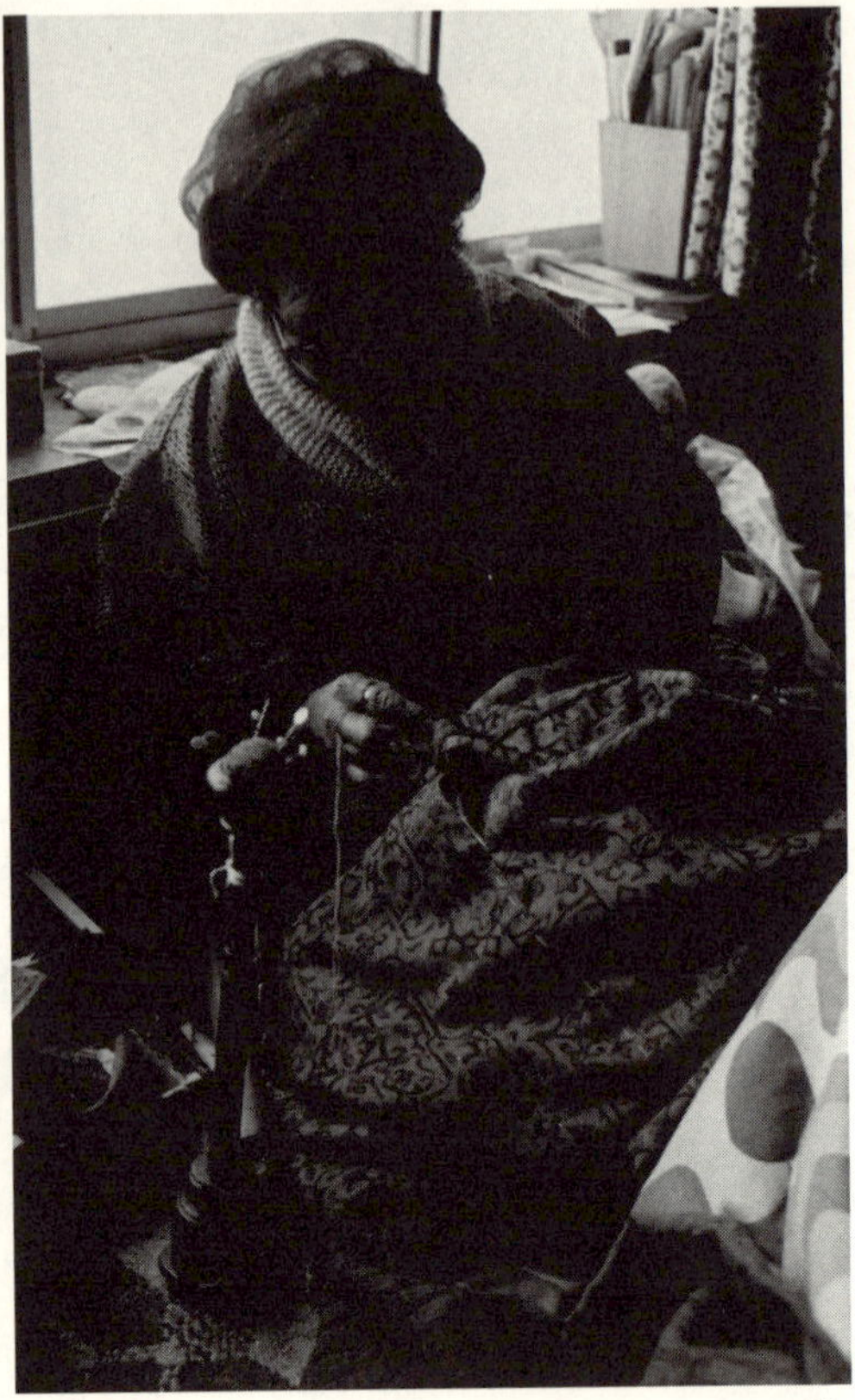

151

152

150　刺子　コタツ掛け用に刺し付けたもの．海府，昭和 56 年．

151　針仕事中の女性　ここでもクケ台を使っている．北片辺，昭和 55 年．

152　刺し付け中の下掛け　北片辺はよく働く集落として知られる．刺子も針仕事も熱心である．北片辺，昭和 55 年．

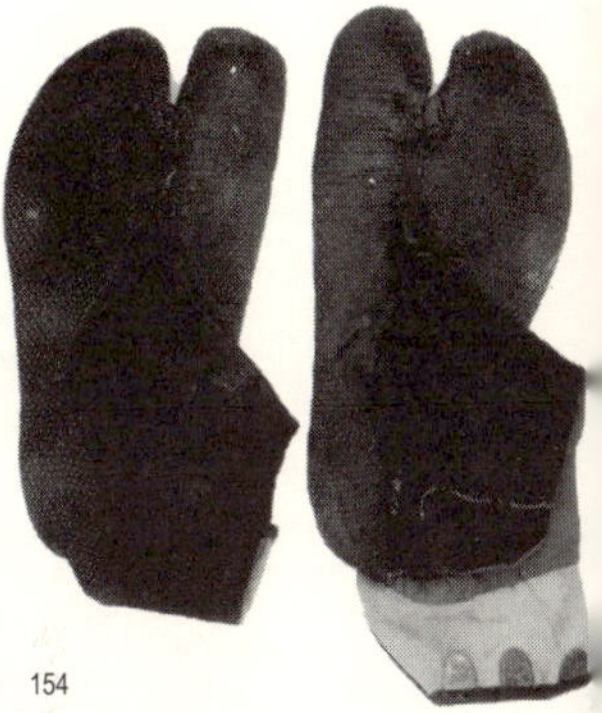

154

155

153　刺子ゾンザを着た人　国中方面は粗く刺したゾンザを着て野良仕事に出た．帯は裂織帯でなく木綿帯．長畝，昭和 56 年．
154　刺子タビ　荒仕事用に履くタビ．麻糸で細かくタテ刺しにしてある．小野見，昭和 51 年．
155　山仕事すがた　戦前の働きすがたを再現してもらった．刺子ゾンザに白い裂織帯，コテをして足にハバキとアシナカ草履を履いている．入川，昭和 58 年．相川郷土博物館提供．

156

157

ゾンザは主として木綿布を刺してある仕事着のことをいう．海府ではゾンザ，小佐渡ではドンザ，国中ではジュバンもしくはハンテンという．ジュバン・ハンテンは刺してないものが多い．

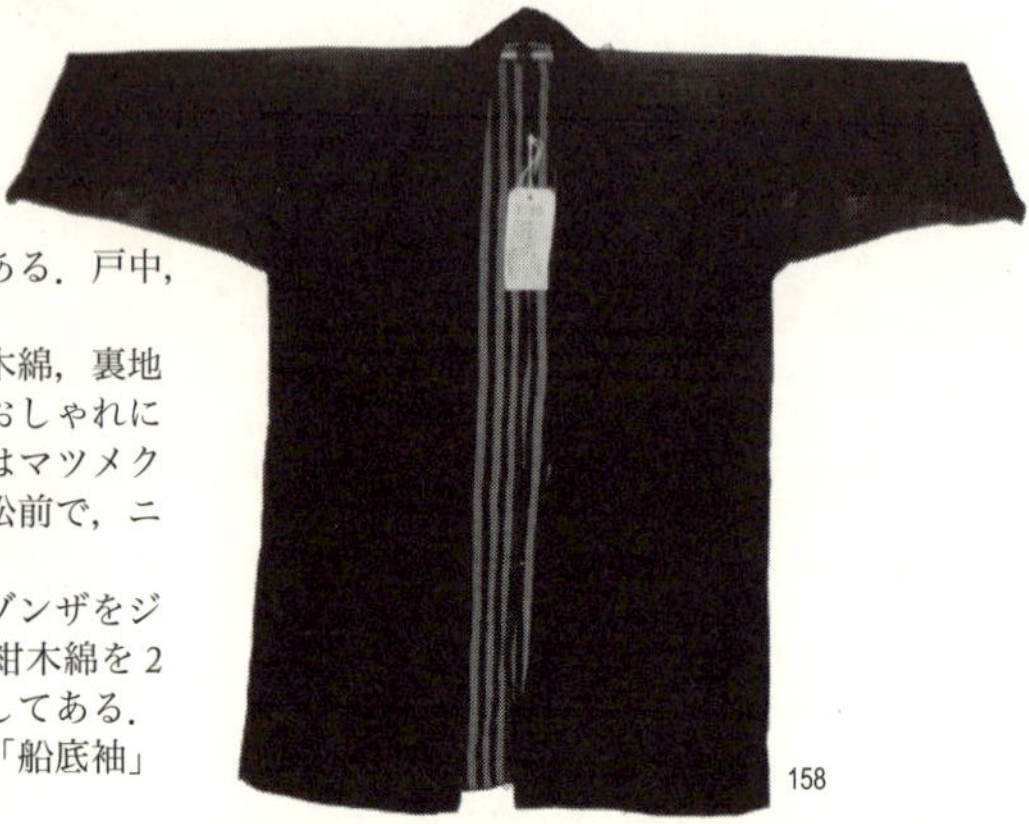

158

156　山着ゾンザ　古木綿と裂織を芯にして3枚を麻糸でタテ刺し．刺し目がそろわないようにメンドリ針で刺してある．戸中，昭和47年．(指定)．
157　肩入れゾンザ　表地は紺木綿，裏地は浅葱木綿を黒糸でヨコ刺し．おしゃれに絣を肩に刺し付けてある．衿裏はマツメクズシという模様刺し．マツメは松前で，ニシン場の刺し方であろう．
158　刺子ジュバン　国中ではゾンザをジュバンという．このジュバンは紺木綿を2枚合わせて，黒糸でヨコ刺しにしてある．筒袖に浅葱木綿のマチを入れて「船底袖」にしている．金丸，昭和56年．

159

160

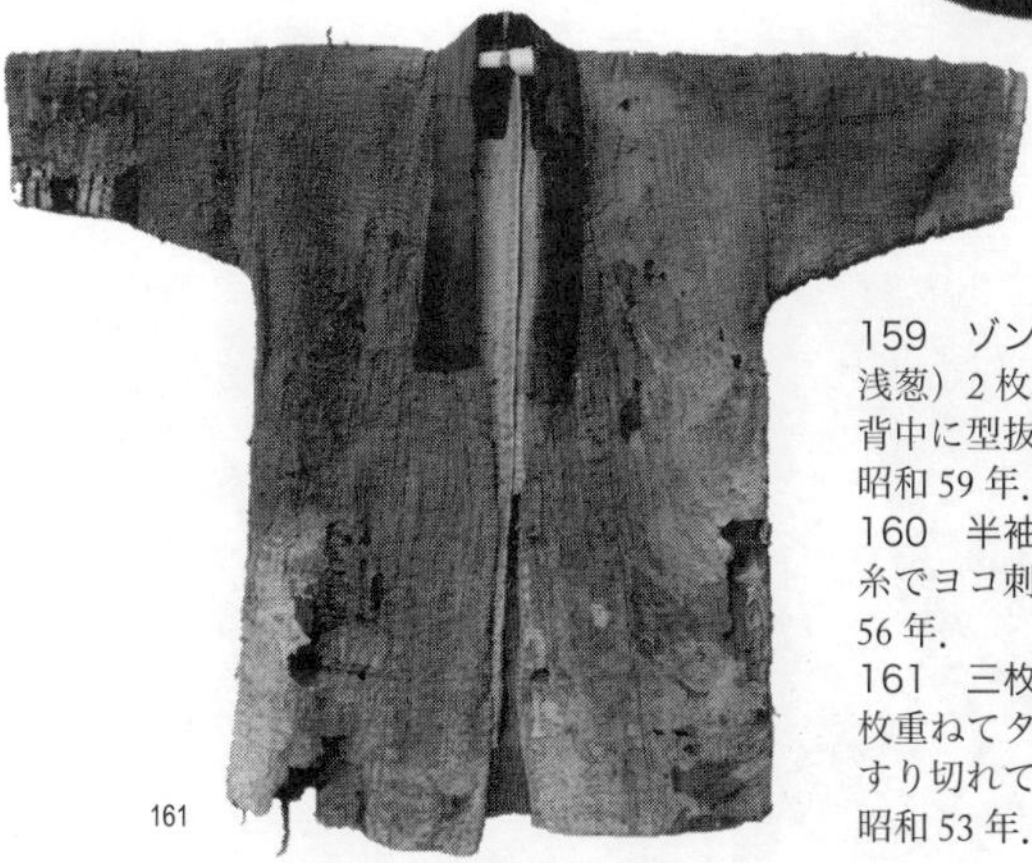
161

159　ゾンザ　紺木綿（表は紺・裏は浅葱）2 枚を 2 センチ幅に黒糸で刺し，背中に型抜きの花模様がある．後尾，昭和 59 年．
160　半袖ゾンザ　2 枚の紺木綿を黒糸でヨコ刺しにしてある．戸地，昭和 56 年．
161　三枚重ねのゾンザ　木綿布を 3 枚重ねてタテ刺しにしてある．表布はすり切れて別布で補修してある．大浦，昭和 53 年．

162

163

164

162　スゴモを負う女性　ヨコ刺しドンザ（袖はタテ刺し）を着て，セナコウジ（背中当て）をしてスゴモ（運搬用の籠）をオイコで負っている．犬神平，昭和 40 年代．

163　草刈りの女性　細かく麻糸でヨコ刺しにしたゾンザを着て，モンペをはきコテをしている．裂織のヤマオビはしていない．袖は半袖である．海府，昭和 40 年代．

164　畑仕事に出かける女性　3 月，まだ寒さの残るころ，オイコでスゴモを背負った女性に出会った．麻糸でヨコ刺しにしたドンザを着ていた（袖はタテ刺し）．宿根木，昭和 50 年代．

戸時代、回船の越冬地として利用された北風の当たらない湊であった。船乗りの多い土地柄であったため、早くから水主衆《かこ》によって繰綿や木綿布がここへもちこまれた。ここには、手織り木綿を麻糸で刺し付けたゾンザを着ている人が目についた。そのゾンザは太い麻糸でヨコ刺しにしてあった。このようなゾンザを普段着にしたり、イソネギに着るという。

ゾンザは前にも述べたように、木綿布を重ねて刺してつくった刺子で、これを刺子ゾンザといった。仕事着にする場合には麻糸で刺したほうが丈夫であった。この麻糸刺しのゾンザは麻を栽培していた三崎の一つの特徴である。綿布が麻布地域に進出し、衣料生活にもそのことがあらわれてきたのは、国策として外国綿花を多く輸入し、織物産業で綿布を大量生産しはじめて安い綿布が供給されるようになったからである。タチバタが入ってきたのも、ほぼ同じころで、ツヅレに代わってゾンザが仕事着として主役を占めるようになった。

佐渡では、ゾンザという地域が多いが、ドンザという場所もある。国中ではこのゾンザに似た仕事着をジュバンといっていた。また、シナ織りの盛んだった長江《ながえ》(旧両津市)ではサシツケといっていた。普通、ゾンザは二枚以上の木綿を刺してあった。相川の近郊では、洗い張りをしたツギの中から適当な布を選んでゾンザに仕立てたこともあったが、紺木綿を反で買うようになると、それに細かな刺し付けをするようになった。嫁入り道具の一つにもってきたゾンザを、奥のタンスから見せてもらったこともしばしばあった。

もともと、ゾンザは前身頃《みごろ》に衽《おくみ》をつけてないのが古い形式であり、女性用やよそ行き用に礼装化さ

165

166

165　ニドラ負いの女性　長い材木をタテ負いするとき,腰にニドラ（荷俵）を付ける（「海府女の仕事着」参照）．このころは絣ゾンザになっている．関，昭和 56 年．
166　山仕事すがた　ニドラ負いに出かけるときのすがた．ゾンザは縞木綿を粗くタテ刺しにしたもの．関，昭和 48 年．
167　車田の早乙女すがた　粗くタテ刺しの絣を着る（右）．北鵜島，昭和 55 年．
168　夏草を刈る女性　経縞ジュバンを着ている．牛の干し草刈りである．北狄，昭和 52 年．
169　ヒッカケ負いの女性　鉱山の飯場用の米を負い上げているところ．多くはタテ刺し絣のゾンザを着ている．相川長坂町，戦前．

167

168

169

170　ヨコ刺し半袖ゾンザの人　海府で仕事をするときの普通のすがた．石名，昭和 55 年．
171　短ツヅレを着た人　ドンザの上に短ツヅレを着，ドンザをワラ縄でしばっている．昔は草履履きが多かった．大和，昭和 56 年再現．相川郷土博物館提供．
172　近所に出かける人　絣のゾンザに木綿帯をする．岩谷口，昭和 53 年ごろ．相川郷土博物館提供．
173　麻刺しドンザを着た人　田に水を掛けている人が麻糸で刺したドンザを着ていた．深浦，昭和 53 年．

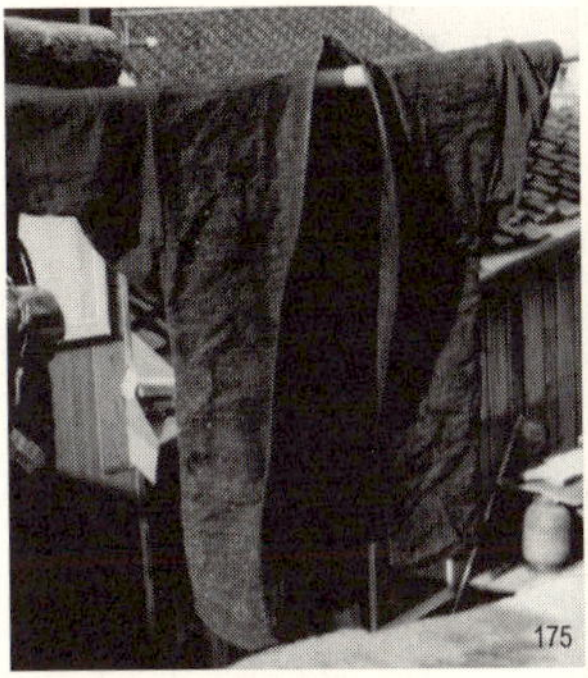

174　小佐渡の仕事すがた　粗くヨコ刺しのドンザに木綿帯．上黒山，昭和40年．
175　ツヅレ　袖は木綿．当時着ていたもの．南片辺，昭和52年．
176　ツヅレの帽子　当時使用していたもの．南片辺，昭和52年．
177　漁村のゾンザ　タテ刺しのゾンザ．延縄の仕事をしている．米郷，昭和40年ごろ．

れてくると、ゾンザに衽をつけるようになった。相川からは遠い、北海岸の関に行ったとき、相川方面から負い売り商人がもってきたメクラジ（紺色に染めた無地の木綿布）の木綿にウラを付けて、ヨコ刺しにしたゾンザをみせてもらったことがある。このゾンザには衽はついておらず、袖は平袖になっていた。昭和の初めごろまでは、この平袖のゾンザであったが、改良されて袖はテッポウ袖になっていったという。

戦前に嫁いだ海府方面の女性は、何枚かヨコ刺しのゾンザを婚家へもっていった。紺地に黒糸できれいにヨコ刺しにしてあった。これを黒ゾンザといっていた。しかし、北田野浦（旧相川町の北部）から地域性の違う大浦《おおら》（旧相川町の南部）へ嫁にいった女性は、そこではだれも着ていないためにタンスの中にしまってあった。

ゾンザの刺し方にヨコ刺しとタテ刺しがある。その土地によって刺し方が異なっているが、一般的にいって、ヨコ刺しのゾンザは仕事のときに着ることが多かった。それに対して、タテ刺しのゾンザは町へ出たり、改まったときに着て出る場合が多かったという。いずれも、袖は半平袖になっており、袖の端が立つようになっていた。しかし、土地によってちがっている。回船の基地であった宿根木では、ほとんどタテ刺しのゾンザをみない。湊町の気風のあらわれであろうか、反対に、隣の漁村、琴浦ではヨコ刺しをしない。また、タテ刺しは目が粗いが、ヨコ刺しは織り目にそって細かく刺してある。同じ海村でも、小木三崎ではゾンザの丈は長く、襟とオクミがいっしょになっている。反対に海府のゾンザは丈が短く、下は木綿の股引をはく習慣があった。刺子にするのは生地を補強するのが本来の目的であり、海府でも晴れ着や軽い野良仕事には刺してないハンテンを着ることもあった。しかし、刺子の習俗は荒仕事をする土地柄で行なわれたものであり、きれいに刺し付けるようになったのは、外観を考えるようになった文化的行為である。

昭和の初めごろまでは、国中方面の山つきの村(山麓の集落)では、よそでいう刺子ゾンザを着るのが普通であった。長江では刺し付けの糸は夷(両津)の呉服屋からワイトを買ってきて、刺す前に糸にノリをして、糸を四本合わせて刺したという。

刺子は針仕事によって自分を表現するすぐれた芸術品である。東北地方で江戸時代の後期から行なわれてきた刺子(コギン・菱刺しなど)は、貴重だった木綿布に、その模様刺しの美しさを競った結果、見事な造形を表現した根気と究極の美的作品をつくりあげたのである。北国の刺子は日常的に必要な衣料として生み出されたものではなく、木綿がほとんど手に入らなかった地域の装飾的作品として、女性の間に広まったものである。

三　暮らしの中の裂織

裂織の分布

裂織は木綿布を裂いて織るようになってからの言い方であった。それ以前はツヅレともいっていたのであり、近世の村方の明細帳などにはツヅレという記述もあり、言い方に厳密な区別があったわけではなかった。ツヅレの材料は木綿に限らず、身近にあるいろいろな材料を使って織っていた。中世に書かれた『日本霊異記』には、庶民は「衣なく藤を綴る。日々沐浴《ゆあ》みて身を潔め綴《つづれ》を着る」とあるところから、フジ布を着ていたこともわかる。衣料が十分でなかったころの雑布がツヅレであった。都から遠い地域においては、このツヅレは着飾る必要もないケ（日常）の衣料として、また、漁業や山地の荒仕事に適した着物として用いられていた。まして、木綿の容易に手に入りにくい地方では、遅くまで種々の材料を集め混織したツヅレを着ていたのであった。佐渡の海村でも、仕事着として、木綿が入ってくる前はツヅレを日常着にしていたことは想像される。中村ひろ子氏が「木綿以前の時代に使う、粗く太い糸を織り込んだ麻のサキオリから、古木綿の出会いにより木綿布のサキオリがある」（「サキオリの分布と分類ならびにその系譜」）と、木綿布によらない裂織があったことを述べているから、木綿布を想像する「裂織」より「サキオリ」と表現したほうが適切かもしれない。しかし、材料による段階的な分類の前に、着用する側からみれば、自然環境や生業のあり方により仕事着の材料が変わってくるのであるから、その土地に適応した織物をどのように工夫して織っていたかという観点からみたほうが、ツヅレの意味がよくわかってくるように思う。したがって、木綿を主体にした裂織は多くは木綿を織り草として移入し、ツヅレの材料として混織したり、木綿だけの裂織に織ったり、ゾンザにも仕立てたのである。木綿がゆきわたれば、裂織はタテ糸を除いて木綿布を用いるようになっている。佐渡の裂織がきれいに織り上げてあったことで、近世には江戸でも評判になっていたが、金銀山があり回船の出入りがあって、交易が盛んであったことが生活の民度を高めたのであろう、佐渡の仕事着には織り方の丁寧さが見受けられた。

裂織の分布を広域に調べた井之本泰氏のまとめ（『日本海の裂き織り』）によると、裂織に類した着物の名称はさまざまであることがわかるが、木綿移入の北限にある津軽・下北半島のサグリは多くは海村に分布している（飯田美苗「青森県のサグリ」）。本来は内陸地においても同じような仕事着があったと想像されるが、海村に主として分布していることは生業形態とも関係があり、ここに顕著に残ることになったのであろう。佐渡を含めて北陸方面のサックリとツヅレについて山崎光子氏がサックリとツヅレの分布図を発表している（「サックリ文化の不思議」）。ツヅレという呼称は能登だけではなく、早い時代に能登からの渡来を伝える佐渡の海府や東佐渡も同じツヅレという言い方をしている。この一帯は昔の習俗慣行を残している所である。一方、能登を除いた石川県・福井県はサックリあるいはザックリという言い方をしている。サックリの中には麻の屑であるオクソをヨコ糸にして織ったオクソザックリや木綿糸を用いたイトザックリなどがあるという。これによると、裂織はかならずしも木綿の裂き草をヨコ糸にするとは限らないのである。ツヅレに近い織物も、木綿布に属するものも含まれている。

『日本海の裂き織り』では、地元の京都・丹後方面の裂織について詳しく述べているので、その一部を引用させてもらうと、「丹後地方の海岸部を中心に裂き織りの分布がみられるが、丹後半島の竹野川流域から西の地域では、その痕跡すら認められない。このことは、衣料の自給時代にワタの栽培が可能であったか、内陸からの木綿の移入が容易な地域であったか」のいずれかであろう、と指摘している。佐渡においても同じことが認められる。大正以降、綿布が量産され、特産地ができあがると、麻糸の利用がしだいにみられなくなり、手間のかからない木綿を使うようになった。仕事着の材料はその土地によって相違しているのである。丹後半島沿岸の海村では、やはり、佐渡と同じ裂織があり、サックリ・サッキョリ・サッコリなど、言い方においても共通性がみられる。しかし、ツヅレという地域は報告されてはいないが、かつてはツヅレと同じような仕事着を着ていたと想像される。文化一四（一八一七）年に遭難船の中に裂織を着ていた漁師がいたことを同書は述べており、戦前までは嫁入りに裂織を持参したという。女性も裂織を着ていたのである。裂織のかたちにおいても、二幅を縫い合わせたものを背中当てにしたものや、袖付きにして仕事着にしたもの、また、前掛けにしたり、山帯にしたりすることも佐渡と同じである。

越後では、かつて平野の中央部にあたる弥彦山や角田山の日本海側の海村、越前浜・角海浜《かくみはま》などでツヅレを着ていた。フジ織りをしていた県北の上海府においてもツヅレがあったことは、山崎光子氏の研究報告書に述べられている。角海浜やその近くの間瀬ではツヅレといい、角田浜ではサシモン（刺し物）といっているということである。木綿が広く出回るようになると、裂織よりもサシモノに移ったと考えられ、越前浜は越前から、角海浜は能登からの移住村といわれることから、多少、生まれ故郷の生活文化の影響がみられただろうが、裂織は荒仕事の多い海村の紡織習俗ととらえたほうが理解しやすいのである。しかし、北九州に傾斜型の地機の模型があり、この地機が日本海を北上して南西日本に広く分布していることなどは、文化伝播の道があったことを想像させる。

越後には滝沢秀一氏らのアンギン研究グループがあり、山村の秋山郷などで、アカソ（オロという。佐渡のヤマソと同種）やイラクサのジソ（地苧で青苧のこと）で編んだアンギンという編み布があったことが報告され、その再現がはかられた。このアンギンは袖ナシの裂織に似ている。地機や高機が使われる以前の原始の紡織習俗が越後の山村に残っていた。この地へどのようにして木綿などが入り、「編みから織り」に転換していったかを調べる必要がある。このことから考えると、山村より海村のほうに木綿が早く入ってきたのであろう。

裂織やツヅレは丹後あたりから北の海村に分布する仕事着であるとみられていた。しかし、近年の各地の調査によって、かならずしもそうではなく、四国の西部、伊予灘と宇和海に囲まれた佐田岬の海村にも裂織のあることが、平成九、一〇年の愛媛県歴史文化博物館の調査で確認された（『佐田岬半島の仕事着』）。ここでは、裂織の呼称はオリコ・ツヅレ・ニズリといわれており、場所によって言い方が異なるということである。『日本海の裂き織り』の井之本泰氏の調査によっても、裂織は青森県西津軽郡深浦町（稽古館所蔵）ではサグリ、山形県鶴岡市（致道博物館所蔵）ではサゴリ、石川県鹿島郡能登島町（石川県立歴史博物館所蔵）ではツーリといっているという報告がある。津軽半島や下北半島の海村でみられるサグリや鶴岡のサゴリも、能登のツーリも、素材・織り方・使用場所において基本的に相違するものではなく、木綿が手に入りにくい地域ではツヅレに似た裂織が遅くまで使われていたと思われる。北国への木綿の持ち込みはかならずしも北前船によるとは限らないが、日本海岸の木綿の流通は北前船の交易によることが無視できない。太平洋側においても、同じような伝統的織物の中に木綿織りが入っていった歴史過程があると思われる。

中世から近世にかけては、文化・芸能などの浸透や伝達は海上交通による部分が大きかった。伝統的な生業の中に、意外に早い文化の洗礼をうけてきた所が少なくない。四国の佐田岬で確認されたと同じように、回船の行き来のある海辺や半島などには、同じことがいえるのではないかと思う。土地によってはツヅレとはいわず、裂織もしくはそれから転じた言い方をしている所がけっこう見受けられる。

大佐渡の海岸でも、金山で開かれた相川に近い地域では、裂織もしくはそれに類似した言い方であるのに対して、北部の地域にいくとツヅレといっていた。陸上での交通の便が悪く自給自足的な生活をつづけていた旧相川町の高千方面から内外の海府、東佐渡はツヅレまたはツウレ、ツウリなどといっているのである。稲作に依存してきた平場の国中においては、サキオリもしくはサッコリ、場合によってはニズリといっており、ほとんど、ツヅレという言い方は消えてしまっている。

ワタの生産に向かない、北の麻織り地域に木綿が導入されて、その再生製品として織られた裂織は、明治末から大正期にかけて木綿の量的供給が増えてくると、着ていた重い裂織は限られた用途にだけ使用され、仕事着は刺子を基調としたゾンザ（ドンザ）を着るようになった。

裂織はヨコ糸に木綿布を細く裂いて織り込んだ織物であるが、タテ糸は木綿糸とは限らず、昔は麻類・シナ・フジなどを糸にしたものを使っていた。この仕事着に注目して調査をはじめて以来、同じものが主として日本海岸もしくは河川伝いに内陸へ入った地域にもみられ、木綿布が手に入りにくい地域に古木綿を利用するかたちで分布していたことがわかってきた。おそらく、太平洋岸の海村においても似たような仕事着があったのであろう。

第一章で、木綿の流通は、近世には大坂・瀬戸内・出雲などから回船によって、木綿布や繰綿が新潟に運ばれてきた事情について述べたが、これは、近世中期以降、北前船の活動したコースであった。木綿類は北国の米を大坂に運んだ帰り荷の一つとして日本海の各地へ運ばれ、後には西日本の町方で使用した古手木綿を裂織草として集荷し、回船の商品として各地に運ばれるようになった。

裂織の織り機については、すでに研究報告がなされているが、佐渡は地機（ネマリバタ）、高機（タチバタ）の両方の織り機があるので、この機会に相川郷土博物館で記録した織り機の形状と計測数値を、巻末に載せておくことにする。佐渡では、タテ糸の張り具合やヨコ糸の打ち込みを強くできるネマリバタを使っていた所が少なくないが、機台が傾斜している場合（傾斜型）と垂直になっている場合（垂直型）の両方がある。その境界は、角山幸洋氏の説明のとおり、日本海では佐渡あたりではないかと思う。越後の影響をうけた場所などでは、圧倒的に多い傾斜型のネマリバタの中に垂直型が一部混在しているのである。

また、佐渡の北海岸の集落では、他の場所でタチバタを導入して木綿織りをはじめても、依然としてネマリバタを使っていた。一部に絹機が入りタチバタが行なわれたことがあるが、ほとんどはネマリバタであった。

ネマリバタによる裂織の順序

①

②

③

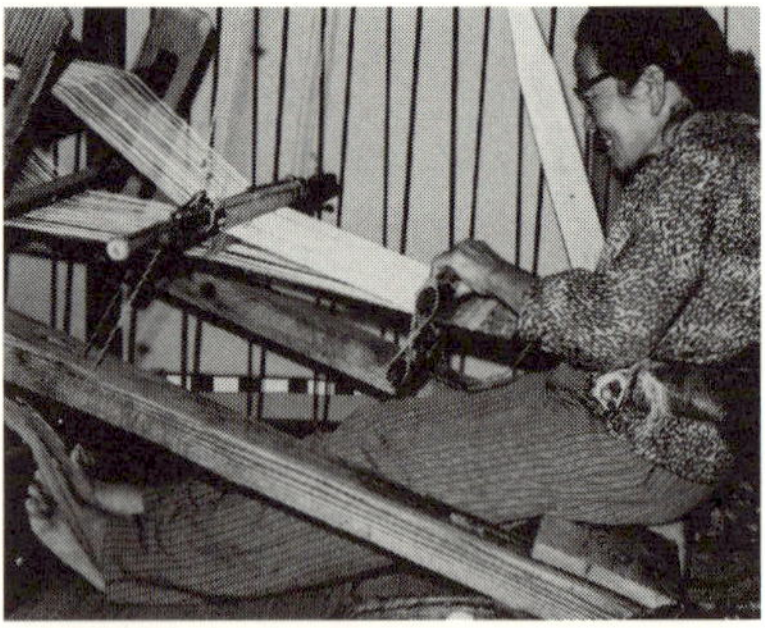

④

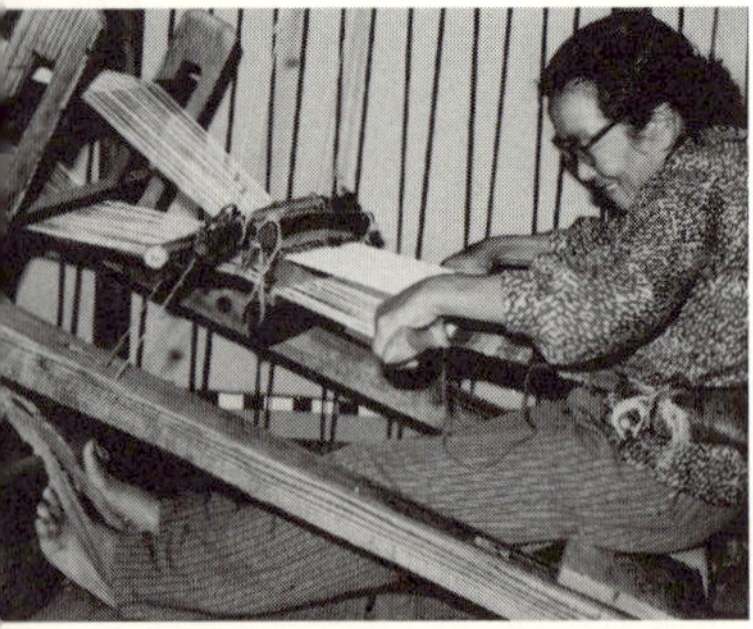

⑤

昭和51年，相川郷土博物館の裂織講習会のとき．講師は坂口イトさん．

178　織り方の順序
①きき足をのばす（のび足）
②ヒを入れ，ヨコ糸をわたす
③オサで布を寄せる
④ヒで強く打ち込む
⑤きき足を引く（引き足）
(注：足は左右のどちらを使ってもよい)

中世までは、大佐渡の北東部の海村は海府といわれており、出入りの多い岩礁海岸のために人びとは船によって行き来していた。海岸に沿った段丘は広かったが、水の便がわるかったため、大佐渡山系から流れる川水を引き入れ、長い用水路が開削されるまでは水田化は遅れ、大半は灌木が茂る山野であった。近代になって政府の植林政策で針葉樹に切り替わらなかった山野には、樹皮を繊維として利用できるシナやフジなどがたくさん自生しており、また、水田にできなかった山畑にはカラムシや苧麻が自生していた。また、奥山(トネ山という)には麻の一種のヤマソも群生している。ここでは、これらを利用して織物を織る習俗があった。昭和四〇年代の後半から、ここに残っていた紡織習俗に注目して、筆者は相川郷土博物館学芸員の柳平則子氏らと協力して、伝承してきた紡織習俗についての聞き取り調査と紡織用具の収集をはじめた。昭和五一年には、その採集品は「佐渡海府の紡織習俗と用具」として同館に収蔵されている。これは、木綿類が入ってくる以前の、土地の資源を利用した原初的な紡織習俗を知るための民俗文化財である。

佐渡の海村に広く行なわれていた裂織は、大佐渡海岸地域でもっとも盛んに行なわれていた織物であった。この裂織が盛んな地域とネマリバタを使っている地域はほぼ一致している。海辺の生業形態と関係があることが認められる。

まとめ——裂織を伝えた地域

木綿が入ってくる以前の樹皮繊維などによる紡織技術を伝承していた戸中(旧相川町)の渡辺ふみ

さんが死亡したのは昭和四九年であった。そこに住んでいる織物伝承者のほとんどが明治生まれであった。身近な材料から必要な物を調達して生きるという工夫を、生活の知恵としていた時代であった。大正、昭和へと時代が新しくなると、衣料も大量生産化されてきて、この時代は自給衣料と購入衣料が重なっていた過渡期であった。つまり、木綿以前の織物の中に新たに購入される木綿衣料が入って、木綿の供給と購入する側の資力の違いによって、衣料生活に地域的相違が生まれていたのである。麻織りの生活をしていた所へ木綿が入って、手前織りといわれた自製木綿が織られた小佐渡の事情とは異なって、早く木綿の生活になっていた鉱山町、相川からツギを手に入れて、この木綿を再生して衣料とする裂織が行なわれる地域性が生まれた。また、すでに述べたように、裂織が盛んに織られるようになったのは日常の生業形態とも関係があった。稲作や畑作が中心である国中や小佐渡のような地域では、厚地で重い裂織は必要ではなかった。

相川より鷲崎までの大佐渡の海岸は、高い山地の麓に段丘が付着するように連なっている。ほとんどの集落が屈曲した入江に点々と並んでいて、集落をつなぐ海岸道路はようやく昭和になって完成している。この地理的条件が、長い間の自給自足生活を余儀なくしていた。相川から車で三〇分くらいの所にある戸中は、近世のはじめに鉱山の村として成立した。鉱山での稼ぎがなくなってからは、農漁村として自立する努力を続けてきたが、耕地が少ないために、山作業・漁業・賃仕事などを兼業して暮らしを立ててきた。ここでは農村にみられるような農閑期はなく、仕事の切れ目に行なわれる年中行事の前後に仕事着を作製し、衣料の繕いをはじめ、さまざまな工夫をこらして、自家で使用する織物を生み出している。

本書でよく引き合いにだした近世の生活誌である『佐渡四民風俗』の中の外海府に関する記述の一節に、「外海府村々のもの、男は薪を伐り、炭を焚き、女は裂織を織り、山苧トウネを織り、級《しな》を織り、其外、藤布等をも織候由……」とあり、記述は当時の生活状態をよく表現している。大佐渡海岸についてては、いずれの書物にも似た記述が見られる。外海府は相川という鉱山町の近郊地であったので、農繁期以外には、薪や炭を焼いたりして、地回り船のテント船やサンパ船に載せて消費地の相川へ運ぶ仕事に忙しかった。そして女性は、家族の普段着や仕事着を確保するために、余暇はほとんど糸づくりやハタ織りの仕事をした。その伝統的な紡織の技術伝承者は、家の中で立場の安定していた姑たちであった。その生活も、昭和五〇年ごろから大きな生活様式の転換期を迎えた。田畑へ行くのに農道がつき、農業が機械化されて仕事のスタイルも変わった。家の中は改造もしくは改築され、家庭燃料は薪・炭の生活から石油・ガスの生活に転換した。仕事の内容も機械化され、着物も軽装になってきた。ことに女性の重労働からの解放は特筆すべきであるが、一方、経済的支出が多くなり、生活がせわしくなったのも事実である。

われわれの主な生活空間である居間は、囲炉裏をふさいで洋間に模様替えし、ジュータンが敷かれるようになった家が少なくない。この生活様式の転換は、コタツ掛けを織り、その下掛けを刺してよろこばれる時代ではなくなった。長くつづいた裂織の紡織習俗が、新たに生じた必要の中で生き残っていくことをあらためて期待したい。

生活文化の継承と課題

佐渡は海に囲まれ、文化に隔絶された孤島のように思われた時代があった。しかし、陸上だけをみているとたしかにそうかもしれないが、海上を通して各地から伝わってくる交流の文化は想像以上に多く、また内容も多様であった。たとえば、南からの風に回船を走らせてきた船乗りたちが、湊々に伝えたハイヤ（ハンヤ）節はその土地の人たちによって、さまざまな節まわしに編曲され、踊りに変化して、芸能文化をその土地に定着させてきた。それと同じように、木綿の文化も、すでにあった織物習俗の中に上手に取り入れられて、その土地の織物文化をつくりあげてきた。人間の生活文化の中には寒さとのたたかいがあったが、木綿はそれを克服する要素をもっており、いっそう進んだ生活文化をつくり上げていく要因になった。ことに寒冷地に木綿を取り込んでいく過程は、地域によって異なったかたちがあり、巧みに衣生活に取り込んで、そこで特徴あるものになっている。

本書は、生活に必要な仕事着にもっともよく取り入れてきた木綿の、地方への流通と利用の段階から、木綿最後の雑布になった雑巾までを、女性の生活史をタテ糸にして書き綴ってきたつもりであるが、整理不足と研究の範囲を佐渡以外に広げえなかったことにより、記述の随所に見当違いや思い違いもあるであろう。

佐渡の事情を詳しすぎるくらいに記したきらいがある。わたしとしては、まず、佐渡という足下で視点を定めて、そこから広げて、他日、他地域を調べていけばよいという思いである。まだ、わからないことがたくさんある。残っている記録からすると、木綿は西国のほうから北前船が運んだことはわかるが、それればかりではなく、各地に特産地が成立して、周辺がその影響をうけながら、陸上で反物をもって歩くアキンド（商人）の活動と木綿文化の地方への浸透の事情も考えないわけにはいかない。この面の研究はあまり進んでいるとは思われない。この後、長く伝承されてきた木綿以前の衣料習俗についても、機会をみて、この際まとめておきたいと考えている。本書の記述はかならずしも明快とはいえないが、新しい文化が入る場合には、その土地の文化性、もしくは取り入れ方のセンスなどが加わるので、すぐには結論は出せないであろう。

ある時代から次の時代へ文化を伝えていく継承には女性の果たす役割が大きい。たとえば、物不足時代の高度成長期以前に生きた女性（明治生まれ）には、大事にしてきたハレ着、外出着だけでなく、仕事着にも思い出がたくさんつまっているという話を聞いているうちにわかったことである。

幾世代も受け継いできた手織りの着物などには、それを織った人の「手の跡」が残っていて、その人らしい織り方・模様・色合いがみられ、個性的であり、生活感さえにじみでているようで、人柄まで感じとることができると思われる。これを佐渡では「名残《なご》し」といっていた。女性たちの思いの中には、家族を支えていたという、人にはいわない自負と思い入れが隠されていたからであろう。

かつての女性は、嫁に入って姑に仕えて家のために夢中で働き、年を経て家のカマド（家事の権限）を渡されるようになると、第一線の農作業から退いて、自分だけの仕事部屋で黙々とハタ織りに精を出した女性たちがいた。この女性たちが織った織物をよく目にした時期は昭和五〇年前後までであった。金銭で購入し、使い捨てにして衣服を脱ぎ変えていく消費文化の中にはみられない、生活と道具とが一つ一つ個人の愛着でつながっていたのである。その手の跡を誰かが見ることもなく、時代はすべてを押し流しているようである。

今は、すべての部分で流動と変化の時代の中にある。身近な環境の中の素材から生活用具を生産し工夫するという「もったいないから生かしてゆこう」という方向にはなく、「類似品の中から好きな物を選ぼう」という時代である。物に対して生活の思いを込めるほどのことはなく、簡単に消費する時代になっている。衣食住のすべてにわたって洋風化が進んで、特別の機会でもないと、昔の生活用具は日の目をみないのである。伝統は日常的ではなく、個人の思いつきによって偶然に現われてくるような状態にある。この物あまりの中では、無形の文化、あるいは精神的指向よりも先に、有形の物質が先行して消えていっているように思う。和洋の混雑した近代化の中で、地域において残されている生活文化をどのように継承していくか、また、その継承が可能であるかどうか、という段階を越えて、もうあきらめざるをえないような状態となっている事例がいくつもある。

紡織用具・衣類の収集と伝承活動

昭和四七年より五〇年まで、佐渡北海岸の海府地域における伝統的な紡織用具や衣類の収集を行ない、その紡織技術と伝承者からの聞き取り調査をはじめた。民俗的な評価については武蔵美術大学の宮本常一教授の指導をうけ、収集した用具と衣類の整理については、文化庁の天野武氏の指示をうけて、それぞれ用具を計測し整理し、カード化して、同五一年に「佐渡海府の紡織用具と製品」として重要有形民俗文化財の国指定をうけた。この年、国指定を記念して相川郷土博物館で「佐渡の裂織展」を開催した。おそまきながら、世間に民俗文化財としての価値を認知してもらう機会となった。その後、指定品を収蔵する「文化財収蔵庫」を文化庁の補助金を得て、相川郷土博物館の敷地内に建設した。それ以来、毎年、相川郷土博物館で「裂織の実演」と「講習会」を開いてきた。

また、筆者自身は、博物館事業とは別に、次の企画展を島内各地で行なった。

昭和五三年二月二四日～二六日　シルバービレッジにて「裂織り展」（旧佐和田町）
五五年八月　羽茂ふるさと祭りにて「裂織り展」（旧羽茂町）
五六年二月一七日～二八日　沢根五十里励風洞にて「木綿展」（旧佐和田町）
五六年八月　羽茂ふるさと祭りにて「木綿展――

179　あいかわ開発総合センターの緞帳
裂織技術習得者の共同作品（タテ 5m，ヨコ 15m）

島内で開かれた裂織展

180　シルバービレッジ「裂織り展」 昭和53年2月．初めての試みであったが，多くの女性が会場にきて即売も行なわれた．
181　沢根五十里の励風洞「木綿展」 裂織愛好家の作品と旧家➡

180

181

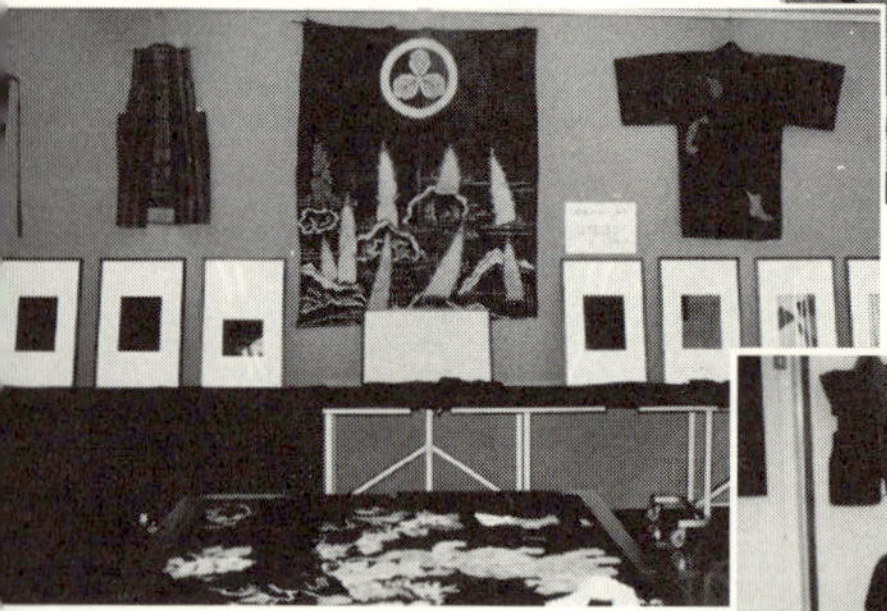

182

183

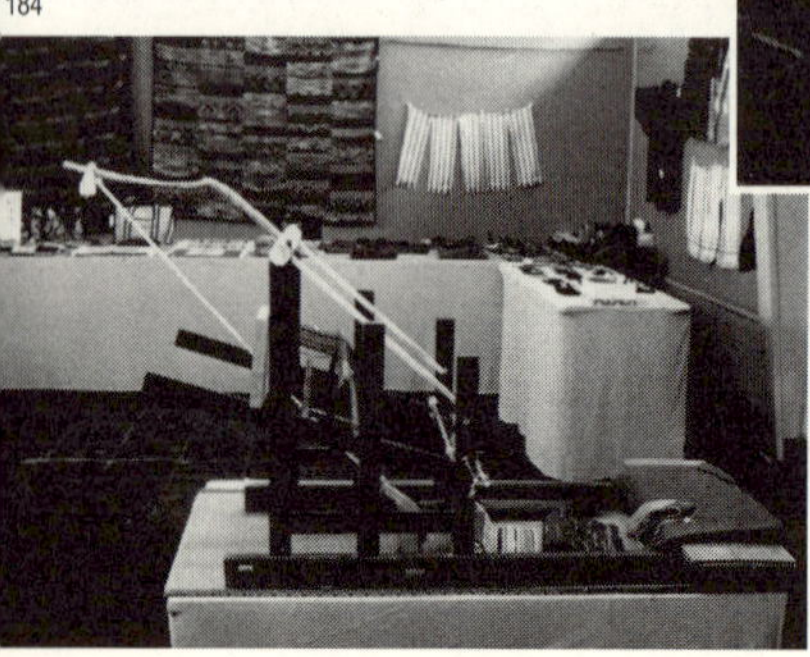

184

⬅の昔の木綿を展示する．昭和56年2月．
182　羽茂ふるさと祭り「木綿展」 羽茂就業センターにて．「雑巾の復権」と題して行なう．昭和56年8月．
183　沢根五十里の励風洞「裂織り二人展」 加藤幸子・中村キク．昭和57年3月．
184　佐渡博物館「裂織り展」 昭和58年5月．

185

平成十四年度日本民藝館展
日本民藝協会賞受賞
『裂織り炬燵掛け』
相川町技能伝承展示館 出品
日本民藝協会賞は、
協力製作の成果の著しい品に対して
贈られる賞です。
平成十四年度日本民藝館展
十一月二十三日から十二月一日
会場 日本民藝館 目黒区駒場
山本 悦子 作

186

187

185 相川技能伝承展示館の作品 ネマリバタによる海府の標準的な裂織．古木綿を使っている．
186 日本民芸協会賞受賞作品 山本悦子作．平成14年度民芸館展にて受賞．
187 裂織講習会 昭和56年の講習会風景．伝承展示館のネマリバタを使う．

雑巾の復権」
五七年三月一七日〜二七日　沢根五十里励風洞にて「裂織り二人展」――加藤幸子・中村キクによる実演即売会
五八年五月　佐渡博物館にて「裂織り展」

また、柳平則子氏が相川郷土博物館活動として、文化財収蔵庫の建設以来、裂織の製作技術について技術伝承活動を行なってきた。

昭和五一年　重要有形民俗文化財国指定記念特別展「佐渡の裂織り」を開催（相川郷土博物館）
五五年　国補助事業の「民俗文化財地域伝承活動」で、裂織教室とビデオ作成を行なう
五八年　あいかわ開発総合センターの緞帳《どんちょう》を裂織で製作
五九年　相川さきおり村を結成
六一年　相川町技能伝承展示館の開館。ここでの裂織作品を東海呉服振興会の「あがた息吹相川展」に出品、ついで新潟大和・伊勢丹・三越などへ相川特産品とし、また、千葉上総博物館友の会「はたおとの会」などと交流した。
平成　三年　相川郷土博物館で行なってきた柳平則子氏らの裂織伝承活動事業（普及活動と後継者育成）は第一回織成賞・審査員特賞となった。（柳平則子「裂織伝承活動事業」より）

ついで、兵庫県青垣町「第一回手仕事と伝統の全国もめん展」に裂織を出品した。平成七年には、京都府立丹後郷土資料館の開館二五周年記念号として、『日本海の裂き織り』が刊行されたのを契機に、裂織が地域的な名称をもちつつ、海村の共通した仕事着として利用されてきたことを、日本海沿岸全体にわたって考察するようになった。その結果、裂織は日本海沿岸だけでなく、愛媛県西部の佐田岬半島にも使われていることが、『佐田岬半島の仕事着（裂織）』（愛媛県歴史文化博物館資料目録第四集）で発表された。裂織は海村だけではなく、山村にも、平地村においても、本来存在していたはずであるが、生業のありかたによって、主として海村に遅くまで残ったものであろう。伝統的紡織習俗を維持していた生活の中に木綿が取り入れられ、さまざまな仕事着に工夫されながら、やがて既製服が普及するようになり、着られなくなった仕事着の実態が、広く調査をしてまとめた結果わかってきた。

京都府立丹後郷土資料館では平成一五年に、秋季特別展として「木綿再生」が開催された。この企画展用の図録『木綿再生』によると、丹後地方の方言に「たばっとく」もしくは「たぼとく」という、物を大事にしておく意味の方言があるという。この図録に、ここの舟屋の景観で有名な伊根浦に住んでいた明治二五（一八九二）年生まれの女性が、自分がいなくなれば、処分してしまうだろうといって、「たばっといた」布切れをもらってきたという井之本泰氏の記事が載っている。まさに、明治生まれの女性であり、大事にしまっておいた衣料などは、身内の者が形見分けをして、次代に譲り渡されていった伝統のある地域である。佐渡でも「たばっとく」は「たぼうとく」で、同じように物を大事にとっておくのが女性の生き方だった。また、出雲地方にあった、嫁入りに祝風呂敷を持参するという習俗も、昔からの海路の交流をみれば、佐渡との地理的距離は遠くとも、けっして無縁の土地ではなかったのである。

平成一五年の暮れ、神奈川大学常民文化研究所において、第二回常民企画展「ぬいものつくろいもの——暮らしの中の知恵と技」が行なわれていた。長野県佐久市内山に生まれた昭和初期の仕事着の縮小復元作品と明治生まれの女性が縫い上げた雑巾を展示してあった。雑巾の用途を考えれば、どのような色合いでもよいのであるが、配色の自然さ・美しさは一つの芸術品であった。また、平成一四年に東京において、第一回公募展「全国裂織展」がひらかれた。この展覧会への応募作品は二一五点に上ったという。佐渡からは

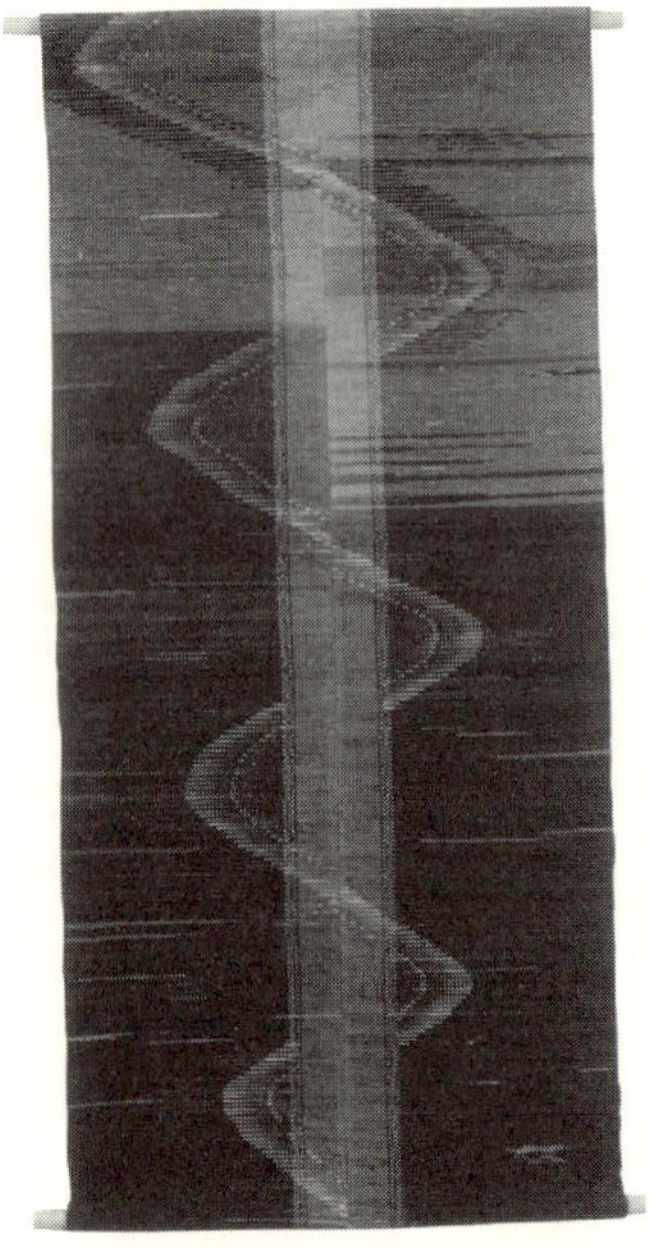

188　加藤幸子さんの受賞作品「螺旋」　平成14年第一回全国裂織展において伝統技術継承部門で優秀賞を受ける.

加藤幸子さんが出品し、伝統技術継承部門で優秀賞を受賞している（図188）。ついで、同一六年にもひらかれ、裂織芸術部門には現代的で華やかな装いの美しさが見事に表現されていると審査員長の富山弘基氏は講評で述べている。しかし、裂織の伝統継承部門の応募点数は少なかったという。物あまりの時代にあって、伝統技術の継承は、今後、ますますむずかしくなるであろう。しかし、自己主張の表現の一つとして、裂織という手仕事の技はけっして忘れ去られてはいないのである。精一杯生きていた、かつての女性たちの伝統は、ふたたび研究の対象となり、これまでとは違った価値評価がなされ、次代の女性たちによって織物の中に美を創り出していくことを期待したい。

〈付録〉佐渡裂織の技術入門

相川郷土博物館　柳平則子

一　旧相川町伝承のネマリバタ〈地機〉で織る裂織

裂織の体験学習ができる相川町技能伝承展示館が開館してから、まもなく二〇年になる。体験学習を取り入れる修学旅行の増加にともなって、裂織の実習も年々増えている。修学旅行シーズンの五、六月は、二五台の織り機（ネマリバタ）がフル回転している。修学旅行の実習時間は平均二時間、五人に対して一人の指導員がつききりで指導する。この指導員は、相川郷土博物館が開いている「裂織講習会」から育った人たちである。昭和五一年から開いている「裂織講習会」については次節に記述するが、講習を受けた人たちが技能伝承館の継続利用登録をして、裂織実習室ではいつも裂織を織っているようになった。このことが裂織の普及に大いに役立っている。毎年一一月に開く講習会の日程が広報される前に申し込み者が定員を上回るほど好評である。

二　裂織講習会の内容

講習会で教える裂織の技法は、大佐渡北海岸一帯（通称海府）で伝承されてきた紡織方法である。この方法は収集調査を通じて、紡織用具の使い方や織った製品の利点をまとめ、最初から講師を勤めてくれた坂口イトさん（旧相川町戸中、大正元年〜平成六年）が、母親・姑から教えられてきた技術をもとにこのテキストをつくった。

ここで教えている方法は、基本的には、

- ネマリバタ（地機）を使用すること
- クサ裂き包丁で布を裂くこと
- 裂織用の杼で打ち込むこと

を柱にしている。多くの伝承者からの聞き取りの内容は、個人ごとにすこしずつ異なっていたが、教えるための方法として適当なものを取り上げ、内容を再構成した部分もある。

また、「佐渡裂織」として佐渡全体で統一して紹介されることもあるが、ネマリバタを利用する地域は海府だけであり、タチバタ（高機）で織ったものとは織り上がりの違いがはっきりしている。その地域性によって異なっているのである。

このような理由で、裂織の技術伝承は、これがもっともよいということではなく、「海府ではこのように伝承されてきた」という立場に立っている。

■講習期間――三週間。このうち講師の出る日は一〇日間（講師は二、三日おき、整経・縫製のときにでる）

■講習時間――午前九時〜午後四時

■受講料――二五〇〇円（糸代を含む）

■用意するもの――木綿布（洗いさらした浴衣地や布団地など）、ハサミ・針・物差

三　裂織ができるまで

裂織の歴史

裂織は、木綿布を細く裂いてヨコ糸にして織った織物である。海府では、タテ糸にシナ・フジ・ヤマソなどの自然繊維を使い、ネマリバタという地機《じばた》で織り上げたものである。裂織は、海府の生業の歴史を知る上においても、貴重な資料を提供してくれる。そのため、講習会のはじめには、国の重要有形民俗文化財の指定を受けている「佐渡海府の紡織用具と製品」について説明する。

糸巻き

講習では、タテ糸は二〇番三本撚りの木綿糸を使用する。座《ざ》繰《ぐり》・綛《かせ》繰《くり》器を使って枠に糸を巻く。海府では、座繰は絹織りに使用されていただけである。裂織のタテ糸にするシナ・フジ・ヤマソなどから績《う》んだ糸は、ウマ（巻き取り用の台）に大きな木枠をさして巻き取っていた。古い形のままで講習を行ないたいと思っているが、文化財に指定されているものは使用できないし、同じ形のものを作るには経費がかかるため、一般に市販されているもので数をそろえた。座繰・枠・綛繰器は二人で一組ずつ使用する。

タテ糸をつくる（整経）

へ台（整経台）を使って、タテ糸の本数と長さをそろえる。裂織は三ヨミ四テ（一三六羽）という筬《おさ》を使い、糸を筬目に双目《もろ》（上糸・下糸を各一本）に入れる。また、両端にチカラ糸を二本一組ずつ入れるので、タテ糸は一三八組が必要である。

へ台は、角《つの》のついている部分が天地になるように組み立てる。天と地の角の間隔は約一六〇センチ、このへ台で八ヒロ（一ヒロは約一六〇センチ）たてると一反分であるが、講習では二ヒロたてる。タテ糸を長くしないのは、講習期間中に三回ほど整経を経験して、しっかり覚えてもらうためである。二ヒロで約二メートル織ることができる。タテ糸は二つの枠に巻き、二本ずつ角にかける。まず、へ棒という芯を抜いた篠竹に糸を通して、二本の糸を結ぶ。へ棒は一本は長く、他の一本は短くしてある。

これは綾《あや》を取るときに間違えないようにするためで、長いほうから綾を取る。糸は左上の角から掛けはじめ、下の角、上の角……と上下に動き、右上の角と下の二つの角を使って綾を取る。へ棒を箸のように持ち、長いほうを先に、短いほうを後から一本ずつ角に掛けて、下の角の往きに通った角の一つ外側の角を回ってもどる。へ棒は、綾を取るとき以外は、二本の糸が絡まるのを防ぐ役割ももっている。糸が角の付け根を回るとき、糸が途中でたるまないように左手で糸を導く。二本ずつたてるので、六九往復し、左上の角のところで糸を切り、輪に結ぶ。綾をとったところと、たてはじまりの部分をくずさないように、しっかり縛り、たてはじめの輪と、途中を数か所縛ってから、掛けた角からクサリ編みをするようにはずす。(図A・B参照)

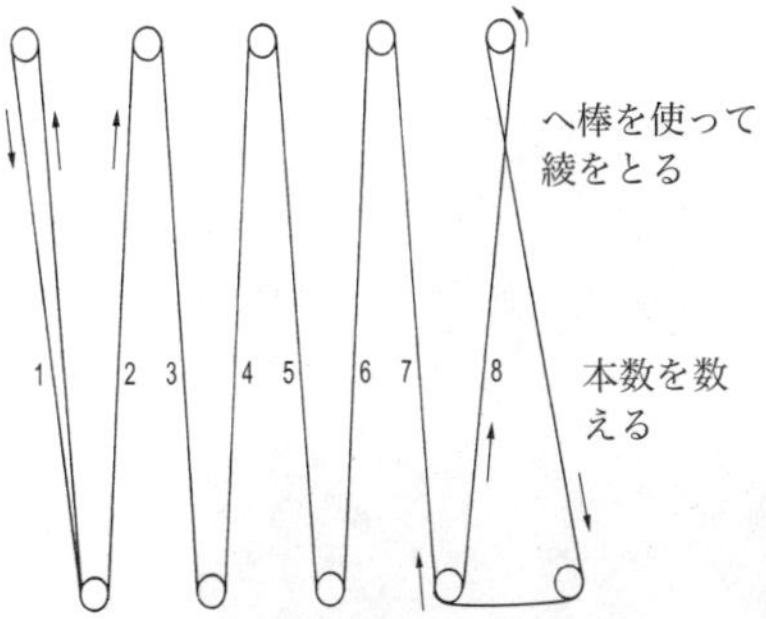

図A　整形台の糸の掛け方

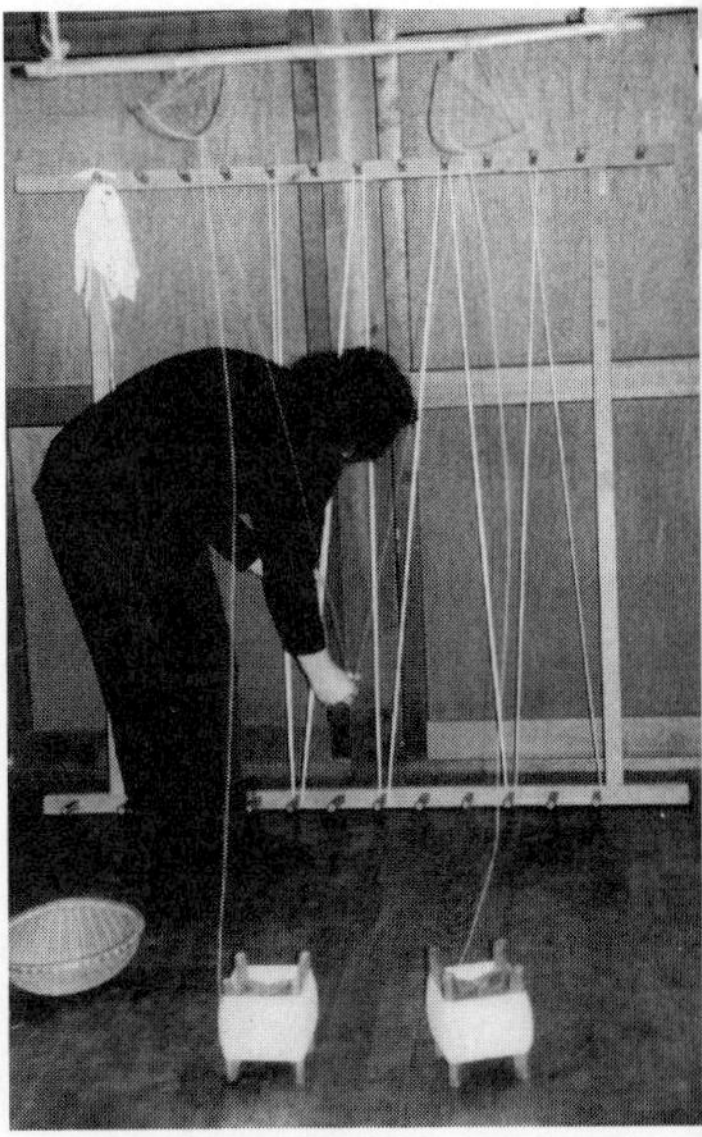

図B　タテ糸の整経

筬通し

筬《おさ》の目にタテ糸を通す。筬は三ヨミ四テ（一三六羽）という竹筬、幅は鯨尺で一尺（三八センチ）である。タテ糸はチキリ（千切）に縛りつけ、綾を取った部分にマタ棒を挟み、マタ棒の先を紐で縛っておく。

筬を筬台にのせ、タテ糸を左側から一組ずつ（上糸と下糸は輪になってつながっている。このまま通すから双目になる）通す。筬目を通したら、上糸と下糸を間違わないようにしてオロシ棒を通しておく。両端はチカラ糸を加える。（図C参照）

アザリ返し

タテ糸の一方（筬に通していないほう）を柱に縛り、タテ糸を伸ばす。筬目を通したもう一方の糸の輪にチキリを通し、チキリを回しながらタテ糸の撚りが強すぎるのを直し、糸の幅が筬と同じになるようにする。また、筬目の通し違いや、上糸と下糸が入れかわって

図C　筬通し

いないかを調べる。それから、綾と筬をチキリの間に移すアザリ返しをする。機を織るときは、体に近いほうに筬、つぎに綾、そしていちばん向こうにチキリがある。筬を通した時点では筬より前に綾があるので、綾と筬の位置を替えるためにアザリ返しをする。マタ棒で上糸と下糸をわけたところにオロシ棒を挟んでから、マタ棒を抜く。筬をオロシ棒のほうへ動かすと、綾が筬とチキリの間に移るので、綾にマタ棒を挟んでおくる。（図D・E・F参照）

図D·E　アザリ返し

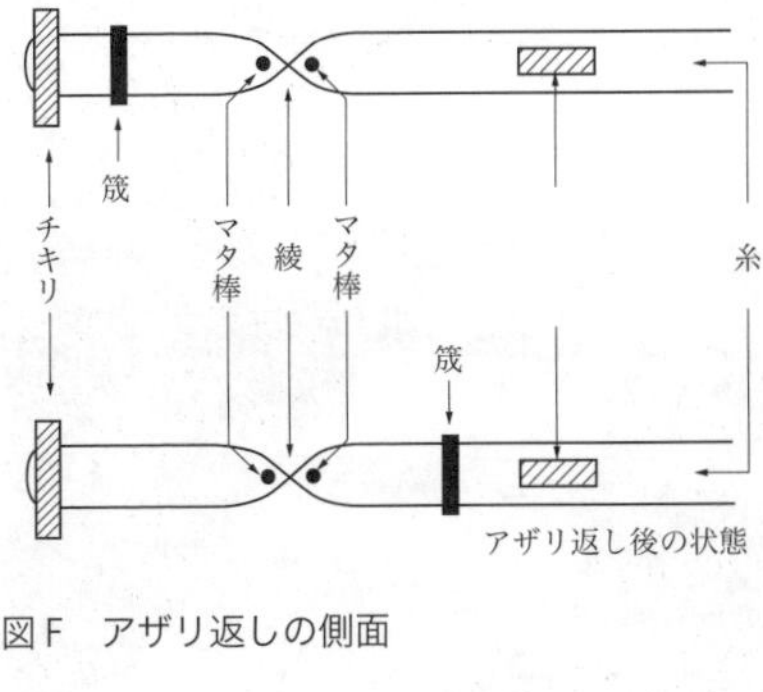

図F　アザリ返しの側面

チキリ巻き

筬でタテ糸の幅をそろえ、ところどころに機グサを挟みながらチキリに巻く。糸がたるまないように気をつける。(図G参照)

へをかける(綜絖をつくる)

ネマリバタの綜絖《そうこう》は片綜絖で、下糸にかける。タテ糸を張り、マタ棒と筬の間で下糸にへ糸をかける。マタ棒が挟んであるので、筬の側面からみて上にみえるのが下糸である。へをかけるのに使う綾棒は、直径三センチの竹で、一方の端を割ってあり、割れ目に篠竹Bを挟んで、約六センチの口の幅をつくる。綾棒の上に篠竹Aをのせ、数字の8の字を書くように、下糸を一本ずつすくって、下糸だけをすくい上げる仕掛けをつくる。下糸をすくい終わると、割れ目に挟んだ篠竹Bをはずして綾竹の節の中にしまう。上に細い篠竹Aを重ねるのは、へ糸の滑りをよくするためである。(図H・I・J参照)

図G　チキリ巻き

ヨコ糸に使う布を裂く

クサ裂き包丁と呼ぶ小刀で、布を〇・五〜一・〇センチくらいに裂く。裂く布は木綿布である。布を両手でピンと張って持ち、右手に持った包丁の尖った先を布にさし、包丁を後方へ引くと布が切れる。一幅（三八センチ）の布を三回くらいに分けて切り、布の端は切り落とさないで、布を持ち替えて一枚の布が一本の紐になるように裂く。布は、縦・横どちらにも裂く。布の文様から織り上がりを想定し裂く方向をきめる。経縞の布を横に裂くと、ゴチャゴチャした感じになり、縦に裂くと縞が細くなった感じになる。織りたいものの約六倍の布が必要である。厚地の布は細く裂く。綾織りなどは切り口がボロボロするが、織ってみると面白

図H・I・J　へを掛ける
下糸にへ糸を掛け，下糸だけをすくい上げる仕掛けをつくる．

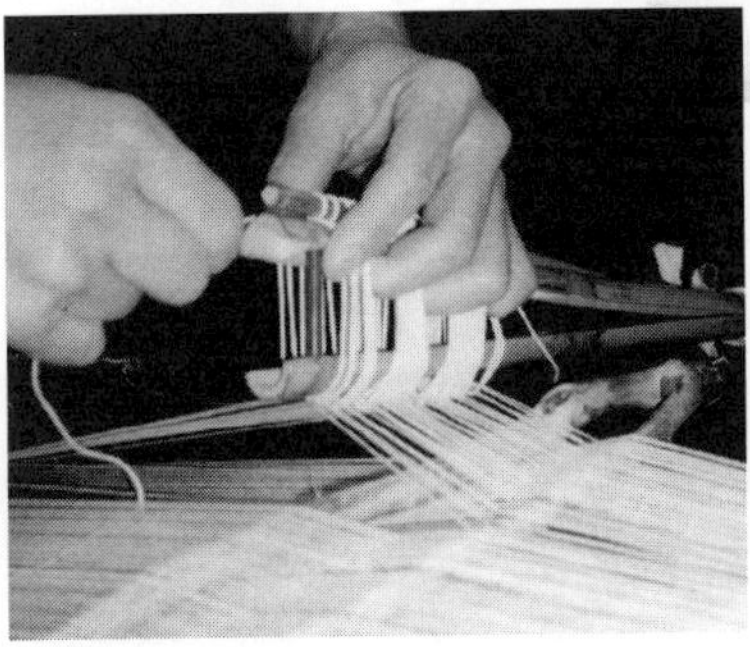

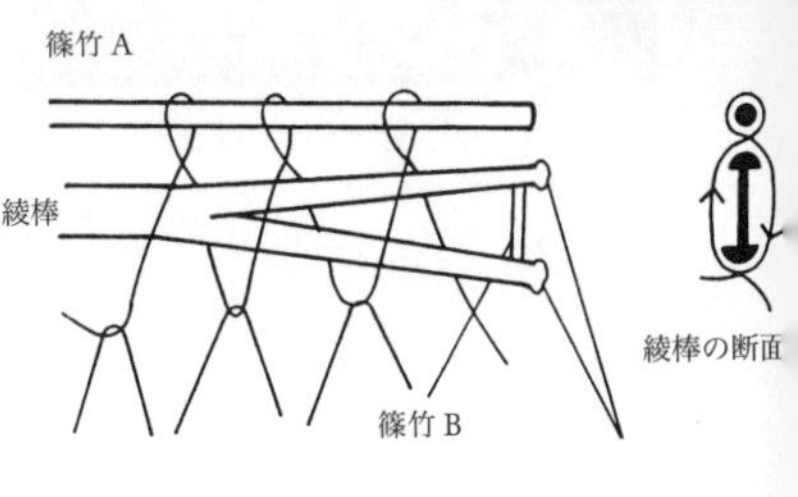

い場合もある。(図K・L・M参照)

機ぞろえ

機にチキリをのせ、織り手も腰掛け板に座って、タテ糸の端の輪にカラス口の棒を通して、腰当てで体に取り付ける。中枠を挟み、押さえ竹の紐、マネキから綾棒を吊っている紐を自分の体に合うように調節する。また、片方の足を足掛けに入れ、引き足を引いたり伸ばしたりして、織りやすい状態をつくる。また、タテ糸の長さをそろえる。長すぎる糸は結び、左右の糸の張りが均一になるようにする。太い織り出し用の裂き布を一、二段織り込み、へ糸のかけ違いによるナラビ糸がないか確かめ、筬の幅に合わせて織り幅を整える。織り出しを五、六セン

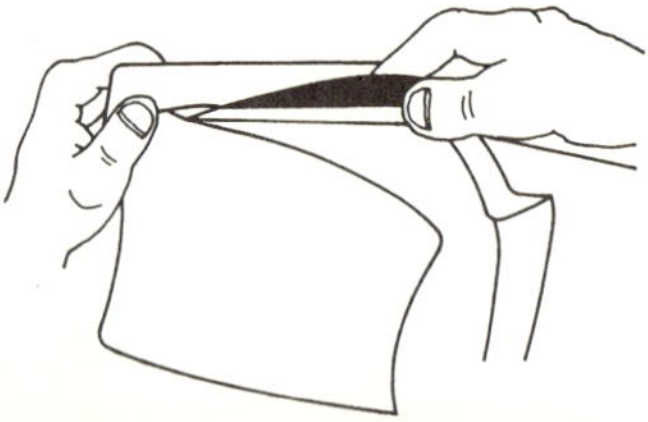

図K・L・M　タテ糸に使う布を裂く
クサ裂き包丁・ハサミを使って0.5cmくらいの幅に裂く. 目的の寸法の約6倍の布を用意する.

チ織ったら、しきり糸をすこし織る。（図N参照）

これで織る準備ができあがったことになる。

裂織を織る

しきり糸を織り込むと織り幅がすこし狭くなるので、裂き布を入れながら幅をすこしずつもどす。

織り方は、まず、引き足を引いて（下糸を上に持ち上げて）杼《ひ》を通す。杼を入れたら引き足を伸ばす。ヨコ糸を糸掛けにかけて右から左へ通す。杼を右に抜き、左手で筬を手前に動かして軽く押さえる。足はそのままで（伸び足）、杼を通してしっかり打ち込む。それからヨコ糸を左から右へ通す。ヨコ糸は折り返しの反対側でたるませる。こうしないと、ヨコ糸が太いので織り幅が狭くなる。つぎは引き足を引いて杼を通し、しっかり打ち込む。このように引き足のときはヨコ糸は右から左へ、伸び足のときは左から右へという動作を繰り返して織る。ヨコ糸が

図N　機ぞろえ

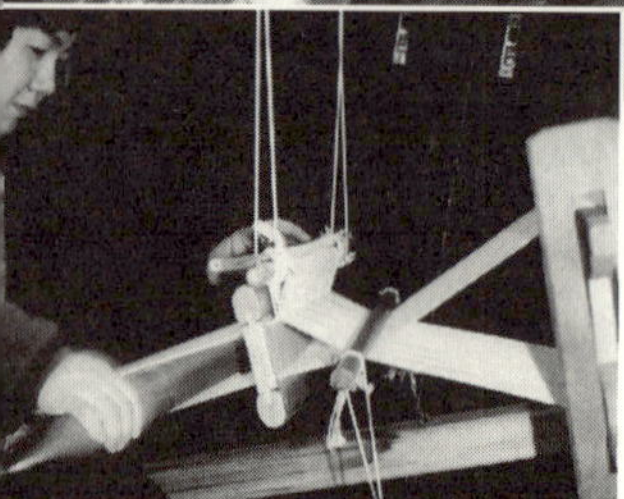

図０（上）　伸び足

図Ｐ（左）　引き足

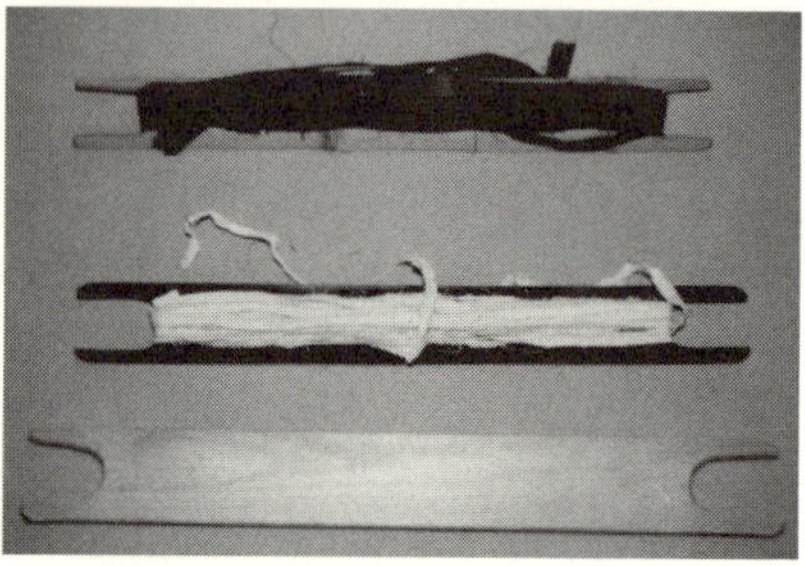

図Ｑ　ヨコ糸は糸掛けに巻き直して使う．

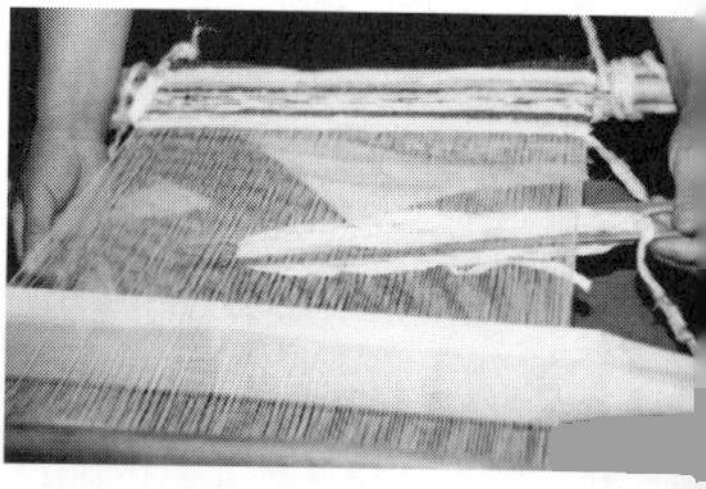

図R　ヨコ糸を通す.

図S　ヨコ糸は斜めに入れ，ゆるみをとる.

図T　杼で打ち込む.

図U　カラスグチに織った布をはさみ，巻き取る.

図V　切り離す部分にシキリ糸を織り込む.

図W　オロシバタ　タテ糸をチキリからはずし，中枠に移して織る.

図X　ネマリバタ（傾斜型地機）　旧相川町戸中
地機には二つの型がある．一つは主体部が後方に傾斜している傾斜型，もう一つは垂直型である．佐渡には傾斜型が多く，傾斜型分布の東限とされている．

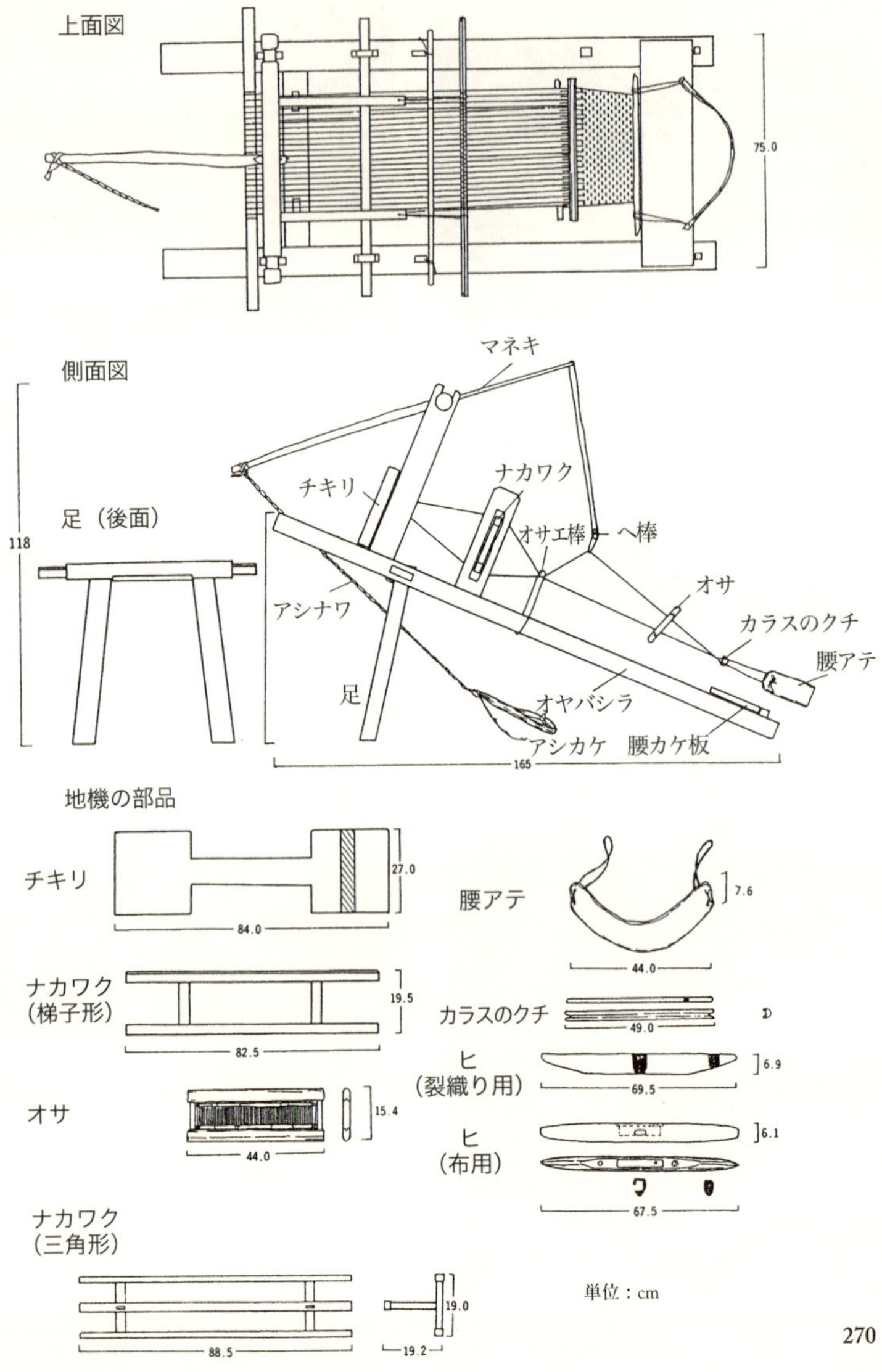

図Y　佐渡にあるその他の機織り機

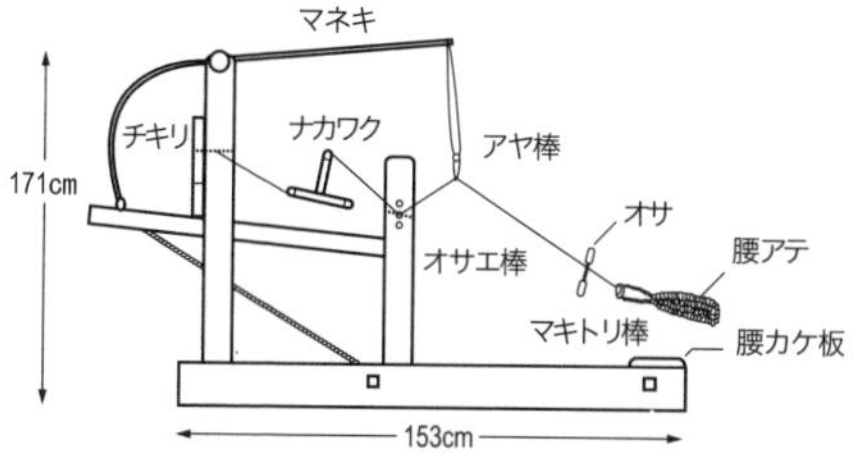

ネマリバタ（垂直型地機）
旧赤泊村外山
垂直型地機は，越後側に近い小佐渡地域で，数台確認されているにすぎない．

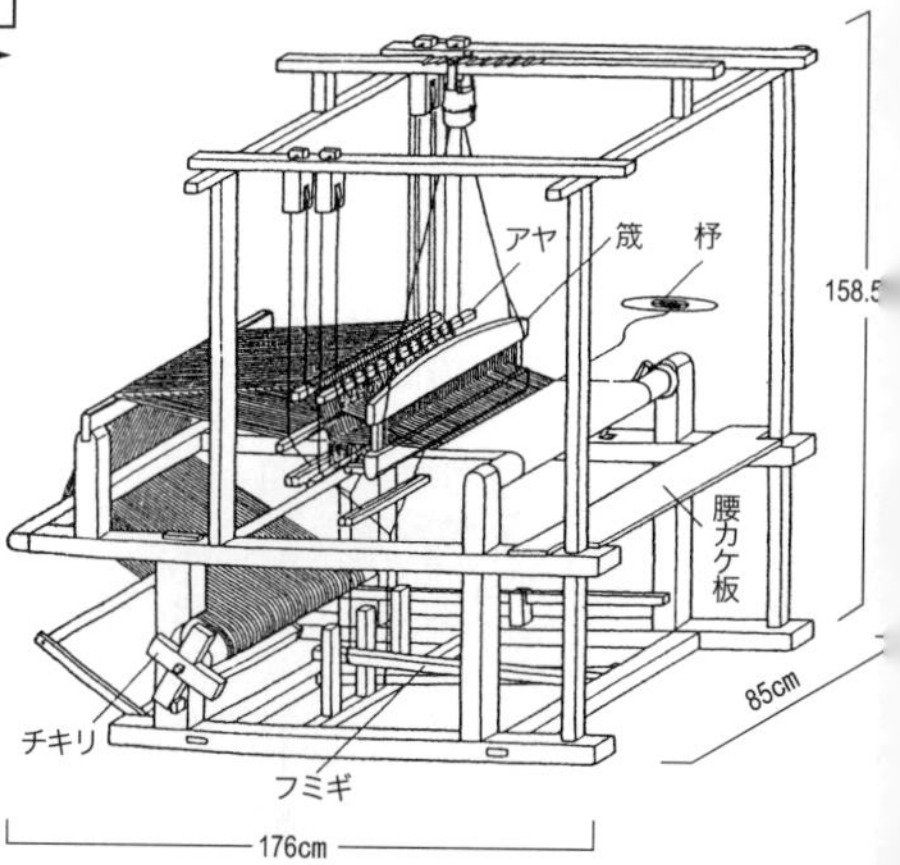

タチバタ（高機）
中：(木綿織用)　旧赤泊村外山
下：(絹織用) 旧相川町後尾
佐渡における木綿織り用の高機の特徴は，タテ糸を引き上げる綜絖部が，地機と同じような構造になっていることで，名称も綜絖とは呼ばず，アヤと呼んでいる．

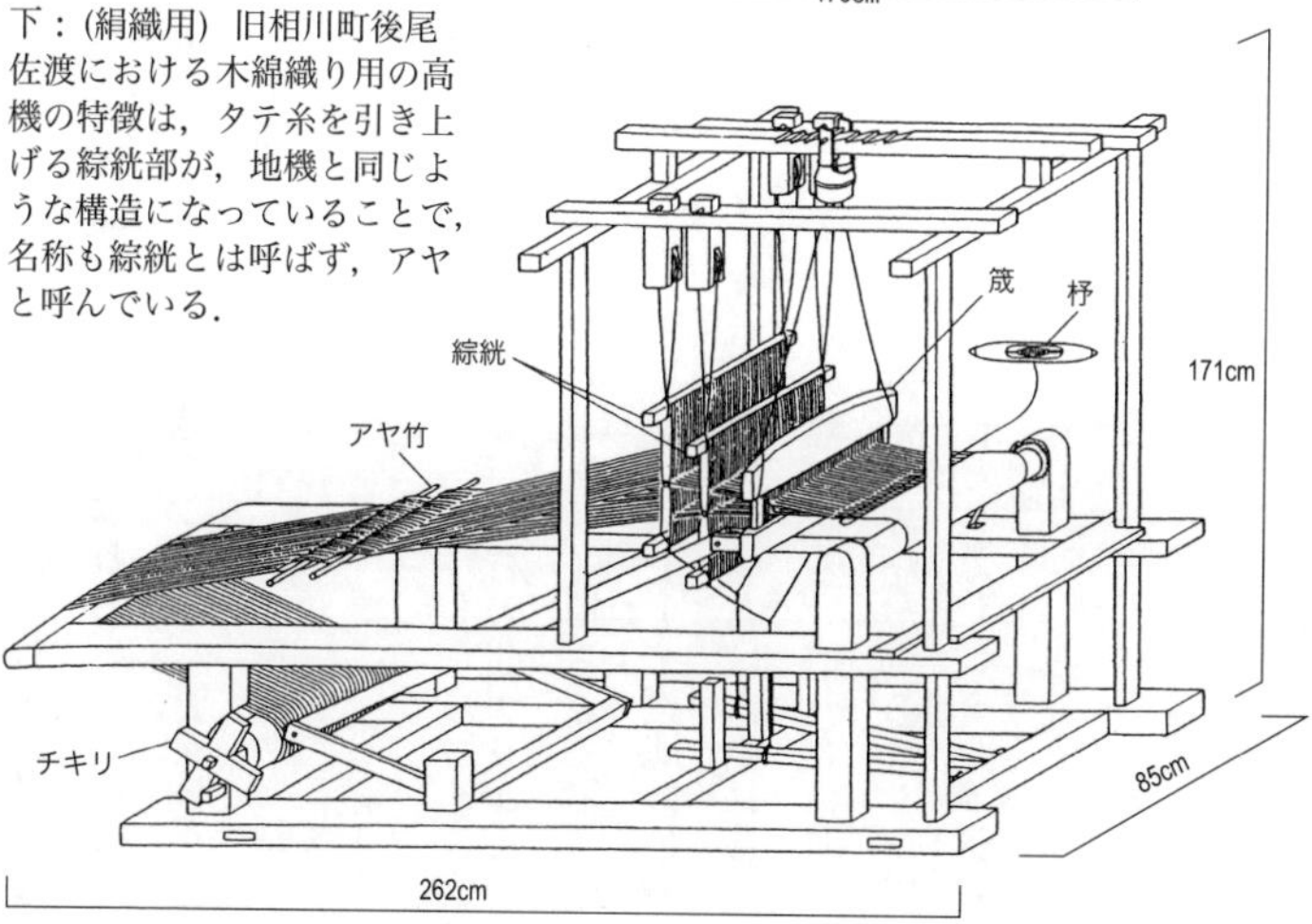

切れたり糸を替えたいときは、二センチくらい重ねておくだけでつながる。裂織の杼は管を内蔵しない。断面が三角形をしており、重さは八〇〇グラムから一二〇〇グラムである。慣れると重いほうが使いやすい。杼は三角形の底面の部分が手前にくるように使い、カドで打ち込む。また、管を内蔵していないので、ヨコ糸は杼とは別に糸掛けにかけて通すので手間がかかる。（図O〜W参照）

織り方の注意

裂織の織り地を生かして製品をつくるようにする。最初は、縁をきれいにし、左右の曲がりがないようにして、テーブルセンターとして使えるものを織る程度がよい。裂織の織り目に頼ると、縦・横・左右の寸法がすこしずつ違ってくるので、中心を決めて寸法をだす。紐・ファスナー・裏地は色や素材を選び、ポケットの大きさや紐の太さは、全体のバランスをみてきめる。裂織の布は自由に裁断ができないので、曲線をだすものには向かない。織り幅も三五センチが最大幅である。織り布は縦にも横にも使うことができるが、足りないときは継ぎ足すことはできない。製品は昔ながらのコタツ掛け・座布団・のれん・半纏《はんてん》をはじめ、手提げ袋・ナップザック・ティッシュボックス・クッション・タペストリー・カード入れなどである。

〈問い合わせ先〉
新潟県佐渡市相川北沢町二　相川技能伝承展示館（電話〇二五九―七四―四三一一三）

参考文献

相川郷土博物館編『佐渡・相川の織物』（相川町教育委員会、一九八〇）
浅井一甲編『木綿』（木魂社、一九八四）
朝岡康二『古着』ものと人間の文化史114（法政大学出版局、二〇〇三）
飯田美苗「青森県のサグリ」、『稽古館研究紀要』第一号（青森市歴史民俗展示館、一九九四）
公募展図録『第一回全国裂織展』（全国裂織研究会、二〇〇二）
公募展図録『第二回全国裂織展』（全国裂織研究会、二〇〇四）
国立歴史民俗博物館編『布のちから・布のわざ』（国立歴史民俗博物館振興会、一九九八）
佐藤利夫・加藤園江「海府級織り考」、『佐渡史学』第七集（佐渡史学会、一九七一）
佐藤利夫「佐渡海府の木綿以前」、『日本民俗学』第九九号（日本民俗学会、一九七五）
佐藤利夫「海府女とネマリバタ」、『佐渡博物館報』第二四号（佐渡博物館、一九七六）
佐藤利夫「佐渡麻織り考」、『研究紀要』創立八十周年記念号（佐渡高校、一九七六）
佐藤利夫「木綿考」、『地方史新潟』第一三号（新潟県地方史研究会、一九七八）
佐藤利夫「佐渡織物誌（木綿と絹織り）」、『社会科研究紀要』一五集（新潟県社会科教育研究会、一九八〇）
佐藤利夫「佐渡のツヅレ」、『技術と民俗　下巻』日本民俗文化体系十四巻（小学館、一九八六）
佐藤利夫「佐渡の裂織り」、『れきし』日本史講座一月号（ＮＨＫ学園、一九九〇）

佐藤利夫「佐渡と上方文化」、『佐渡史学』第一五集（佐渡史学会、一九九九）
秋季特別展『木綿再生――たばっとかれた布たち』（京都府立丹後郷土資料館、二〇〇三）
資料目録第四集『佐田岬半島の仕事着（裂織り）』（愛媛県歴史文化博物館、一九九九）
武部善人『綿と木綿の歴史』（お茶の水書房、一九八九）
角山幸洋『日本染織発達史』（三一書房、一九六四）
角山幸洋「地機の形式分類」、『藤井祐介君追悼記念考古学論叢』（藤井祐介君を偲ぶ会、一九八〇）
特集号「木綿の生活史」、『あるくみるきく』一一六号（日本観光文化研究所、一九七六）
特別展図録二六『日本海の裂き織り』（京都府立丹後郷土資料館、一九九五）
中村ひろ子「サキオリの分布と分類ならびにその系譜」、『月刊染織α』三四（染織と生活社、一九八四）
新潟日報佐渡特別取材班編『生きとるっちゃ佐渡』（恒文社、一九九五）
八田尚子『裂織の本』（晶文社、二〇〇〇）
福井貞子『木綿口伝』ものと人間の文化史93（法政大学出版局、二〇〇〇）
文化庁編『日本民俗地図』（衣生活）Ⅷ（国土地理協会、一九八二）
柳平則子『八十年の織布』（相川さきおり村、一九九三）
山崎光子「裂織りの通った日本海の道――越後のツヅレと能登のツヅレ」、『日本海文化研究』（日本海文化を考える富山シンポジウム実行委員会、一九八九）
山崎光子「サックリ文化の不思議」、『三国のサックリ』（三国町郷土資料館、一九九四）

あとがき

『裂織』という書名を本書につけたけれども、「ものと人間の文化史」のシリーズには木綿に関するものが少なくないので、書名については迷ったが、農漁村の女性の生活にもっとも関係が深いと思われる裂織を中心に、記述範囲を広げて、木綿の流通から利用・再利用、他の繊維類との混紡の状態や生活文化にもふれたものにしたいと考えた。

西国から木綿が北国へどのように取り入れられ、利用されていたかなど、変化のはげしい衣服の歴史の中で、長い間、女性たちが主婦として家庭を支え、時代をどのようにのりきってきたか。できれば木綿生活誌みたいなものを書きたいという構想は、ずっと前からもっており、その間に聞き取りをしてきた覚え書きがそのままになっていた。諸事に追われて今日になってしまった。しかし、よく考えてみると、この二〇〜三〇年の間は、あらゆる面で洋風化が進行したとみられるし、年中行事以外では和服がほとんどすがたを消してしまった期間である。

衣食住の中でも、もっとも衣服は大きく変わってきている。また、住居の改造によって生活様式が一変し、それに合わせて、さまざまな衣料品が市場に出回るようになってくると、自分で衣料などを苦労して調達するという時代は終わったことを実感する。物質的に生活が豊かになったことで、暮らしのメリハリが消えて、かつてのハレの日は日常化してしまっている。昔は、生きているという「生活のニオイ」のようなものが、地域の中で感じられたが、この間に、すべてに「生活の画一化」がはじまっていたのである。

海村の景観もいちじるしく変わった。生活用水は水道もしくは簡易水道を使うようになり、海岸や河川の護岸工事が進んで、かつてあった集落の共同井戸を使用する者もなくなり、川岸で行なわれていた「土用センダク」は、今ではほとんど見られなくなった。海村の中を流れる川の石の上で、盆前のひととき、居間の衣類をはじめ寝具・仕事着などが、そこで洗濯されていた。人の私生活をのぞき込むような抵抗感はあったが、そこでは土地への衣料文化の浸透度が具体的にわかって、まさに生活感そのものであった。その洗濯物の中に、かならず裂織があった。

仕事着には裂織だけではなく、繊維として木綿以前の草木布、たとえばシナ・フジなどや麻（苧麻）・ヤマソなどで作製した衣料が根底にあり、それを混織しながら近世中期以降、主として海村の仕事着として利用されてきた裂織は、一つの生活文化そのものである。本書は、たんなる裂織に関する織物誌になってしまわないように、記述の流れを、庶民生活にかかわる木綿の一生をまとめた「木綿生活誌」のつもりで書き綴った。

長い間の麻織りなどの時代から、絹や木綿の登場によって、「鶴女房の世界」のように、見たこともないような織物が出現する民話の筋書きのように、織物を通して人間の本性と異文化にたいする衝撃のようなものが、北国の佐渡に語られていた。

一人の女性が衣料を丹精して織り、使い果たし、それをまた再生した後、ついに身のまわりから離れ捨てられていく、長い衣料利用の過程に、人間と同じような布の生涯がある。昭和五五（一九八〇）年ごろ、海府の段丘上にある農具小屋に使い古した裂織をみたことを、今思いだしている。袖を取り外して麻糸の縫い目をほどいてあった。そこで仕事している者に聞いてみると、雑巾にするためのものであった。また、小木三崎では、台所の入り口に裂織の足拭きがあった。珍しいと思ったので印象に残っている。家庭に板場が少なくなったことから、雑巾の必要もなくなり、靴下を穿くようになって足拭きもいらなくなったのである。

裂織以外にも、研究のテーマを越えて年中行事・習俗・職人技術・民具などを、機会あるごとに調査し、伝承者本人からいろいろな体験談を聞き取ってきた。その記録は、ほとんど昭和五〇年のすこし前ごろから一〇年くらいの間に集中している。話をしてくれた本人が生存している間に、まとめることができなかったのが心残りである。

伝承者本人については、プライバシーの関係もあり、記述には注意したつもりであるが、あるいは配慮の至らぬ点があったかもしれない。話者に対する敬称を省略したところもあり、深くお詫びする。衣料関係には尺貫法によったところが多い。このことも、時代の変化に伴う具体的不都合であろう。

本書を当出版局から刊行する直接のきっかけになったのは、佐渡回船商人の旅行記『海陸道順達日記』を平成四（一九九二）年に出版した際に、次に近世の日本海の海上交易についてもまとめてみようという約束があったからである。その間、生活が洋風化し、時代が大きく変わった結果、かつての有形民具とその職人たちが、次々と世を去っていく事態になった。たまたま、トヨタ財団の研究助成を得て、「布の一生と生活の近代化」と題してまとめたのを機会に、この原稿に新しい項目編成を行なって加筆し、それを一書にまとめようということになり、刊行の順番は後の鳥が先になった格好になってしまった。おそらく、この機会以降になると、当時の話者はもちろん、世代代わりによって生活文化そのものの継承が難しくなってくるという心配もあり、服飾の知識不足もかえりみず、にわか勉強をしながら、過去の記録をはき出すような気持ちで急ぎまとめたのが本書である。

裂織については相川郷土博物館収蔵資料を少なからず利用させてもらい、同館の柳平則子氏には校正に至るまでお世話になった。また、今後の裂織技術の伝承を考えて、佐渡相川にある技能伝承展示館で裂織の技術指導を行なっている同氏の作成した入門手引き書を、併せて収載することにした。

お世話になったすべての人たちに感謝の意を表するとともに、すっかり遅れてしまったことを編集長であった故稲義人氏にお詫びしなければならない。と同時に、いつまでも原稿が出ないわたしを待っていただいた松永辰郎氏にお詫びと謝意を表したい。

平成一七年五月　　佐藤利夫

著者略歴

佐藤利夫（さとう としお）

1931年，新潟県佐渡市に生まれる．富山大学文理学部経済学科卒．1955年より県立相川・佐渡・羽茂の各高等学校教諭を経て，1988年に退職．この間，佐渡島内の歴史と民俗にかかわる記録・習俗・伝承などを調査し，新潟県史および佐渡の町村史の執筆にかかわる．退職後は佐渡各地の古文書・行事などの調査をつづけている．
主な著書：『山里の人びと』（大崎郷土史研究会，1982），『海陸道順達日記』（編著，法政大学出版局，1991），『佐渡嶋誌』第1巻（羽田村研究会，1994）．写真集では『明治生まれ』（羽田村研究会，1987），『たんぼ』（佐渡国，1999）など．

ものと人間の文化史 128・裂織（さきおり）木綿生活誌

2005年10月1日　初版第1刷発行

発行所　財団法人 法政大学出版局
〒102-0073 東京都千代田区九段北3-2-7
電話 03(5214)5540　振替 00160-6-95814
整版・緑営舎 /印刷・平文社 /製本・鈴木製本所

Printed in Japan

ISBN4-588-21281-8

ものと人間の文化史

★第9回梓会出版文化賞受賞

文化の基礎をなすと同時に人間のつくり上げたもっとも具体的な「かたち」である個々の「もの」について、その根源から問い直し、「もの」とのかかわりにおいて営々と築かれてきたくらしの具体相を通じて歴史を捉え直す

1 船　須藤利一編

海国日本では古来、漁業・水運・交易はもとより、大陸文化も船によって運ばれた。本書は造船技術、航海の模様の推移を中心に、漂流、船霊信仰、伝説の数々を語る。四六判368頁・'68

2 狩猟　直良信夫

人類の歴史は狩猟から始まった。本書は、わが国の遺跡に出土する獣骨、猟具の実証的考察をおこないながら、狩猟をつうじて発展した人間の知恵と生活の軌跡を辿る。四六判272頁・'68

3 からくり　立川昭二

〈からくり〉は自動機械であり、驚嘆すべき庶民の技術的創意がこめられている。本書は、日本と西洋のからくりを発掘・復元・遍歴し、埋もれた技術の水脈をさぐる。四六判410頁・'69

4 化粧　久下司

美を求める人間の心が生みだした化粧―その手法と道具に語らせた人間の欲望と本性、そして社会関係。歴史を遡り、全国を踏査して書かれた比類ない美と醜の文化史。四六判368頁・'70

5 番匠　大河直躬

番匠はわが国中世の建築工匠。地方・在地を舞台に開花した彼らの造型・装飾・工法等の諸技術、さらに信仰と生活等、職人以前の独自で多彩な工匠的世界を描き出す。四六判288頁・'71

6 結び　額田巌

〈結び〉の発達は人間の叡知の結晶である。本書はその諸形態および技法を作業・装飾・象徴の三つの系譜に辿り、〈結び〉のすべてを民俗学的・人類学的に考察する。四六判264頁・'72

7 塩　平島裕正

人類史に貴重な役割を果たしてきた塩をめぐって、発見から伝承・製造技術の発展過程にいたる総体を歴史的に描き出すとともに、その多彩な効用と味覚の秘密を解く。四六判272頁・'73

8 はきもの　潮田鉄雄

田下駄・かんじき・わらじなど、日本人の生活の礎となってきた伝統的はきものの成り立ちと変遷を、二〇年余の実地調査と細密な観察・描写によって辿る庶民生活史　四六判280頁・'73

9 城　井上宗和

古代城塞・城柵から近世代名の居城として集大成されるまでの日本の城の変遷を辿り、文化の各領野で果たしてきたその役割を再検討。あわせて世界城郭史に位置づける。四六判310頁・'73

10 室井綽
竹
食生活、建築、民芸、造園、信仰等々にわたって、竹と人間との交流史は驚くほど深く永い。その多岐にわたる発展の過程を個々に辿り、竹の特異な性格を浮彫にする。四六判３２４頁・’73

11 宮下章
海藻
古来日本人にとって生活必需品とされてきた海藻をめぐって、その採取・加工法の変遷、商品としての流通史および神事・祭事での役割に至るまでを歴史的に考証する。四六判３３０頁・’74

12 岩井宏實
絵馬
古くは祭礼における神への献馬にはじまり、民間信仰と絵画のみごとな結晶として民衆の手で描かれ祀り伝えられてきた各地の絵馬を豊富な写真と史料によってたどる。四六判３０２頁・’74

13 吉田光邦
機械
畜力・水力・風力などの自然のエネルギーを利用し、幾多の改良を経て形成された初期の機械の歩みを検証し、日本文化の形成における科学・技術の役割を再検討する。四六判２４２頁・’74

14 千葉徳爾
狩猟伝承
狩猟には古来、感謝と慰霊の祭祀がともない、人獣交渉の豊かで意味深い歴史があった。狩猟用具、巻物、儀式具、またけものたちの生態を通して語る狩猟文化の世界。四六判３４６頁・’75

15 田淵実夫
石垣
採石から運搬、加工、石積みに至るまで、石垣の造成をめぐって積み重ねられてきた石工たちの苦闘の足跡を掘り起こし、その独自な技術の形成過程と伝承を集成する。四六判２２４頁・’75

16 高嶋雄三郎
松
日本人の精神史に深く根をおろした松の伝承に光を当て、食用、薬用等の実用の松、祭祀・観賞用の松、さらに文学・芸能・美術に表現された松のシンボリズムを説く。四六判３４２頁・’75

17 直良信夫
釣針
人と魚との出会いから現在に至るまで、釣針がたどった一万有余年の変遷を、世界各地の遺跡出土物を通して実証しつつ、漁撈によって生きた人々の生活と文化を探る。四六判２７８頁・’76

18 吉川金次
鋸
鋸鍛冶の家に生まれ、鋸の研究を生涯の課題とする著者が、出土遺品や文献・絵画により各時代の鋸を復元・実験し、庶民の手仕事にみられる驚くべき合理性を実証する。四六判３６０頁・’76

19 飯沼二郎／堀尾尚志
農具
鍬と犂の交代・進化の歩みとして発達したわが国農耕文化の発展経過を世界史的視野において再検討しつつ、無名の農具たちによる驚くべき創意のかずかずを記録する。四六判２２０頁・’76

20 額田巌
包み
結びとともに文化の起源にかかわる〈包み〉の系譜を人類史的視野において捉え、衣・食・住をはじめ社会・経済史、信仰、祭事などにおけるその実際と役割とを描く。四六判354頁・'77

21 阪本祐二
蓮
仏教における蓮の象徴的位置の成立と深化、美術・文芸等に見る人間とのかかわりを歴史的に考察。また大賀蓮はじめ多様な品種とその来歴を紹介しつつその美を語る。四六判306頁・'77

22 小泉袈裟勝
ものさし
ものをつくる人間にとって最も基本的な道具であり、数千年にわたって社会生活を律してきたその変遷を実証的に追求し、歴史の中で果たしてきた役割を浮彫りにする。四六判314頁・'77

23-I 増川宏一
将棋I
その起源を古代インドに、我国への伝播の道すじを海のシルクロードに探り、また伝来後一千年におよぶ日本将棋の変化と発展を盤、駒、ルール等にわたって跡づける。四六判280頁・'77

23-II 増川宏一
将棋II
わが国伝来後の普及と変遷を貴族や武家・豪商の日記等に博捜し、遊戯者の歴史をあとづけると共に、中国伝来説の誤りを正し、将棋宗家の位置と役割を明らかにする。四六判346頁・'85

24 金井典美
湿原祭祀 第2版
古代日本の自然環境に着目し、各地の湿原聖地を稲作社会との関連において捉え直して古代国家成立の背景を浮彫にしつつ、水と植物にまつわる日本人の宇宙観を探る。四六判410頁・'77

25 三輪茂雄
臼
臼が人類の生活文化の中で果たしてきた役割を、各地に遺る貴重な民俗資料・伝承と実地調査にもとづいて解明。失われゆく道具のなかに、未来の生活文化の姿を探る。四六判412頁・'78

26 盛田嘉徳
河原巻物
中世末期以来の被差別部落民が生きる権利を守るために偽作し護り伝えてきた河原巻物を全国にわたって踏査し、そこに秘められた最底辺の人びとの叫びに耳を傾ける。四六判226頁・'78

27 山田憲太郎
香料 日本のにおい
焼香供養の香から趣味としての薫物へ、さらに沈香木を焚く香道へと変遷した日本の「匂い」の歴史を豊富な史料に基づいて辿り、我国風俗史の知られざる側面を描く。四六判370頁・'78

28 景山春樹
神像 神々の心と形
神仏習合によって変貌しつつも、常にその原型=自然を保持してきた日本の神々の造型を図像学的方法によって捉え直し、その多彩な形象に日本人の精神構造をさぐる。四六判342頁・'78

29 増川宏一
盤上遊戯
祭具・占具としての発生を『死者の書』をはじめとする古代の文献にさぐり、形状・遊戯法を分類しつつその〈進化〉の過程を考察。〈遊戯者たちの歴史〉をも跡づける。四六判326頁・'78

30 田淵実夫
筆
筆の里・熊野に筆づくりの現場を訪ねて、筆匠たちの境涯と製筆の由来を克明に記録しつつ、筆の発生と変遷、種類、製筆法、さらには筆塚、筆供養にまで説きおよぶ。四六判204頁・'78

31 橋本鉄男
ろくろ
日本の山野を漂移しつづけ、高度の技術文化と幾多の伝説とをもたらした特異な旅職集団＝木地屋の生態を、その呼称、地名、伝承、文書等をもとに生き生きと描く。四六判460頁・'79

32 吉野裕子
蛇
日本古代信仰の根幹をなす蛇巫をめぐって、祭事におけるさまざまな蛇の「もどき」や各種の蛇の造型・伝承に鋭い考証を加え、忘れられたその呪性を大胆に暴き出す。四六判250頁・'79

33 岡本誠之
鋏（はさみ）
梃子の原理の発見から鋏の誕生に至る過程を推理し、日本鋏の特異な歴史的位置を明らかにするとともに、刀鍛冶等から転進した鋏職人たちの創意と苦闘の跡をたどる。四六判396頁・'79

34 廣瀬鎮
猿
嫌悪と愛玩、軽蔑と畏敬の交錯する日本人とサルとの関わりあいの歴史を、狩猟伝承や祭祀・風習、美術・工芸や芸能のなかに探り、日本人の動物観を浮彫りにする。四六判292頁・'79

35 矢野憲一
鮫
神話の時代から今日まで、津々浦々につたわるサメの伝承とサメをめぐる海の民俗を集成し、神饌、食用、薬用等に活用されてきたサメと人間のかかわりの変遷を描く。四六判292頁・'79

36 小泉袈裟勝
枡
米の経済の枢要をなす器として千年余にわたり日本人の生活の中に生きてきた枡の変遷をたどり、記録・伝承をもとにこの独特な計量器が果たした役割を再検討する。四六判322頁・'80

37 田中信清
経木
食品の包装材料として近年まで身近に存在した経木の起源を、こけら経や塔婆、木簡、屋根板等に遡って明らかにし、その製造・流通に携った人々の労苦の足跡を辿る。四六判288頁・'80

38 前田雨城
色 染と色彩
わが国古代の染色技術の復元と文献解読をもとに日本色彩史を体系づけ、赤・白・青・黒等におけるわが国独自の色彩感覚を探りつつ日本文化における色の構造を解明。四六判320頁・'80

39 吉野裕子
狐 陰陽五行と稲荷信仰
その伝承と文献を渉猟しつつ、中国古代哲学＝陰陽五行の原理の応用という独自の視点から、謎とされてきた稲荷信仰と狐との密接な結びつきを明快に解き明かす。 四六判232頁・'80

40-Ⅰ 増川宏一
賭博Ⅰ
時代、地域、階層を超えて連綿と行なわれてきた賭博。——その起源を古代の神判、スポーツ、遊戯等の中に探り、抑圧と許容の歴史を物語る。全Ⅲ分冊の〈総説篇〉。 四六判298頁・'80

40-Ⅱ 増川宏一
賭博Ⅱ
古代インド文学の世界からラスベガスまで、賭博の形態・用具・方法の時代的特質を明らかにし、夥しい禁令に賭博の不滅のエネルギーを見る。全Ⅲ分冊の〈外国篇〉。 四六判456頁・'82

40-Ⅲ 増川宏一
賭博Ⅲ
聞香、闘茶、笠附等、わが国独特の賭博を中心にその具体例を網羅し、方法の変遷に賭博の時代性を探りつつ禁令の改廃に時代の賭博観を追う。全Ⅲ分冊の〈日本篇〉。 四六判388頁・'83

41-Ⅰ むしゃこうじ・みのる
地方仏Ⅰ
古代から中世にかけて全国各地で作られた無銘の仏像を訪ね、素朴で多様なノミの跡に民衆の祈りと地域の願望を探る。宗教の伝播、文化の創造を考える異色の紀行。 四六判256頁・'80

41-Ⅱ むしゃこうじ・みのる
地方仏Ⅱ
紀州や飛騨を中心に草の根の仏たちを訪ねて、その相好と像容の魅力を探り、技法を比較考証して仏像彫刻史に位置づけつつ、中世地域社会の形成と信仰の実態に迫る。 四六判260頁・'97

42 岡田芳朗
南部絵暦
田山・盛岡地方で「盲暦」として古くから親しまれてきた独得の絵解き暦を詳しく紹介しつつその全体像を復元する。その無類の生活暦は、南部農民の哀歓をつたえる。 四六判288頁・'80

43 青葉高
野菜 在来品種の系譜
蕪、大根、茄子等の日本在来野菜をめぐって、その渡来・伝播経路、品種分布と栽培のいきさつを各地の伝承や古記録をもとに辿り、畑作文化の源流とその風土を描く。 四六判368頁・'81

44 中沢厚
つぶて
弥生投弾、古代・中世の石戦と印地の様相、投石具の発達を展望しつつ、願かけの小石、正月つぶて、石こづみ等の習俗を辿り、石塊に託した民衆の願いや怒りを探る。 四六判338頁・'81

45 山田幸一
壁
弥生時代から明治期に至るわが国の壁の変遷を壁塗＝左官工事の側面から辿り直し、その技術的復元・考証を通じて建築史・文化史における壁の役割を浮き彫りにする。 四六判296頁・'81

46 小泉和子
箪笥（たんす）
★第Ⅱ回江馬賞受賞
近世における箪笥の出現＝箱から抽斗への転換に着目し、以降近現代に至るその変遷を社会・経済・技術の側面からあとづける。著者自身による箪笥製作の記録を付す。四六判378頁　'82

47 松山利夫
木の実
山村の重要な食糧資源であった木の実をめぐる各地の記録・伝承を集成し、その採集・加工における幾多の試みを実地に検証しつつ、稲作農耕以前の食生活文化を復元。四六判384頁　'82

48 小泉袈裟勝
秤（はかり）
秤の起源を東西に探るとともに、わが国律令制下における中国制度の導入、近世商品経済の発展に伴う秤座の出現、明治期近代化政策による洋式秤受容等の経緯を描く。四六判326頁　'82

49 山口健児
鶏（にわとり）
神話・伝説をはじめ遠い歴史の中の鶏を古今東西の伝承・文献に探り、特に我国の信仰・絵画・文学等に遺された鶏の足跡を追って、鶏をめぐる民俗の記憶を蘇らせる。四六判346頁　'83

50 深津正
燈用植物
人類が燈火を得るために用いてきた多種多様な植物との出会いと個々の植物の来歴、特性及びはたらきを詳しく検証しつつ「あかり」の原点を問いなおす異色の植物誌。四六判442頁　'83

51 吉川金次
斧・鑿・鉋（おの・のみ・かんな）
古墳出土品や文献・絵画をもとに、古代から現代までの斧・鑿・鉋を復元・実験し、労働体験によって生まれた民衆の知恵と道具の変遷を蘇らせる異色の日本木工具史。四六判304頁　'84

52 額田巌
垣根
大和・山辺の道に神々と垣との関わりを探り、各地に垣の伝承を訪ねて、寺院の垣、民家の垣、露地の垣など、風土と生活に培われた生垣の独特のはたらきと美を描く。四六判234頁　'84

53-Ⅰ 四手井綱英
森林Ⅰ
森林生態学の立場から、森林のなりたちとその生活史を辿りつつ、産業の発展と消費社会の拡大により刻々と変貌する森林の現状を語り、未来への再生のみちをさぐる。四六判306頁　'85

53-Ⅱ 四手井綱英
森林Ⅱ
森林と人間との多様なかかわりを包括的に語り、人と自然が共生するための森や里山をいかにして創出するか、森林再生への具体的な方策を提示する21世紀への提言。四六判308頁　'98

53-Ⅲ 四手井綱英
森林Ⅲ
地球規模で進行しつつある森林破壊の現状を実地に踏査し、森と人が共存する日本人の伝統的自然観を未来へ伝えるために、いま何が必要なのかを具体的に提言する。四六判304頁　'00

54 酒向昇
海老（えび）
人類との出会いからエビの科学、漁法、さらには調理法を語り、めでたい姿態と色彩にまつわる多彩なエビの民俗を、地名や人名、詩歌・文学、絵画や芸能の中に探る。四六判428頁・'85

55-I 宮崎清
藁（わら）I
稲作農耕とともに二千年余の歴史をもち、日本人の全生活領域に生きてきた藁の文化を日本文化の原型として捉え、風土に根ざしたそのゆたかな遺産を詳細に検討する。四六判400頁・'85

55-II 宮崎清
藁（わら）II
床・畳から壁・屋根にいたる住居における藁の製作・使用のメカニズムを明らかにし、日本人の生活空間における藁の役割を見なおすとともに、藁の文化の復権を説く。四六判400頁・'85

56 松井魁
鮎
清楚な姿態と独特な味覚によって、日本人の目と舌を魅了しつづけてきたアユ——その形態と分布、生態、漁法等を詳述し、古今のアユ料理や文芸にみるアユにおよぶ。四六判296頁・'86

57 額田巌
ひも
物と物、人と物とを結びつける不思議な力を秘めた「ひも」の謎を追って、民俗学的視点から多角的なアプローチを試みる。『結び』、『包み』につづく三部作の完結篇。四六判250頁・'86

58 北垣聰一郎
石垣普請
近世石垣の技術者集団「穴太」の足跡を辿り、各地城郭の石垣遺構の実地調査と資料・文献をもとに石垣普請の歴史的系譜を復元しつつ石工たちの技術伝承を集成する。四六判438頁・'87

59 増川宏一
碁
その起源を古代の盤上遊戯に探ると共に、定着以来二千年の歴史を時代の状況や遊び手の社会環境との関わりにおいて跡づける。逸話や伝説を排して綴る初の囲碁全史。四六判366頁・'87

60 南波松太郎
日和山（ひよりやま）
千石船の時代、航海の安全のために観天望気した日和山——多くは忘れられ、あるいは失われた船舶・航海史の貴重な遺跡を追って、全国津々浦々におよんだ調査紀行。四六判382頁・'88

61 三輪茂雄
篩（ふるい）
臼とともに人類の生産活動に不可欠な道具であった篩、箕(み)、笊(ざる)の多彩な変遷を豊富な図解入りでたどり、現代技術の先端に再生するまでの歩みをえがく。四六判334頁・'89

62 矢野憲一
鮑（あわび）
縄文時代以来、貝肉の美味と貝殻の美しさによって日本人を魅了し続けてきたアワビ——その生態と養殖、神饌としての歴史、漁法、螺鈿の技法からアワビ料理に及ぶ。四六判344頁・'89

63 むしゃこうじ・みのる
絵師
日本古代の渡来画工から江戸前期の菱川師宣まで、時代の代表的絵師の列伝で辿る絵画制作の文化史。前近代社会における絵画の意味や芸術創造の社会的条件を考える。四六判230頁 '90

64 碓井益雄
蛙（かえる）
動物学の立場からその特異な生態を描き出すとともに、和漢洋の文献資料を駆使して故事・習俗・神事・民話・文芸・美術工芸にわたる蛙の多彩な活躍ぶりを活写する。四六判382頁 '89

65-I 竹内淳子
藍（あい）I 風土が生んだ色
全国各地の〈藍の里〉を訪ねて、藍栽培から染色・加工のすべてにわたり、藍とともに生きた人々の伝承を克明に描き、風土と人間が生んだ〈日本の色〉の秘密を探る。四六判416頁 '91

65-II 竹内淳子
藍（あい）II 暮らしが育てた色
日本の風土に生まれ、伝統に育てられた藍が、今なお暮らしの中で生き生きと活躍しているさまを、手わざに生きる人々との出会いを通じて描く。藍の里紀行の続篇。四六判406頁 '99

66 小山田了三
橋
丸木橋・舟橋・吊橋から板橋・アーチ型石橋まで、人々に親しまれてきた各地の橋を訪ねて、その来歴と築橋の技術伝承を辿り、土木文化の伝播・交流の足跡をえがく。四六判312頁 '91

67 宮内悊
箱
★平成三年度日本技術史学会賞受賞

日本の伝統的な箱（櫃）と西欧のチェストを比較文化史の視点から考察し、居住・収納・運搬・装飾の各分野における箱の重要な役割とその多彩な文化を浮彫りにする。四六判390頁 '91

68-I 伊藤智夫
絹 I
養蚕の起源を神話や説話に探り、伝来の時期とルートを跡づけ、記紀・万葉の時代から近世に至るまで、それぞれの時代・社会・階層が生み出した絹の文化を描き出す。四六判304頁 '92

68-II 伊藤智夫
絹 II
生糸と絹織物の生産と輸出が、わが国の近代化にはたした役割を描くと共に、養蚕の道具、信仰や庶民生活にわたる養蚕と絹の民俗、さらには蚕の種類と生態におよぶ。四六判294頁 '92

69 鈴木克美
鯛（たい）
古来「魚の王」とされてきた鯛をめぐって、その生態・味覚から漁法、祭り、工芸、文芸にわたる多彩な伝承文化を語りつつ、鯛と日本人とのかかわりの原点をさぐる。四六判418頁 '92

70 増川宏一
さいころ
古代神話の世界から近現代の博徒の動向まで、さいころの役割を各時代・社会に位置づけ、木の実や貝殻のさいころから投げ棒型や立方体のさいころへの変遷をたどる。四六判374頁・2900円 '92

71 樋口清之

木炭

炭の起源から炭焼、流通、経済、文化にわたる木炭の歩みを歴史・考古・民俗の知見を総合して描き出し、独自で多彩な文化を育んできた木炭の尽きせぬ魅力を語る。四六判296頁・'93

72 朝岡康二

鍋・釜（なべ・かま）

日本をはじめ韓国、中国、インドネシアなど東アジアの各地を歩きながら鍋・釜の製作と使用の現場に立ち会い、調理をめぐる庶民生活の変遷とその交流の足跡を探る。四六判326頁・'93

73 田辺悟

海女（あま）

その漁の実際と社会組織、風習、信仰、民具などを克明に描くとともに海女の起源・分布・交流を探り、わが国漁撈文化の古層としての海女の生活と文化をあとづける。四六判294頁・'93

74 刀禰勇太郎

蛸（たこ）

蛸をめぐる信仰や多彩な民間伝承を紹介するとともに、その生態・分布・捕獲法・繁殖と保護・調理法などを集成し、日本人と蛸との知られざるかかわりの歴史を探る。四六判370頁・'94

75 岩井宏實

曲物（まげもの）

桶・樽出現以前から伝承され、古来最も簡便・重宝な木製容器として愛用された曲物の加工技術と機能・利用形態の変遷をさぐり、手づくりの「木の文化」を見なおす。四六判318頁・'94

76-I 石井謙治

和船I

★第49回毎日出版文化賞受賞

江戸時代の海運を担った千石船（弁才船）について、その構造と技術、帆走性能を綿密に調査し、通説の誤りを正すとともに、海難と信仰、船絵馬等の考察にもおよぶ。四六判436頁・'95

76-II 石井謙治

和船II

★第49回毎日出版文化賞受賞

造船史から見た著名な船を紹介し、遣唐使船や遣欧使節船、幕末の洋式船における外国技術の導入について論じつつ、船の名称と船型を海船・川船にわたって解説する。四六判316頁・'95

77-I 金子功

反射炉I

日本初の佐賀鍋島藩の反射炉と精練方＝理化学研究所、島津藩の反射炉と集成館＝近代工場群を軸に、日本の産業革命の時代における人と技術を現地に訪ねて発掘する。四六判244頁・'95

77-II 金子功

反射炉II

伊豆韮山の反射炉をはじめ、全国各地の反射炉建設にかかわった有名無名の人々の足跡をたどり、開国か攘夷かに揺れる幕末の政治と社会の悲喜劇をも生き生きと描く。四六判226頁・'95

78-I 竹内淳子

草木布（そうもくふ）I

風土に育まれた布を求めて全国各地を歩き、木綿普及以前に山野の草木を利用して豊かな衣生活文化を築き上げてきた庶民の知られざる知恵のかずかずを実地にさぐる。四六判282頁・'95

78-II 竹内淳子
草木布（そうもくふ）II
アサ、クズ、シナ、コウゾ、カラムシ、フジなどの草木の繊維から、どのようにして糸を採り、布を織っていたのか――聞書きをもとに忘れられた技術と文化を発掘する。四六判282頁・'95

79-I 増川宏一
すごろくI
古代エジプトのセネト、ヨーロッパのバクギャモン、中近東のナルド、中国の双陸などの系譜に日本の盤雙六を位置づけ、遊戯・賭博としてのその数奇なる運命を辿る。四六判312頁・'95

79-II 増川宏一
すごろくII
ヨーロッパの鵞鳥のゲームから日本中世の浄土双六、近世の華麗な絵双六、さらには近現代の少年誌の附録まで、絵双六の変遷を追って時代の社会・文化を読みとる。四六判390頁・'95

80 安達巖
パン
古代オリエントに起ったパン食文化が中国・朝鮮を経て弥生時代の日本に伝えられたことを史料と伝承をもとに解明し、わが国パン食文化二〇〇〇年の足跡を描き出す。四六判260頁・'96

81 矢野憲一
枕（まくら）
神さまの枕・大嘗祭の枕から枕絵の世界まで、人生の三分の一を共に過す枕をめぐって、その材質の変遷を辿り、伝説と怪談、俗信と民俗、エピソードを興味深く語る。四六判252頁・'96

82-I 石村真一
桶・樽（おけ・たる）I
日本、中国、朝鮮、ヨーロッパにわたる厖大な資料を集成してその豊かな文化の系譜を探り、東西の木工技術史を比較しつつ世界史的視野から桶・樽の文化を描き出す。四六判388頁・'97

82-II 石村真一
桶・樽（おけ・たる）II
多数の調査資料と絵画・民俗資料をもとにその製作技術を復元し、東西の木工技術を比較考証しつつ、技術文化史の視点から桶・樽製作の実態とその変遷を跡づける。四六判372頁・'97

82-III 石村真一
桶・樽（おけ・たる）III
樹木と人間とのかかわり、製作者と消費者とのかかわりを通じて桶樽と生活文化の変遷を考察し、木材資源の有効利用という視点から桶樽の文化史的役割を浮彫にする。四六判352頁・'97

83-I 白井祥平
貝I
世界各地の現地調査と文献資料を駆使して、古来至高の財宝とされてきた宝貝のルーツとその変遷を探り、貝と人間とのかかわりの歴史を「貝貨」の文化史として描く。四六判386頁・'97

83-II 白井祥平
貝II
サザエ、アワビ、イモガイなど古来人類とかかわりの深い貝をめぐって、その生態・分布・地方名、装身具や貝貨としての利用法などを豊富なエピソードを交えて語る。四六判328頁・'97

83-Ⅲ 白井祥平
貝Ⅲ
シンジュガイ、ハマグリ、アカガイ、シャコガイなどをめぐって世界各地の民族誌を渉猟し、それらが人類文化に残した足跡を辿る。参考文献一覧／総索引を付す。 四六判392頁・'97

84 有岡利幸
松茸（まつたけ）
秋の味覚として古来珍重されてきた松茸の由来を求めて、稲作文化と里山（松林）の生態系から説きおこし、日本人の伝統的生活文化の中に松茸流行の秘密をさぐる。 四六判296頁・'97

85 朝岡康二
野鍛冶（のかじ）
鉄製農具の製作・修理・再生を担ってきた農鍛冶の歴史的役割を探り、近代化の大波の中で変貌する職人技術の実態をアジア各地のフィールドワークを通して描き出す。 四六判280頁・'98

86 菅 洋
稲 品種改良の系譜
作物としての稲の誕生、稲の渡来と伝播の経緯から説きおこし、明治以降主として庄内地方の民間育種家の手によって飛躍的発展をとげたわが国品種改良の歩みを描く。 四六判332頁・'98

87 吉武利文
橘（たちばな）
永遠のかぐわしい果実として日本の神話・伝説に特別の位置を占めて語り継がれてきた橘をめぐって、その育まれた風土とかずかずの伝承の中に日本文化の特質を探る。 四六判286頁・'98

88 矢野憲一
杖（つえ）
神の依代としての杖や仏教の錫杖に杖と信仰とのかかわりを探り、人類が突きつつ歩んだその歴史と民俗を興味ぶかく語る。多彩な材質と用途を網羅した杖の博物誌。 四六判314頁・'98

89 渡部忠世／深澤小百合
もち（糯・餅）
モチイネの栽培・育種から食品加工、民俗、儀礼にわたってそのルーツと伝承の足跡をたどり、アジア稲作文化という広範な視野からこの特異な食文化の謎を解明する。 四六判330頁・'98

90 坂井健吉
さつまいも
その栽培の起源と伝播経路を跡づけるとともに、わが国伝来後四百年の経緯を詳細にたどり、世界に冠たる育種と栽培・利用法を築いた人々の知られざる足跡をえがく。 四六判328頁・'99

91 鈴木克美
珊瑚（さんご）
海岸の自然保護に重要な役割を果たす岩石サンゴから宝飾品として知られる宝石サンゴまで、人間生活と深くかかわってきたサンゴの多彩な姿を人類文化史として描く。 四六判370頁・'99

92-Ⅰ 有岡利幸
梅Ⅰ
万葉集、源氏物語、五山文学などの古典や天神信仰に表れた梅の足跡を克明に辿りつつ日本人の精神史に刻印された梅を浮彫にし、梅と日本人の二〇〇〇年史を描く。 四六判274頁・'99

92-II 有岡利幸

梅II

その植生と栽培、伝承、梅の名所や鑑賞法の変遷から戦前の国定教科書に表れた梅まで、梅と日本人との多彩なかかわりを探り、桜との対比において梅の文化史を描く。 四六判338頁・'99

93 福井貞子

木綿口伝 (もめんくでん) 第2版

老女たちからの聞書を経糸とし、厖大な遺品・資料を緯糸として、母から娘へと幾代にも伝えられた手づくりの木綿文化を掘り起し、近代の木綿の盛衰を描く。増補版 四六判336頁・'00

94 増川宏一

合せもの

「合せる」には古来、一致させるの他に、競う、闘う、比べる等の意味があった。貝合せや絵合せ等の遊戯・賭博を中心に、広範な人間の営みを「合せる」行為に辿る。 四六判300頁・'00

95 福井貞子

野良着 (のらぎ)

明治初期から昭和四〇年までの野良着を収集・分類・整理し、それらの用途と年代、形態、材質、重量、呼称などを精査して、働く庶民の創意にみちた生活史を描く。 四六判292頁・'00

96 山内昶

食具 (しょくぐ)

東西の食文化に関する資料を渉猟し、食法の違いを人間の自然に対するかかわり方の違いとして捉えつつ、食具を人間と自然をつなぐ基本的な媒介物として位置づける。 四六判290頁・'00

97 宮下章

鰹節 (かつおぶし)

黒潮からの贈り物・カツオの漁法から鰹節の製法や食法、商品としての流通までを歴史的に展望するとともに、沖縄やモルジブ諸島の調査をもとにそのルーツを探る。 四六判382頁・'00

98 出口晶子

丸木舟 (まるきぶね)

先史時代から現代の高度文明社会まで、もっとも長期にわたり使われてきた刳り舟に焦点を当て、その技術伝承を辿りつつ、森や水辺の文化の広がりと動態をえがく。 四六判324頁・'01

99 有岡利幸

梅干 (うめぼし)

日本人の食生活に不可欠の自然食品・梅干をつくりだした先人たちの知恵に学ぶとともに、健康増進に驚くべき薬効を発揮する、その知られざるパワーの秘密を探る。 四六判300頁・'01

100 森郁夫

瓦 (かわら)

仏教文化と共に中国・朝鮮から伝来し、一四〇〇年にわたり日本の建築を飾ってきた瓦をめぐって、発掘資料をもとにその製造技術、形態、文様などの変遷をたどる。 四六判320頁・'01

101 長澤武

植物民俗

衣食住から子供の遊びまで、幾世代にも伝承された植物をめぐる暮らしの知恵を克明に記録し、高度経済成長期以前の農山村の豊かな生活文化を愛惜をこめて描き出す。 四六判348頁・'01

112 原田多加司
屋根 檜皮葺と柿葺
屋根葺師一〇代の著者が、自らの体験と職人の本懐を語り、連綿として受け継がれてきた伝統の手わざを体系的にたどりつつ伝統技術の保存と継承の必要性を訴える。 四六判340頁・'03

113 鈴木克美
水族館
初期水族館の歩みを創始者たちの足跡を通して辿りなおし、水族館をめぐる社会の発展と風俗の変遷を描き出すとともにその未来像をさぐる初の〈日本水族館史〉の試み。 四六判290頁・'03

114 朝岡康二
古着（ふるぎ）
仕立てと着方、管理と保存、再生と再利用等にわたり衣生活の変容を近代の日常生活の変化として捉え直し、衣服をめぐるリサイクル文化が形成される経緯を描き出す。 四六判292頁・'03

115 今井敬潤
柿渋（かきしぶ）
染料・塗料をはじめ生活百般の必需品であった柿渋の伝承を記録し、文献資料をもとにその製造技術と利用の実態を明らかにして、忘れられた豊かな生活技術を見直す。 四六判294頁・'03

116-I 武部健一
道I
道の歴史を先史時代から説き起こし、古代律令制国家の要請によって駅路が設けられ、しだいに幹線道路として整えられてゆく経緯を技術史・社会史の両面からえがく。 四六判248頁・'03

116-II 武部健一
道II
中世の鎌倉街道、近世の五街道、近代の開拓道路から現代の高速道路網までを通観し、道路を拓いた人々の手によって今日の交通ネットワークが形成された歴史を語る。 四六判280頁・'03

117 狩野敏次
かまど
日常の煮炊きの道具であるとともに祭りと信仰に重要な位置を占めてきたカマドをめぐる忘れられた伝承を掘り起こし、民俗空間の壮大なコスモロジーを浮彫りにする。 四六判292頁・'04

118-I 有岡利幸
里山I
縄文時代から近世までの里山の変遷を人々の暮らしと植生の変化の両面から跡づけ、その源流を記紀万葉に描かれた里山の景観や大和・三輪山の古記録・伝承等に探る。 四六判276頁・'04

118-II 有岡利幸
里山II
明治の地租改正による山林の混乱、相次ぐ戦争による山野の荒廃、エネルギー革命、高度成長による大規模開発など、近代化の荒波に翻弄される里山の見直しを説く。 四六判274頁・'04

119 菅 洋
有用植物
人間生活に不可欠のものとして利用されてきた身近な植物たちの来歴と栽培・育種・品種改良・伝播の経緯を平易に語り、植物と共に歩んだ文明の足跡を浮彫にする。 四六判324頁・'04

120-I 山下渉登
捕鯨I
世界の海で展開された鯨と人間との格闘の歴史を振り返り、「大航海時代」の副産物として開始された捕鯨業の誕生以来四〇〇年にわたる盛衰の社会的背景をさぐる。　四六判314頁・'04

120-II 山下渉登
捕鯨II
近代捕鯨の登場により鯨資源の激減を招き、捕鯨の規制・管理のための国際条約締結に至る経緯をたどり、グローバルな課題としての自然環境問題を浮き彫りにする。　四六判312頁・'04

121 竹内淳子
紅花（べにばな）
栽培、加工、流通、利用の実際を現地に探訪して紅花とかかわってきた人々からの聞き書きを集成し、忘れられた〈紅花文化〉を復元しつつその豊かな味わいを見直す。　四六判346頁・'04

122-I 山内昶
もののけI
日本の妖怪変化、未開社会の〈マナ〉、西欧の悪魔やデーモンを比較考察し、名づけ得ぬ未知の対象を指す万能のゼロ記号〈もの〉をめぐる人類文化史を跡づける博物誌。　四六判320頁・'04

122-II 山内昶
もののけII
日本の鬼、古代ギリシアのダイモン、中世の異端狩り・魔女狩り等々をめぐり、自然＝カオスと文化＝コスモスの対立の中で〈野生の思考〉が果たしてきた役割をさぐる。　四六判280頁・'04

123 福井貞子
染織（そめおり）
自らの体験と厖大な残存資料をもとに、糸づくりから織り、染めにわたる手づくりの豊かな生活文化を見直す。創意にみちた手わざのかずかずを復元する庶民生活誌。　四六判294頁・'05

124-I 長澤武
動物民俗I
神として崇められたクマやシカをはじめ、人間にとって不可欠の鳥獣や魚、さらには人間を脅かす動物など、多種多様な動物たちと交流してきた人々の暮らしの民俗誌。　四六判264頁・'05

124-II 長澤武
動物民俗II
動物の捕獲法をめぐる各地の伝承を紹介するとともに、全国で語り継がれてきた多彩な動物民話・昔話を渉猟し、暮らしの中で培われた動物フォークロアの世界を描く。　四六判266頁・'05

125 三輪茂雄
粉（こな）
粉体の研究をライフワークとする著者が、粉食の発見からナノテクノロジーまで、人類文明の歩みを〈粉〉の視点から捉え直した壮大なスケールの〈文明の粉体史観〉　四六判302頁・'05

126 矢野憲一
亀（かめ）
浦島伝説や「兎と亀」の昔話によって親しまれてきた亀のイメージの起源を探り、古代の亀卜の方法から、亀にまつわる信仰と迷信、鼈甲細工やスッポン料理におよぶ。　四六判330頁・'05